Kirkenes
Murmansk
Lofoten
Narvik
H.-I. Kola
Petschora
Ural
Ob
Irtysch
Tobolsk
Tobol
Weißes Meer
Archangelsk
Nördl. Dwina
Tornio
Oulu
SCHWEDEN
FINNLAND
Bottnischer Meerbusen
Vaasa
Onega-See
Perm
Ladoga-See
HELSINKI
STOCKHOLM
Narwa
Leningrad
Rybinsker Staubecken
Reval (Tallinn)
Dagö
Ösel
Estland
Reichs-
Peipus-See
Lettland
kommissariat
Kalinin
Wolga
Gorki
Kasan
Ufa
MOSKAU
Kuibyschew
Orenburg
Ostsee
Rschew
Smolensk
Ostland
Litauen
Königsberg
Kaunas
Wilna
Tula
Ural
Danzig
Minsk
SOWJETUNION
Weichsel
Bialystok
Woronesch
Aral-see
Posen
Gomel
Brjansk
Oder
Brest-Litowsk
WARSCHAU
Don
Stalingrad
Gurjew
REICH
General-
Gouvernement
Reichs-
kommissariat
Ukraine
Charkow
Kiew
Dnjepr
Donez
Astrachan
Krakau
Lemberg
Dnjepropetrowsk
u. Mähren
SLOWAKEI
PRESSBURG
Kaschau
Dnjestr
Rostow
Kaspisches Meer
Tschernowitz
BUDAPEST
UNGARN
Jassy
zu RUM.
Asowsches Meer
zu UNG.
Szeged
Pruth
Odessa
Krasnodar
Agram
Save
RUMÄNIEN
Krim
BUKAREST
Sewastopol
Tiflis
KROATIEN
Konstanza
Baku
Belgrad
Donau
Schwarzes Meer
Batumi
SERBIEN
Warna
MONTE-NEGRO
zu Alb.
SOFIA
BULGARIEN
Samsun
Istanbul
zu BULG.
zu BULG.
25.8.1941 besetzt v.d. Sowjetunion
Täbris
TIRANA
Albanien
ANKARA
TEHERAN
Saloniki
TÜRKEI
Tarent
Ägäisches Meer
Izmir
IRAN
Ionisches Meer
Adana
Tigris
GRIECHEN-
LAND
ATHEN
Antalya
Syrien
(brit. bes.)
BAGDAD
Euphrat
Dodekanes
Rhodos (ital.)
Zypern (brit.)
Nikosia
IRAK
(brit. bes.)
25.8.1941 besetzt v. Großbritannien
Damaskus
Kreta
BEIRUT
Basra
Transjordanien (brit. Prot.)
Pers. Golf
Kuwait
Palästina (brit. Mandat)
JERUSALEM
Bengasi
Port Said
SAUDISCH-ARABIEN
LIBYEN
(ital.)
ÄGYPTEN
Alexandria

Guido Knopp

Der verdammte Krieg

Guido Knopp

Der verdammte Krieg

Das »Unternehmen Barbarossa«

Mit einem Vorwort von
Valentin Falin

In Zusammenarbeit mit
Rudolf Gültner

Dokumentation
Stefan Brauburger
Angelica von Hase

C. Bertelsmann

1. Auflage

Reproduktionen: RMO Druck und Repro, München
Satz: Uhl + Massopust, Aalen
Druck und Bindung: Mohndruck, Gütersloh
Printed in Germany
ISBN 3-570-01229-8

Inhalt

Valentin Falin: Aus meiner Sicht

Der Krieg brach über jede sowjetische Familie anders herein. Doch keiner blieben Kummer und Leid erspart. Wie viele Menschenleben mag der Krieg ausgelöscht haben – 26 Millionen, 27 Millionen? Wie viele Menschenleben hat er ruiniert – 20 oder 30 Millionen? Wer vermag schon die Gefallenen und Verletzten zu zählen, wenn selbst die Zeit – ein Arzt, der alles heilt – dabei verzagt, den Schmerz der Verluste zu stillen, Herz und Verstand zu versöhnen. Ein halbes Jahrhundert ist nun vergangen, doch der 22. Juni hat sich im Gedächtnis des sowjetischen Volkes fest eingeprägt. Das Jahr 1941 selbst ist zu einem Inbegriff geworden. Anders konnte es kaum kommen, nachdem jede Minute, jede Stunde, jeder Tag zu einer Art Countdown für das eigene Schicksal und das Los all derer wurden, die einem lieb und teuer waren.

Und so geschah es mit mir. Im Frühjahr 1941 lag die Gefahr schon in der Luft. Die Berichte der Nachrichtenagentur TASS, wonach an der sowjetischen Westgrenze alles in Butter gewesen sein soll, konnten die Menschen nicht beruhigen. Auch meine Mitschüler der 5. Moskauer Spezialschule für Artillerie sprachen von einem herannahenden Krieg. Sie waren aber davon überzeugt, wenn der Konflikt komme, sei mit einem raschen und glorreichen Sieg der Roten Armee zu rechnen.

Gerade wir von der Artillerie, die wir mit eigenen Händen die Stahlrohre der brühmten »3-Zoll-Geschütze« berührten, waren von der Unschlagbarkeit unserer Armee überzeugt. Mit den Kanonen würde der Feind noch in seinen Löchern vernichtet werden – so dachten wir. Unter den fünfzehn-, sechzehnjährigen »Strategen« gab es jede Menge Cäsaren, Napoleons und Clausewitz'. Das war der große Unterschied zu den Generalstäben – wohlgemerkt. In guter Stimmung schritten wir am 1. Mai 1941 in der ersten und einzigen Militärparade meines Lebens auf dem Roten Platz einher.

Der 21. Juni verlief hektisch. Wir packten unsere Koffer und gingen an Bord eines großen Dampfers, der unsere Mannschaft zum Sommerlager der Rjasaner Schule für schwere Artillerie bringen sollte. Nun stand uns die erste Tuchfühlung mit dem wirklichen Armeeleben bevor, eine Kriegsmaschinerie ohne Attrappen und Zinnsoldaten. Kein

Valentin Falin, Leiter der Internationalen Abteilung des ZK der KPDSU, sowjetischer Deutschlandexperte.

Wunder, daß jeder von uns auf der gesamten Fahrt wach blieb. Die ganze Nacht war Stimmengewirr zu hören, das Stöhnen des Dieselmotors im Bauch des alten Schiffes wurde dadurch fast übertönt.

Wären wir mehrere Tage und nicht zehn Stunden unterwegs gewesen, dann hätten wir den Kriegsausbruch versäumt, denn wir hatten keine Funkverbindung zur Küste. Unser Dampfer hatte seinen Hafen noch im Frieden verlassen. Nun legte er im Krieg am Ufer an. Wir waren erstaunt darüber, daß kaum ein Mensch an der Anlegestelle zu unserer Begrüßung angetreten war. Hatte man uns vergessen? Oder, dieser frivole Gedanke schoß uns durch den

Kopf, blieben die Offiziere am Sonntagmorgen lieber im Bett? Doch dann tauchte ein Oberleutnant auf. »Es ist Krieg«, preßte er mit gedämpfter Stimme hervor. Dann fügte er nach einer kurzen Pause hinzu: »Die Faschisten sind bei Morgendämmerung auf unser Territorium vorgedrungen, die Deutschen bombardieren Kiew und andere Städte.« Wir waren wie erstarrt. Dann schrien die Jungs auf, verlangten die sofortige Rückkehr nach Moskau und den Abtransport an die Front. Das Geschrei verstummte, nachdem der Bataillonskommissar Peljakow barsch den Befehl erteilt hatte: »Batterien ans Ufer, Marsch, Marsch! Zelte aufschlagen, und weitere Anordnungen abwarten.« Meine Uhr zeigte 6.20 morgens.

Die Menschen im gesamten Land wurden erst am Mittag vom damaligen Regierungschef Molotow durch den Rundfunk über die Tragödie informiert. Es begannen 1418 Tage und Nächte, die für die Bürger der Sowjetunion zu einem Gang durch die Hölle werden sollten. Der Große Vaterländische Krieg war ausgebrochen. »Siegen oder Sterben« – vor diese Wahl stellte der Krieg die Menschen in der Sowjetunion, eine schreckliche Zwangslage.

Hitler hatte die deutsche Wehrmacht in der Sowjetunion einmarschieren lassen, um einen Vernichtungskrieg zu führen. In seiner Rede vor den Oberkommandierenden der Teilstreitkräfte am 3. Januar 1941 hatte er erklärt, daß die Besonderheit des Krieges gegen die Sowjetunion in dessen völligem Gegensatz zu einem regelgerechten Krieg im Westen und im Norden Europas bestünde und daß der Kampf gegen die Sowjetunion eine totale Zerstörung und Vernichtung Rußlands als »Staat« zum Ziele habe. Nach dem sogenannten »Plan Ost« sollte zunächst ein von 22 Millionen Menschen bevölkertes Territorium »total eingedeutscht werden« – und anschließend das gesamte Gebiet bis zum Ural mit 80 bis 100 Millionen Menschen. Und weil es sich nicht um Menschen im »europäischen Sinne handelte«, sollten die eingeborenen Völker – vor allem die Slawen – vernichtet werden.

Im November 1941 teilte Hermann Göring dem italienischen Außenminister Ciano in einem Gespräch mit: »In diesem Jahr ist damit zu rechnen, daß 20 bis 30 Millionen in Rußland den Hungertod sterben. Es trifft sich gut so, denn den Bestand mancher Völker muß man reduzieren.« Seinen Untergebenen brachte Hitler bei, daß es für die Existenz dieser Völker nur einer Rechtfertigung geben könne – nämlich »uns in wirtschaftlicher Hinsicht nützlich zu sein«.

Der Vernichtungswille der Nationalsozialisten resultierte demnach nicht aus militärischem Kalkül, er war auch keine Antwort auf den Widerstand des Sowjetvolkes, nein, es war kaltblütige und grausame Planung und Berechnung. Die nationalsozialistische Programmatik des Todes ging bis ins Detail. Der Krieg der Weltanschauungen und Rassen sollte mit gnadenloser Brutalität geführt werden. Auch die sogenannten »Leitsätze zum Verhalten der Truppen im Ostraum« gaben darüber Aufschluß.

Zur propagandistischen Rechtfertigung des Überfalls auf die Sowjetunion erfand die NS-Führung das Märchen vom Präventivschlag. Im Interesse Deutschlands und der gesamten westlichen Zivilisation sei man einer geplanten sowjetischen Aggression zuvorgekommen. Freilich wurde dieses Märchen nicht sofort aufgetischt.

Hitler beauftragte im Juli 1940 die Generale Halder und Jodl, den Plan für einen Ostfeldzug auszuarbeiten. Zugleich befahl der Leiter des Stabes des Oberkommandos der Wehrmacht umfangreiche Maßnahmen zur Verschleierung dieser Planungen. In der Direktive 21 zum »Fall Barbarossa« wurde schwarz auf weiß eingetragen: »Es ist von maßgeblicher Bedeutung, daß unsere Absicht, die UdSSR anzugreifen, nicht erkannt wird.« Ab März 1941 wurde eine breit angelegte Desinformationskampagne für die Deutschen selbst und ihre Satelliten eingeleitet. Es handle sich nur um Verteidigungsmaßnahmen gegen einen »eventuellen« sowjetischen Angriff, hieß es. Und als der Angriffstermin verschoben werden mußte, befahl Keitel, daß die deutschen Vorbereitungen künftig »mit allen Mitteln verschleiert« und als »Maßnahmen zur Deckung des Hinterlandes Richtung Rußland« erklärt werden sollten.

Auch heute wird die Präventivkriegsthese noch vertreten. Die »Präventionsinterpreten« gaben sich große Mühe, für den deutschen Angriff nachträglich rechtfertigende Erklärungen zu finden, obwohl dieser Versuch in den zurückliegenden Historikerdebatten wiederholt gescheitert ist. Die Bereitschaft einiger sowjetischer »Experten«, an diesem

Spiel mitzuwirken, mag dazu animiert haben. Wer weiß, vielleicht gelingt es ihnen ja doch noch, das Geschichtsbild umzukehren. Welche Aussichten böten sich da an, durch Unterdrückung der Geschichte zur Unterdrückung der Zukunft zu kommen! Denn der Bolschewismus, so hieß es in einer OKW-Erläuterung vom Mai 1941, war ja der »Todfeind des nationalsozialistischen Volkes; Deutschland muß diese zermürbende Weltanschauung und ihre Träger bekämpfen.«

Die sicherste Methode, sich der Verantwortung für eigene Greueltaten zu entziehen, besteht darin, die Kläger zu vernichten, vor denen man sich verantworten muß. »Jeder, der einen deutschen Soldaten schief anblickt, sollte an Ort und Stelle erschossen werden.« Diese und ähnliche Befehle Hitlers verwandelten sich in Paragraphen, die im »Fall Barbarossa« über das Kriegsrecht gestellt wurden (Keitel am 13. Mai 1941), Befehle über die Behandlung von Kriegsgefangenen, Kommissaren und Zivilbevölkerung. Guido Knopp erzählt darüber detaillierter und krasser. Ich hielt es aus folgendem Grund für notwendig, darauf einzugehen: In der sowjetischen populärwissenschaftlichen Literatur sowie in einer Reihe von Memoiren ist von Hitlers Wortbrüchigkeit und auch von der »Plötzlichkeit des Überfalls« die Rede. Dem ersten Punkt kann man ohne Vorbehalte zustimmen, doch was die »Plötzlichkeit« betrifft: Sie gab es nur in der Phantasie Stalins und in dem von ihm gesteuerten gesellschaftlichen Bewußtsein. Dafür gibt es genügend Beweise:

Am 18. Dezember 1940 genehmigte Hitler den Plan »Barbarossa«. Der sowjetische Geheimdienst meldete nur elf Tage später, daß in Deutschland der Beschluß gefaßt worden sei, die Sowjetunion anzugreifen, und unmittelbare Vorbereitungen für die Operation im Gange seien. Von großen Militärkolonnen und Wagenzügen wurde berichtet. Sie führen in Richtung Ostpreußen, Polen und Slowakei. Berlins Märchen, daß Hitler nach wie vor einen Angriff auf England plane, hätte kein Glauben mehr geschenkt werden dürfen. Stalins Pflicht wäre es jetzt gewesen, Alarm zu schlagen.

Am Vorabend des Überfalls schätzte der sowjetische Generalstab das feindliche Angriffspotential auf 146 deutsche Divisionen, unterstützt durch 45 weitere Divisionen. Das tatsächliche Verhältnis war, wie sich später herausstellte, 154 deutsche zu 45 verbündeten Divisionen. Unberücksichtigt blieben dabei jene Wehrmachtsdivisionen, die nach dem 20. Juni an der sowjetischen Grenze eingetroffen waren. Nicht weniger präzise waren überdies die Angaben über Aufstellung und Verteilung der Hauptmacht. Von Überraschung kann deshalb nicht die Rede sein.

Stalin wollte offensichtlich nicht eingestehen, daß er sich von Hitler hatte betrügen lassen und daß sein politischer Scharfsinn diesmal völlig versagt hatte. Immer wieder versuchte er sich zu entlasten, indem er auf die Hinterlist und Tücke der Nationalsozialisten hinwies und die eigene Vertragstreue in den Vordergrund stellte. Der eigentliche Grund für die zahlreichen Entschuldigungsversuche Stalins liegt auf der Hand: Er hatte durch sein miserables Verhalten die Sowjetunion an den Rand einer Katastrophe geführt.

Was für die sowjetische Seite wirklich überraschend war, resultierte aus der Naziphilosophie vom »Krieg ohne Regeln«. Niemand hatte sich Form und Ausmaß einer Barbarei ernsthaft vorstellen können, die alle bis dahin bekannten Verbrechen in den Schatten stellte. Unsere Vorstellungen hingegen waren vom Klassendenken bestimmt. Die deutschen Soldaten waren für uns Arbeiter und Bauern in Uniform. Sie waren Brüder. Sie konnten uns doch nicht töten wollen. – Dieser Denkweise blieben wir lange verhaftet. Ein Krieg, in dem sich das Grauen nicht nur an der Front, sondern auch im Hinterland abspielte, war für uns neu. Ein Krieg, in dem bewaffnete Eroberer auf Kinder treffen, die sich an den Mutterrock anklammern, stellte sich kaum jemand vor. Und wieder schöpfe ich aus unseren eigenen Erinnerungen. Der Rundfunk schaffte es damals nicht einmal, die vom Gegner eroberten Städte vollständig aufzuzählen. Die Soldatenlieder mit ihren angeberischen Texten waren schnell verklungen.

Im politischen Unterricht aber hämmerte man uns nach wie vor ein, wie siegreich fremde Eroberer in der Vergangenheit immer wieder von russischem Boden vertrieben wurden. Auch die Selbstaufopferung vieler Rotarmisten in gigantischen Schlachten wurde immer wieder gepriesen. Und als krönender Abschluß, einem Zauberspruch gleich, wurde gesagt: »Wir sind im Recht, und der Sieg wird unser sein.«

Lange noch herrschte bei uns der Glaube, dies sei ein Angriff Hitlers und nicht Deutschlands, wir führten den Kampf gegen den Nazismus und nicht gegen das deutsche Volk. Erst später sollte es dann heißen: Ihr habt einen Vernichtungskrieg gewollt, ihr sollt ihn haben. Gott sei Dank kam es jedoch nicht zu einer spiegelgleichen Wiederholung jener Nazimethoden, die auf eine völlige Vernichtung hinausliefen. Das Prinzip »Die Hitler kommen und gehen, das deutsche Volk und der deutsche Staat bleiben« setzte sich durch.

Die Meldungen über unsere eigene Lage waren schwer einzuschätzen. Eine Horde von Zensoren filterte die Informationen, die an die Bevölkerung und die Soldaten weitergeleitet wurden. Nur über eines bestand kein Zweifel: daß es ein langer und schwieriger Krieg werden würde. Ich selbst habe nie gehört, daß jemand unseren Widerstand gegen den stürmisch vorwärtsdrängenden Gegner für nutzlos erklärte. Rußland hält durch, es wird sich selbst verteidigen können, es wird jeden Widersacher schlagen – ein solcher Glaube konsolidierte und half uns auch über verhängnisvolle Situationen hinweg, an denen es nicht fehlte.

Der tschechoslowakische Präsident Benesch war der einzige Staatsmann des Westens, der die Sowjetunion im Spätsommer '41 nicht aufgegeben hatte. Die anderen rätselten, ob unsere Agonie noch drei, vier oder fünf Wochen dauern würde. Sie verfolgten aufmerksam jedes unserer Lebenszeichen, viele wägten ab, welche Folgen der Verlust Rußlands für sie haben würde. Doch ich will das nicht vertiefen. Dieses Thema bedarf einer eigenen Analyse.

Tatsächlich haben wir im Jahr 1941 den Kelch des Mißgeschicks bis zu Neige geleert. Schlimmer und schwieriger konnte es uns kaum ergehen. Und dennoch hat uns wohl nur der Himmel vor Schlimmerem bewahrt.

Man stelle sich vor, der Balkanfeldzug Hitlers wäre reibungslos verlaufen. Der Widerstand der um ihre Freiheit kämpfenden Griechen und Jugoslawen hatte die Pläne Hitlers aber maßgeblich durchkreuzt. Wären dieses Länder dem Beispiel Ungarns und Rumäniens gefolgt, hätte die »fünfte Kolonne« dort ebenso funktioniert wie die profaschistischen Gruppierungen in Budapest und Bukarest, wäre der Angriff auf die Sowjetunion früher erfolgt, nämlich, wie ursprünglich geplant, am 15. Mai 1941. In der Direktive Nr. 644/41 des Oberbefehlshabers von Brauchitsch ist von der Freisetzung zusätzlicher Kräfte für den Balkanfeldzug die Rede und von der Verschiebung des »Unternehmens Barbarossa« um vier bis sechs Wochen. Diese Frist war für das sowjetische Volk überlebenswichtig.

Was wäre wohl geschehen, wenn die deutsche Führung nicht die Siege im Juli und August künstlich aufgebauscht hätte? Die Erfolge waren berauschend, machten blind. Der Sinn für Wirklichkeit verblaßte, konnte mit der Sucht nach Landraub nicht mehr mithalten. Hitler unterdrückte jeden Zweifel daran, daß der Drang nach Osten noch im Jahre 1941 abzuschließen wäre, und gab am Ende dem Druck der Militärs nach, die im Sturm auf Moskau den Schlüssel zum Sieg sahen. Es gab heftige Diskussionen. Sollte man Moskau einnehmen oder, um des Erwerbs rohstoffreicher Gebiete willen, in Richtung Südosten abdrehen? Weder Hitlers Variante, Moskau zu umgehen und diese Gebiete zu erobern, noch die der Generale von Brauchitsch und Halder, sämtliche Reserven für die Einnahme der sowjetischen Hauptstadt einzusetzen, noch die Kompromißformel des Generals Jodl verhießen für das Deutsche Reich Erfolg. Strategisch gesehen war für die Sowjetunion das Konzept Hitlers, Moskau zu umgehen, am gefährlichsten. Ein Angriff auf die Stadt war leichter abzuwehren.

Letztlich wurde die Schlacht um die sowjetische Hauptstadt für die Deutschen zum Desaster. Es war das Ende einer abenteuerlichen Politik. Auf den verschneiten Feldern vor Moskau verlor Hitler-Deutschland nicht nur eine Schlacht, sondern den Krieg. Der Traum von der großgermanischen Weltherrschaft war damit zerplatzt. Die Schlacht um Moskau wurde somit zur wichtigsten Schlacht des Zweiten Weltkriegs. Danach war die Zerschlagung des Aggressors nur noch eine Zeitfrage.

Der Widerstand gegen die faschistischen Eroberer kostete das Sowjetvolk bereits im Jahr 1941 sechs Millionen Tote, Vermißte und Gefangene. Die ersten Armeen waren förmlich aufgerieben worden. Ständig mußten neue gebildet werden. Neue Rüstungsbetriebe wurden aus dem Boden gestampft, um die Produktion trotz der großen Verluste an Industriepotential aufrechtzuerhalten. Millionen Soldaten mußten rekrutiert und ausgebildet werden. Die Sowjetunion hat diese unermeßliche Aufgabe gemeistert. Die Wehrmacht hingegen konnte nach der verlorenen Schlacht um Moskau nie wieder jene so günstige Ausgangsposition und das materielle und personelle Niveau von vorher wiederherstellen. Dem »Blitzkrieg« war ein Ende gesetzt, nur für diese Kriegsführung war das deutsche Heer getrimmt und ausgerüstet worden. Nun führte Deutschland nicht mehr einen Krieg, der den Triumph der Gewalt zum Ziel hatte, sondern die Rettung der eigenen Haut.

Bei einem Verhör nach der Niederlage im Mai 1945 gestand General Jodl ein, daß Hitler schon im Winter 1941/42 gespürt und gewußt habe, »daß der Krieg verloren war«. Neuere Studien deutscher Wissenschaftler bestätigen diese Einschätzung. Der engste Berater des amerikanischen Präsidenten Roosevelt, Harry Hopkins, bemerkte schon Anfang 1942: »Es ist durchaus möglich, daß die Russen die Deutschen im nächsten Jahr zerschlagen.« Diese Prognose entsprach durchaus den realen Möglichkeiten nach der Schlacht um Moskau. Während des Frühjahrs 1942 büßten die deutschen Armeen weiter an Kampffähigkeit ein. Der Kommandant der 3. Panzergruppe, Generaloberst Reinhardt, verglich die Kampfkraft seiner 8 Divisionen mit der Kampfkraft von 7 Panzerkompanien. Am 30. März 1942 nahm das deutsche Hauptquartier eine Meldung entgegen, daß es in den 16 Panzerdivisionen nur noch 140 einsatzbereite Panzer gäbe.

Es stimmt allerdings auch, daß die Rote Armee ebenfalls Anfang 1942 ihre militärischen Ressourcen nahezu ausgeschöpft hatte. Doch die Sowjetunion verfügte über mächtige Alliierte. Und hätte sich ihre Unterstützung im Jahr 1941 nicht auf stürmischen Beifall für die Helden der Roten Armee beschränkt, hätten viele Millionen Menschenleben gerettet werden können.

Schon am 15. September 1941 hatte Stalin dem britischen Premierminister Winston Churchill nahegelegt, 15 bis 20 Divisionen in die Sowjetunion zu schicken und sie in den Südbezirken des Landes zu stationieren. Man stelle sich vor, die Briten hätten wenigstens die Hälfte des gewünschten Potentials zur Verfügung gestellt. Das Deutsche Reich hätte dann schon im Jahr 1942 entscheidend geschlagen werden können.

Der britische Ministerpräsident hielt jedoch die sowjetische Initiative für »puren Unsinn« und »absurd«. Churchill war auch nicht auf das Angebot eingegangen, sowjetische Flugplätze zu nutzen, um mit britischen Bombern die von den Deutschen besetzten Ölfelder zu bombardieren. Die Engländer und die Amerikaner waren zu sehr ihrem eigenen Lebensrhythmus verhaftet, sie empfanden sowjetische Sorgen nicht als die eigenen. Die Westmächte wogen immer wieder ab, wie man ohne Überanstrengung den deutschen Gegner auf fremdem Felde auszehren könnte, damit er sich in einem oder in zwei Jahren ergäbe.

Historiker und Politiker werden wohl nie eine Antwort auf die Schlüsselfrage finden, ob der Zweite Weltkrieg hätte abgewendet werden können. Offen bleibt auch die Antwort auf die Nebenfrage, wann der Krieg genau begonnen hat. Für China etwa mit der Kriegserklärung Englands und Frankreichs an Deutschland oder mit dem japanischen Überfall auf Pearl Harbour? Für Albanien, die Tschechoslowakei und Äthiopien hat es den Weltkrieg anscheinend gar nicht gegeben.

Nach meiner Auffassung war die Machtergreifung der Nazis der Auftakt zum Krieg in Europa. Unklar blieb zunächst nur, wann und wie er ausbräche. 1938 setzte Hitler seine letzten Brücken für einen eventuellen Rückweg in Brand; ihm blieb nur noch die Wahl, eine rücksichtslose Eroberungspolitik zu betreiben, die unvermeidlich zu einem militärischen Konflikt führen mußte, oder bankrott zu gehen – in geistiger, finanzieller und auch anderer Hinsicht.

Bis zur Münchener Konferenz hätte Hitler aufgehalten werden können, praktisch zu jeder Stunde, er wäre einfach in der Zeit verschwunden, keine tiefen Schrammen oder Farben wären zurückgeblieben. Das damals von der Sowjetunion bei den Westmächten dringend geforderte System kollektiver Sicherheit sollte die Pläne der Nazis entscheidend durchkreuzen. Doch statt auf Zusammenarbeit mit uns zu bauen, haben die westlichen Demokratien auf eine Beschwichtigungspolitik gegenüber dem Aggressor gesetzt. Was mag sie dazu bewogen haben? Hitler und Mussolini hätten, Gott bewahre, durch Linke ersetzt werden können! Die UdSSR in ihren Bemühungen zu unterstützen, hätte bedeutet, diesen »Parias« in Europa Raum zu gewähren. In den Szenarien, die die Demokraten Chamberlain und Daladier entwarfen, rangierte die Sowjetunion gleich hinter Luzifer. Nach München konnte Hitler nur noch mit Gewalt und nicht mehr mit politischen Mitteln gebändigt werden. Der effektivste Weg wäre gewesen, ihm eine kollektive Abfuhr zu erteilen. Freilich war dies nicht zu erreichen. Die ideologischen Gegenpole zwischen uns und den Westmächten waren offensichtlich stärker als die wechselseitige Anziehung durch gemeinsame Interessen.

Suchte Stalin deshalb nach Schleichwegen, um Hitler an England, Frankreich und den USA vorbei auf eigene Weise zu »beschwichtigen«? Aus der gesamten Menge der vorliegenden Dokumente und zuverlässigen Texte läßt sich nur eine einzige Antwort herauslesen: Nein! Veranlaßt zum Vertragsabschluß von 1939 wurde Stalin von seinem eigenen Opportunismus und der Angst, zu einem Spielball in den Händen der imperialistischen Mächte degradiert zu werden. Es darf zudem nicht übersehen werden, daß die UdSSR zu dieser Zeit gar nicht imstande war, allein einen größeren Krieg zu führen, weder offensiv noch defensiv. Stalin war sich bewußt, was er angerichtet hatte, als er die Führungskader der Roten Armee 1937–1938 liquidiert bzw. entlassen hatte. Der Willkür des Diktators fielen mehr Generale und Oberste zum Opfer als im gesamten Zweiten Weltkrieg. Das muß fesgehalten werden!

Wollte Stalin 1941 einen Konflikt mit Hitler? Wie hätte er einen Angriff provozieren können, wo sich die sowjetischen Streitkräfte doch gerade in einer Wiederaufbauphase befanden und Stalin davon ausgehen mußte, daß die Rote Armee nicht vor 1942 gefechtsfähig sein würde? Das Gegenteil war richtig. Selbst am 22. Juni weigerte sich Stalin wahrzuhaben, daß der Krieg tatsächlich ausgebrochen war. Noch als Tausende von deutschen Flugzeugen und Millionen von Geschossen und Granaten aus deutschen Maschinengewehren und Kanonen abgefeuert worden waren, fragte Stalin die Marschälle Timoschenko und Schaposchnikow, die Generale Schukow und Wassilewski, ob man denn sicher sei, daß es sich nicht doch um eine Provokation handeln könne?

Am fünften, sechsten Tag nach Kriegsbeginn verfiel Stalin in eine Depression und zog sich in seine Datscha bei Moskau zurück. Als die Vertreter der Parteispitze und der politischen Führung des Landes zu ihm kamen, um daran zu erinnern, daß der Feind bei seinem Angriff keine Zeit verliere, zeigte Stalin sich nach dem Bericht der Augenzeugen tief erschrocken. Er hatte offensichtlich schon befürchtet, daß die Abordnung gekommen war, um den »Vater des Volkes« abzusetzen und einzusperren. Statt dessen setzte man ihn auf den Thron des Absolutismus. Unergründlich sind die Wege unseres Herrgotts.

Eine weitere Frage stellt sich: Mußte der Krieg wirklich derart blutig, zerstörerisch und lang sein? Wie gesagt, Europa hätte von diesem Alptraum schon 1942, spätestens aber bis zum Sommer 1943 erlöst werden können. Ach, das Antlitz der Geschichte ist von verpaßten Möglichkeiten wie von Pockennarben übersät.

Im Jahr 1945 beklagte sich General Jodl: »Im Krieg gegen

Rußland weiß man zwar, wie man beginnt, aber nicht, wie dieser Krieg zu Ende geht«. In ähnlicher Weise hatte sich auch Adolf Hitler schon im August 1941 geäußert: »Wir haben eine Tür aufgestoßen und wissen nicht, was dahinter ist.«

Eine Volksweisheit sagt: »Denk darüber nach, bevor Du etwas tust; wenn Du nachdenkst, läßt Du es vielleicht doch bleiben.« Auf welchem Niveau stünde unsere Zivilisation heute, hätten sich Politiker zu allen Zeiten an dieses Motto gehalten und dabei die Moral nicht beiseite gestellt! Denn selbst Sophokles hat die Warnung ausgesprochen: »Verstand kann sehr gefährlich werden, wenn er nicht dem Menschen dient.«

Der hellste Tag des Jahres 1941, der 22. Juni, prägte sich im Bewußtsein der Kriegsgeneration als der dunkelste, traurigste Tag ein. Die Witwen und Waisen haben sich längst ausgeweint. Mag sein, daß die Wunden und Narben der Millionen, die ihre ganze Kraft und Gesundheit im Kampf gegen den Aggressor geopfert haben, an diesem Jahrestag besonders schmerzen. Doch seien Sie sich bitte bewußt, daß jeder Bericht über das Geschehen vor einem halben Jahrhundert, gleich wie man ihn beginnt, stets zu einem Schluß kommen wird. Selbst dem schlimmsten Feind wünschen wir nicht, derartiges erleben zu müssen. Rußland hat überlebt, weil es fest entschlossen war, nicht zuzulassen, daß sich das unglückliche Jahr 1941 wiederholt, daß es wieder zu einem neuen Krieg kommt.

Wir wissen heute, wie schwer das ist. Gleichzeitig sind wir uns jedoch auch über eines im klaren: Eine friedliche Zukunft ist kein Trugbild, sie ist möglich. Allerdings nur unter der Voraussetzung, daß alle Völker den Frieden nicht für sich allein, getrennt und auf Kosten der Nachbarn aufbauen, sondern zusammen – einen gemeinsamen, sonnig-hellen Frieden für alle gleichermaßen.

Europa, der atlantische und mittelmeerisch-afrikanische Raum (1.9.1939 bis 25.3.1941)

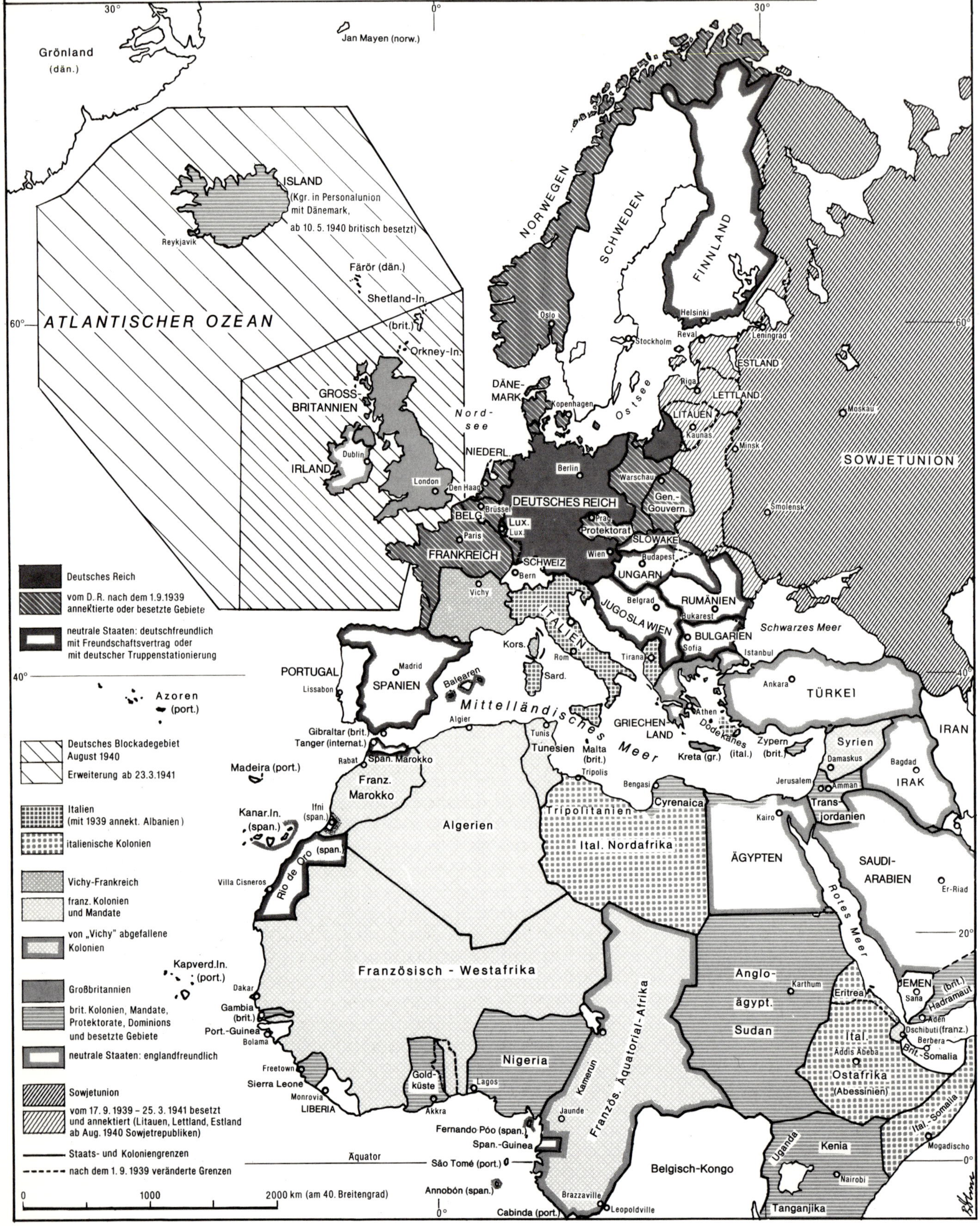

Der Wahn vom Lebensraum

»Rußland ist der Faktor ...«

Als »ein Datum von großer historischer Bedeutung« feierte die sowjetische Nachrichtenagentur TASS am 23. August 1940 den ersten Jahrestag des sogenannten Hitler-Stalin-Pakts: Er enthielt ein Nichtangriffsabkommen und legte in einem geheimen Zusatzprotokoll die beiderseitigen Interessensphären in Osteuropa fest. Er teilte den souveränen polnischen Staat zwischen beiden Mächten auf und überließ die baltischen Staaten der Sowjetunion. Sowjetische Blätter beschäftigten sich in ausführlichen Kommentaren mit dem deutsch-sowjetischen Verhältnis. Die Parteizeitung Prawda schrieb: »Die große Bedeutung des Paktes liegt darin, daß die zwei stärksten Mächte Europas damit die Möglichkeit eines bewaffneten Konflikts unter sich ausgeschlossen haben.«

Der Satz zeugte von fataler Fehleinschätzung: Tatsächlich hatte gerade erst der Hitler-Stalin-Pakt den bewaffneten Konflikt in Europa ermöglicht. Durch den deutsch-sowjetischen Nichtangriffsvertrag vom 23. August 1939 bekam Hitler den Rücken frei für einen Krieg, den er seit langem führen wollte. Acht Tage nach der Unterzeichnung des Vertrages überfiel die deutsche Wehrmacht Polen. Nach nur vier Wochen brachen die überlegenen deutschen Truppen den letzten Widerstand in der Hauptstadt Warschau. Soldaten der Wehrmacht und der Roten Armee, die Ostpolen besetzt hatte, reichten sich am Bug die Hände. Nationalsozialisten und Kommunisten besiegelten ihre neue Freundschaft am 28. September 1939 in einem ergänzenden Vertrag. Die deutsch-sowjetischen Beziehungen schienen gefestigt.

Dem deutschen Blitzkrieg im Osten folgten nach der Winterpause Blitzkriege im Norden und im Westen: Im April 1940 besetzten deutsche Truppen Dänemark und Norwegen. Am 10. Mai begann der Angriff auf Frankreich. Belgien und die Niederlande wurden von den Truppen

Münchener Ausgabe
262. Ausg. · 52. Jahrg. · Einzelpreis 15 Pf. 20 Pf.

Freiheit und Brot

Münchener Ausgabe
München, Dienstag, 19. September 1939

VÖLKISCHER BEOBACHTER

Kampfblatt der national-sozialistischen Bewegung Großdeutschlands

Der Feldzug in Polen geht seinem Ende entgegen

Vernichtung und Gefangennahme versprengter Resttruppen
Die stärkste polnische Gruppe bei Wyszogrod vor der Auflösung
Der größte Teil Polens besetzt – Lublin eingenommen
Warschau schickte noch keinen Parlamentär – Aufgabe der Luftwaffe im Osten im wesentlichen erfüllt

Berlin, 18. September

Das Oberkommando der Wehrmacht gibt bekannt:

Der Feldzug in Polen geht seinem Ende entgegen.

Nach der völligen Umschließung Lembergs und der Einnahme von Lublin steht ein Teil des deutschen Ostheeres in der allgemeinen Linie Lemberg–Wladimierz–Brest–Bialystok und hat damit den größten Teil Polens besetzt. Dahinter vollzieht sich noch an mehreren Stellen die Vernichtung und Gefangennahme einzelner versprengter Reste der ehemaligen polnischen Armee. Die stärkste dieser umschlossenen polnischen Kampfgruppen – etwa ein Viertel des polnischen Heeres – ist südwestlich Wyszogrod zwischen Bzura und Weichsel auf engstem Raum zusammengedrängt und

geht seit gestern der Auflösung entgegen.

Aus dem umschlossenen Warschau wurde am 17. September durch polnische

Volles Einvernehmen Berlin–Moskau

Gemeinsame Erklärung der Reichsregierung und der Regierung der UdSSR.

Berlin, 18. September

Zum Lagebericht des Oberkommandos der Wehrmacht

Beispiellose Leistungen der Ostarmee

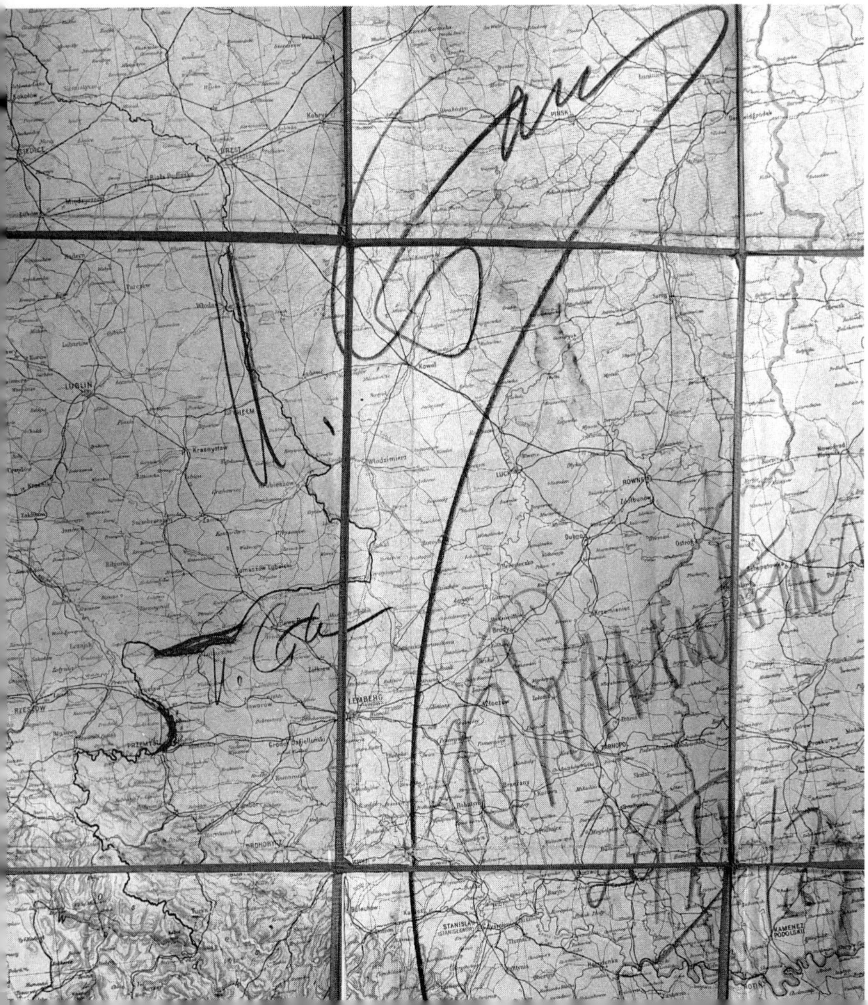

Oben: Der Pakt ist besiegelt. Die Initiatoren des deutsch-sowjetischen Nichtangriffsabkommens nach der Unterzeichnung des Vertragswerks (vordere Reihe von links: Ribbentrop, Stalin, Hilger, Molotow).

Links: Anlage zum Deutsch-sowjetischen Grenz- und Freundschaftsvertrag vom 28. September 1939. Die Karte zur Aufteilung Polens trägt die Unterschriften von Stalin und Ribbentrop.

Auszug

Nichtangriffsvertrag zwischen Deutschland und der Union der Sozialistischen Sowjetrepubliken vom 23. August 1939

Die Deutsche Reichsregierung und
die Regierung der Union der Sozialistischen Sowjetrepubliken,

geleitet von dem Wunsche, die Sache des Friedens zwischen Deutschland und der UdSSR zu festigen, und ausgehend von den grundlegenden Bestimmungen des Neutralitätsvertrages, der im April 1926 zwischen Deutschland und der UdSSR geschlossen wurde, sind zu nachstehender Vereinbarung gelangt:

Artikel I
Die beiden Vertragschließenden Teile verpflichten sich, sich jeden Gewaltakts, jeder aggressiven Handlung und jedes Angriffs gegeneinander, und zwar sowohl einzeln als auch gemeinsam mit anderen Mächten, zu enthalten.

Geheimes Zusatzprotokoll vom 23. August 1939 zum Nichtangriffsvertrag zwischen Deutschland und der Union der Sozialistischen Sowjetrepubliken

Aus Anlaß der Unterzeichnung des Nichtangriffsvertrages zwischen dem Deutschen Reich und der Union der Sozialistischen Sowjetrepubliken haben die unterzeichneten Bevollmächtigten der beiden Teile in streng vertraulicher Aussprache die Frage der Abgrenzung der beiderseitigen Interessenssphären in Osteuropa erörtert. Diese Aussprache hat zu folgendem Ergebnis geführt:
1. Für den Fall einer territorial-politischen Umgestaltung in den zu den baltischen Staaten (Finnland, Estland, Lettland, Litauen) gehörenden Gebieten bildet die nördliche Grenze Litauens zugleich die Grenze der Interessenssphären Deutschlands und der UdSSR. Hierbei wird das Interesse Litauens am Wilnaer Gebiet beiderseits anerkannt.
2. Für den Fall einer territorial-politischen Umgestaltung der zum polnischen Staate gehörenden Gebiete werden die Interessenssphären Deutschlands und der UdSSR ungefähr durch die Linie der Flüsse Narew, Weichsel und San abgegrenzt.

Deutsch-sowjetischer Grenz- und Freundschaftsvertrag vom 28. September 1939

Die Deutsche Reichsregierung und die Regierung der UdSSR betrachten es nach dem Auseinanderfallen des bisherigen polnischen Staates ausschließlich als ihre Aufgabe, in diesen Gebieten die Ruhe und Ordnung wiederherzustellen und den dort lebenden Völkerschaften ein ihrer völkischen Eigenart entsprechendes friedliches Dasein zu sichern. Zu diesem Zwecke haben sie sich über folgendes geeinigt:

Artikel I
Die Deutsche Reichsregierung und die Regierung der UdSSR legen als Grenze der beiderseitigen Reichsinteressen im Gebiete des bisherigen polnischen Staates die Linie fest, die in der anliegenden Karte eingezeichnet ist und in einem ergänzenden Protokoll näher beschrieben werden soll.

Hitlers überrannt. Am 14. Juni zogen deutsche Verbände in Paris ein. Am 22. Juni unterzeichneten die französischen Unterhändler im Wald von Compiègne die Waffenstillstandserklärung. In demselben Eisenbahnwaggon, in dem am 11. November 1918 die Deutschen kapituliert hatten, mußten nun die Franzosen ihre Niederlage bekunden. Was der kaiserlichen Armee im Ersten Weltkrieg in vier Jahren nicht gelungen war, Frankreich zu besiegen, erreichten Hitlers Truppen in kaum sechs Wochen. Moskau gratulierte artig und brach die diplomatischen Beziehungen zu allen Ländern ab, die von den Deutschen besetzt worden waren – ein demonstrativer Freundschaftsbeweis.

Hatte also der Hitler-Stalin-Pakt tatsächlich alle Prüfungen bestanden, wie TASS meldete? War zwischen der UdSSR und dem Deutschen Reich die »Möglichkeit eines bewaffneten Konflikts« ausgeschlossen, wie die Prawda glaubte?

Daß dies nur einem sowjetischen Wunschdenken, aber nicht der Wirklichkeit entsprach, beweist die Tatsache, daß auf deutscher Seite die Vorbereitungen zum Krieg gegen die Sowjetunion schon längst begonnen hatten.

Eigentlich war die Niederschlagung Englands als nächstes Ziel in Hitlers Kriegsplanung vorgesehen. Mit dem Sieg über Frankreich war das Deutsche Reich zur stärksten Macht auf dem Kontinent geworden. Schon am 13. August 1940 flog die Luftwaffe ihren ersten Großangriff gegen englische Militäreinrichtungen, das sogenannte »Unternehmen Seelöwe« hatte begonnen, die Vorbereitungen zur Invasion der Insel liefen auf Hochtouren.

Doch schon während der Planungen für eine Landung in England hatte der Oberbefehlshaber Walther von Brauchitsch den Generalstabschef des Heeres Franz Halder am 22. Juli scheinbar nebenbei gefragt: »Haben Sie sich schon einmal Gedanken über einen Feldzug gegen Rußland gemacht?« Der Generalstabschef war überrascht: »Diesem Narren traue ich wahrhaftig zu, daß er uns auch noch Rußland auf den Hals hetzt. Ich denke nicht daran, mich damit zu beschäftigen.« Wogegen Halder sich noch sträubte, war andernorts jedoch längst ein Thema.

Schon im Juli 1940 hatte Oberstleutnant Bernhard von Loßberg, Gruppenleiter in der Abteilung »Landesverteidigung« im Wehrmachtführungsstab, den Auftrag bekommen, eine Operationsstudie für einen Feldzug gegen die Sowjetunion auszuarbeiten. Er gab dem Vorhaben den Namen seines Sohnes: Operation »Fritz«. Brauchitsch, der von diesem Auftrag wußte, fragte Halder am 22. Juli nach dessen Kenntnisstand nicht ohne Grund, denn am Vortag hatte Hitler ihn beauftragt, den Angriff auf die Sowjetunion vorzubereiten. Selbst der Termin stand schon fest: Im Frühjahr 1941 solle es losgehen, erklärte General Alfred Jodl, Chef des Wehrmachtführungsstabes wenige Tage spä-

Links: Der Oberbefehlshaber des Heeres, Generalfeldmarschall von Brauchitsch (rechts), und sein Generalstabschef Halder lassen »Barbarossa« vorbereiten.

Rechts: Paris in deutscher Hand. Blick vom Eiffelturm auf die französische Hauptstadt.

ter, am 29. Juli. Den exakten Termin legte das Oberkommando der Wehrmacht am 31. Juli 1940 fest: Mitte Mai 1941, nach der Schneeschmelze und den Frühjahrsstürmen, sollte der Angriff beginnen.

Ebenfalls am 31. Juli 1940 hatte Hitler die militärische Führungsspitze zu einer Besprechung auf den Obersalzberg bei Berchtesgaden zusammengerufen. Erster Tagesordnungspunkt war das weitere militärische Vorgehen gegen England. Nach dem Sieg über Frankreich hatte Hitler gehofft, London würde auf sein Friedensangebot eingehen. Doch Winston Churchill, der am 10. Mai 1940 die Nachfolge Neville Chamberlains angetreten hatte, reagierte nicht. Hitler fand dafür nur eine Erklärung: Der neue britische Premierminister schien auf die russische Karte zu setzen: »Rußland ist der Faktor, auf den England am meisten setzt. Ist aber Rußland zerschlagen, dann ist Englands letzte Hoffnung getilgt. Der Herr Europas und des Balkans ist dann Deutschland«, so der »Führer« am 31. Juli auf dem Berghof.

Allerdings gab die Haltung Stalins keine Anhaltspunkte für die Briten, die Sowjetunion gegen das Reich ausspielen zu können. Am 13. Juli hatte der britische Botschafter Cripps im Auftrag seines Regierungschefs den sowjetischen Diktator aufgesucht, um »eine gemeinsame Linie des Selbstschutzes gegen Deutschland« zu finden. Stalin reagierte jedoch ablehnend: »Ich verfolge die Politik Deutschlands und kenne einige führende deutsche Staatsmänner gut. Ich bin nicht der Meinung, daß die deutschen militärischen Erfolge die Sowjetunion und ihre freundschaftlichen Beziehungen zu Deutschland bedrohen.« Auf diese fatale Fehleinschätzung war Stalin offenbar so stolz, daß er seine Antwort über den Volkskommissar für Äußeres, Wjatscheslaw Molotow, auch dem deutschen Botschafter von der Schulenburg übermitteln ließ. Hitler hatte auf diesem Weg von Churchills Versuch erfahren, Stalin als Partner zu gewinnen. Dem wollte er zuvorkommen.

»Weltmacht oder überhaupt nicht sein«

Ein Angriff auf Rußland nur als Mittel zum Zweck, um England zum Einlenken zu bewegen? Hitler beabsichtigte weit mehr: Der Feldzug gegen die Sowjetunion sollte letztlich einem Ziel dienen: Der Erringung der Weltherrschaft durch das nationalsozialistische Deutschland. Der neue »Lebensraum« für das deutsche Volk sollte im Osten, in der Weite des russischen Raums liegen. Hitler hatte in »Mein Kampf« dem Thema »Ostpolitik« ein eigenes Kapitel gewidmet. Sein Ziel beschrieb er dort unverblümt: »Deutschland wird entweder Weltmacht oder überhaupt nicht sein. Zur Weltmacht aber braucht es Größe. (...) Wir Nationalsozialisten gehen über zur Bodenpolitik der Zukunft. Wenn wir aber heute in Europa von neuem Grund und Boden reden, können wir in erster Linie nur an Rußland und die ihm untertanen Randstaaten denken. (...) Das Riesenreich im Osten ist reif zum Zusammenbruch. Und das Ende der Judenherrschaft in Rußland wird auch das Ende Rußlands als Staat sein. Wir sind vom Schicksal

ausersehen, Zeugen einer Katastrophe zu werden, die die gewaltigste Bestätigung für die Richtigkeit der völkischen Rassentheorie sein wird.«

Viele Zeitgenossen haben dieses Buch nicht ernst genommen. Doch in ihm stand ausführlich geschrieben, was später Hitlers Handeln entscheidend bestimmte: der Haß auf alles »Jüdische«, verbunden mit dem Wahn vom »Lebensraum«. Es war die krude Blut- und Boden-Ideologie, die mit dem Angriff auf Rußland umgesetzt werden sollte. Immer wieder sprach und schrieb Hitler von der »Scholle«, die das deutsche Volk unbedingt brauche, um überleben zu können. Immer wieder war in seinen Ansprachen vom »deutschen Pflug« die Rede, der allein der Nation das tägliche Brot sichern könne. Und immer wieder tauchte bei Hitler der Hinweis auf die notwendigen Opfer auf, die das Streben nach der »Scholle« fordern würde. Die Schlußfolgerungen dieser Lebensraumideologie hatte er ebenfalls in »Mein Kampf« erläutert: »Will man in Europa Grund und Boden, dann kann dies nur auf Kosten Rußlands geschehen, dann muß sich das neue Reich wieder auf der Straße der einstigen Ordensritter in Marsch setzen, um mit dem deutschen Schwert dem deutschen Pflug die Scholle, der Nation aber das tägliche Brot zu geben.«

Nicht erwähnt wurde dort allerdings, daß im Erfolgsfall dann ein »Großgermanisches Reich des Friedens« in Osteuropa avisiert war. Denn Politik war für Hitler permanente Kriegsführung: ständiger Kampf als höchste Steigerung der Politik, des Lebens überhaupt! Und das hieß: Krieg als Lebensform. »Krieg ist das Natürlichste, Alltäglichste, Krieg ist immer, Krieg ist überall. Es gibt keinen Beginn, es gibt keinen Friedensschluß, Krieg ist Leben, Krieg ist Urzustand.«

Das war politischer Darwinismus. Wenn Krieg für Hitler ziellos war, ein permanenter Kampf, ein Wert an sich, dann war der »Lebensraum im Osten« nur ein vorläufiges Ziel, ein erster Schritt. Heinrich Himmler, »Reichsführer

SS und Chef der deutschen Polizei«, beschrieb die nächsten Ziele so: »Wir werden dem Osten unsere Gesetze aufdiktieren. Wir werden vorbrechen und uns nach und nach vorpirschen bis zum Ural (...). Dann werden wir eine gesunde Auslese für alle Zukunft haben. Wir werden damit die Voraussetzungen dafür schaffen, daß das gesamte von uns, dem germanischen Volk, geleitete, geordnete und geführte Europa in Generationen seine Schicksalskämpfe mit einem bestimmt wieder hervorbrechenden Asien bestehen kann.«

Aber gab es nicht den Hitler-Stalin-Pakt, ein gegenseitiges Nichtangriffsversprechen, und zudem einen Freundschafts-

Oben: Deutsche Bomber über London. Sie können England nicht bezwingen.

Die Gegner.
Rechts oben: Hitler mit seinen Generalen von Brauchitsch (links) und Halder (rechts) am Kartentisch.

Rechts unten: Stalin mit anderen Mitgliedern des Politbüros bei der Mai-Parade 1941. Noch ohne Vorahnungen?

vertrag? Nach außen betonte die NS-Propaganda die Freundschaft mit dem neuen Partner im Osten. Tatsächlich aber war Hitler von seinem Programm nie abgerückt, auch wenn er es seit Kriegsbeginn nicht mehr offen propagieren ließ. Der Pakt war für ihn nur Mittel zum Zweck, ein Stillhalteabkommen, das ihm Ruhe im Osten für seine Aktionen gegen Polen, im Westen für den Krieg gegen Frankreich und Großbritannien verschaffte.

Von solchen Verträgen hatte Hitler eine eigene Auffassung, für ihn waren sie nicht mehr als ein Fetzen Papier. Daraus hat er nie einen Hehl gemacht. In »Mein Kampf« hieß es eindeutig: »Ein Bündnis, dessen Ziel nicht die Absicht zu einem Kriege umfaßt, ist sinn- und wertlos. Bündnisse schließt man nur zum Kampf.«

Nach dem Sieg über Frankreich hielt Hitler nun die Zeit für gekommen, sein Programm in die Tat umzusetzen. Nach der Besprechung mit dem »Führer« notierte Halder am 31. Juli 1940 in sein Tagebuch: »Entschluß: Im Zuge der Auseinandersetzungen muß Rußland erledigt werden. Beginn des Feldzugs: Mai 1941. Fünf Monate. Ziel: Vernichtung der Lebenskraft.« Obwohl die versammelten Oberbefehlshaber nichts so sehr fürchteten wie einen Zweifrontenkrieg, der Deutschland schon im Ersten Weltkrieg in eine fatale Lage gebracht hatte, nahmen sie diese Äußerungen widerspruchslos hin.

Deckname »Fritz«

Auf Hitlers Anweisung wurden verschiedene Pläne für den Ostfeldzug ausgearbeitet: Das Oberkommando der Wehrmacht nutzte die Studie, die Oberstleutnant von Loßberg unter dem Decknamen »Fritz« entworfen hatte. Diese Operation sah zwei Stoßrichtungen für die Wehrmacht vor: Sie sollte südlich und nördlich der Pripjetsümpfe auf Moskau vordringen.

Für das Oberkommando des Heeres legte Generalmajor Erich Marcks, Chef des Generalstabs der 18. Armee, am 5. August 1940 den »Operationsentwurf Ost« vor. Nach diesen Planungen sollte die Wehrmacht in drei Keilen in Rußland einfallen. Der Hauptangriff des Heeres sollte von Nordpolen und Ostpreußen aus auf Moskau erfolgen. Gleichzeitig sollte ein südlicher Truppenkeil die Ukraine erobern und am Don in Richtung Moskau schwenken. Der dritte, mittlere Armeekeil war für den direkten Vorstoß auf Moskau vorgesehen. Eine riesige Umfassungsschlacht sollte den schnellen Sieg über die Rote Armee bringen, indem der nördliche und der südliche Keil die sowjetischen Truppen umgingen, im Rücken einschlossen und in einer Kesselschlacht vernichteten.

Diesem Plan war deutlich anzumerken, daß sein Verfasser in der preußisch-deutschen Militärtradition stand und in deren Kategorien dachte. Marcks war ein glühender Bewunderer von Moltkes. Dessen Strategie der Umfassung und Vernichtung hatte den deutschen Truppen 1870/71 im Krieg gegen Frankreich den Sieg gebracht – ein modernes Cannae. Doch so plausibel dieser Plan unter militärischen Gesichtspunkten auch war, Hitler lehnte ihn ab: »Das ist die Ausgeburt eines allzu komplizierten Hirns.« Der Amateurstratege wollte überraschende Aktionen und schnelle Siege, keine ausgetüftelten Umgehungsstrategien.

Auch in der deutschen Militärführung gab es Einwände dagegen, allerdings vor allem wegen der großen Entfernungen und der damit verbundenen Nachschubprobleme. Ab Anfang September 1940 führte der Oberquartiermeister, Generalleutnant Paulus, die Planungen weiter, die Loßberg unter dem Decknamen »Fritz« begonnen hatte. Paulus wollte den Angriff ohne den Umweg über die Ukraine sofort gegen Moskau führen. Nach seinem Entwurf sollte der Vormarsch immer wieder gestoppt werden, um den Nachschub zu sichern. Dazu war es notwendig, Transportwege neu aufzubauen und die vorhandenen Strukturen umzurüsten. So mußten zum Beispiel die Eisenbahnlinien der europäischen Spurweite angepaßt werden. Für das auf Sicherheit bedachte Vorgehen der deutschen Militärspitze hatte Hitler jedoch kein Verständnis. Er wollte den Husarenritt nach Osten, der den Krieg noch vor dem Wintereinbruch beenden sollte. Keiner der Angriffspläne wurde abgesegnet, gleichwohl begannen schon im August die

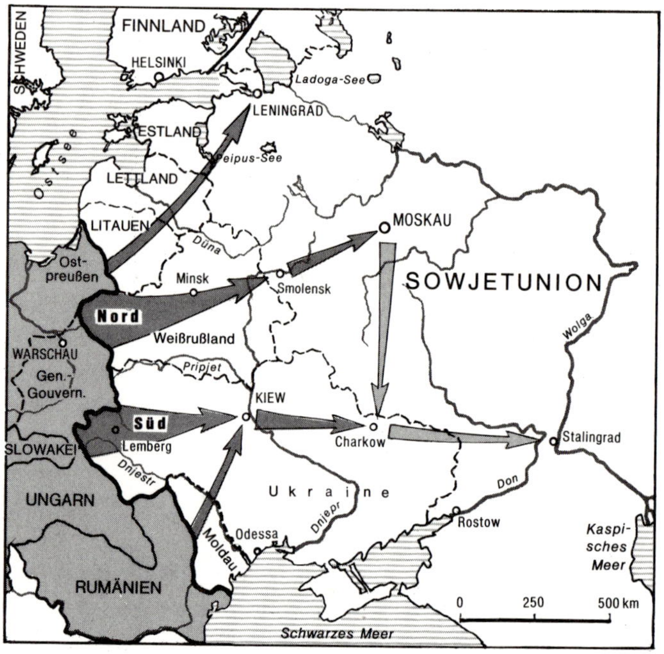

Erster Plan des Oberkommandos des Heeres (OKH), die Operation »Fritz«.

ersten Vorbereitungen für den Angriff: Truppen wurden an die Ostgrenze verlegt. Damit ergab sich ein ernstes Problem, auf das General Jodl am 6. September hinwies: »Aus diesen Umgruppierungen darf in Rußland nicht der Eindruck entstehen, daß wir eine Ostoffensive vorbereiten.«

Die nationalsozialistische Propaganda- und Verschleierungsmaschinerie lief an. Truppenmassierungen an den Grenzen im Balkan? Diese Maßnahmen dienten »dem Schutz der rumänischen Ölfelder«. Truppentransporte in Mitteleuropa? Der deutsche Militärattaché in Moskau teilte dem sowjetischen Militärattaché mit, es handle sich nur um den »Austausch von Truppenkontingenten«, die an der Grenze stationierten erfahrenen Soldaten würden an anderen Stellen gebraucht. Der Abschluß des Anti-Kominternpakts? Er richte sich nicht gegen das kommunistische Rußland, sondern gegen die USA. Während Hitler insgeheim auf allen Ebenen den Krieg vorbereiten ließ, demonstrierten die Nazis nach außen noch immer die Freundschaft mit dem Kreml.

Am 12. November 1940 traf der sowjetische Volkskommissar des Äußeren Wjatscheslaw Molotow in Berlin ein. Sein deutscher Amtskollege Joachim von Ribbentrop war bestrebt, die bestehenden Irritationen nach Kräften auszuräumen. Der Pakt-Partner Stalin hatte sich über einige politische Schritte der Deutschen geärgert, so über Waffenlieferungen an Finnland und eine Garantieerklärung an die rumänische Regierung. Außerdem fühlte sich der Kreml übergangen, weil Hitler ohne vorherige Information ein Bündnis mit Italien und Japan geschlossen hatte. Denn die Bedrohung durch die Achse Berlin-Rom-Tokio zeigte sich bereits im Namen »Anti-Kominternpakt«.

Gründe für sowjetische Irritationen gab es also genügend. Die ersten Gespräche zwischen Ribbentrop und Molotow verliefen in einer »eisigen Atmosphäre«. Hitlers Außenminister tat nichts, um das Mißtrauen zu entkräften. Er schwadronierte über den bevorstehenden Sieg gegen England und träumte von künftigen Erfolgen in Amerika. Was Molotow von diesen großspurigen Erläuterungen hielt, machte er beim abendlichen Bankett in der sowjetischen Botschaft deutlich. Erneut prahlte Ribbentrop großspurig: »England ist so gut wie erledigt.« Als wenig später die Deutschen mit ihren russischen Gästen aufgrund eines Fliegeralarms in den Luftschutzbunker des Auswärtigen Amts fliehen mußten, fragte Molotow: »Wenn das so ist, warum sind wir dann in diesem Bunker, und wem gehören die Bomben, die da draußen fallen?«

Doch auch mit diesem Sarkasmus kam Molotow nicht weiter. Die nächsten Gesprächsrunden, zu denen Hitler dazustieß, verliefen für den Russen enttäuschend. Der deutsche Diktator antwortete vage und ausweichend. Molotow fragte hartnäckig nach und kam immer wieder auf dieselben Punkte: Was war mit Finnland? Was mit dem Balkan? Gegen wen richtete sich der Anti-Kominternpakt wirklich? Außerdem verlangte er eine »Abgrenzung der Interessensphären«. Genau in diesem Punkt wollte sich

Zweiter Plan mit dem Hauptangriffsziel Moskau.

Dritter Plan, die Grundlage für »Barbarossa«.

Links: Der sowjetische Außenminister Molotow besucht am 12. November 1940 Berlin. Die freundliche Begrüßung trügt.

Oben: Der neue sowjetische Botschafters Wladimir Dekanosow (mitte) trifft in Berlin ein, eskortiert von Woepmann, Kobulow, von Halem, Semjonow (von links nach rechts).

Unten: Der Rassenwahn macht auch vor dem sowjetischen Botschafter nicht halt.

(Telex)

Berlin, den 21. November 1940.
Diplogenna Moskau NO. 2134

Tel. i. Niff. (Geh. Ch. V.)

auf Telegramm Nr. 2506 v. 20. 11.
Citissime, geheim, für Botschafter persönlich.

Bitte Herrn Molotow mitzuteilen, dass
Agrément für Dekanosow von Führer erteilt.
Wir annehmen, dass Dekanosow arisch ist.
Ribbentrop.

Telegramm
(Geh.Ch.V.)

Moskau, den 22. November 1940 14.31 Uhr
Ankunft: " 22. " " 15.30 "

Nr. 2524 vom 22.11. Citissime!

+) RAM Auf Telegr. vom 21. Nr. 2134 +)

Weisung ausgeführt.
Dekanosow ist als Georgier kein Jude.
Schulenburg

Hitler jedoch nicht festlegen. Überhaupt ärgerte er sich über die Penetranz des Russen. Er war es nicht gewohnt, daß man ihm unentwegt dieselben Fragen stellte. Schließlich wurde es dem »Führer« zu bunt. Das deutsche Protokoll meldet lapidar: »An diesem Punkt der Unterhaltung machte der Führer auf die vorgerückte Zeit aufmerksam und erklärte, es sei besser, die Besprechungen jetzt abzubrechen, da die Hauptpunkte wohl genügend erörtert wären.«

Was das Gespräch mit Molotow betraf, so war das eine glatte Übertreibung. Der sowjetische Volkskommissar konnte allerdings nicht wissen, daß die »Hauptpunkte« tatsächlich geklärt waren. Denn am Tag seiner Ankunft in Berlin hatte Hitler die streng geheime Führerweisung Nr. 18 erlassen. Mit Datum vom 12. November 1940 hieß es im Hinblick auf die deutsch-sowjetischen Gespräche: »Gleichgültig, welches Ergebnis diese Besprechungen haben, sind alle schon mündlich befohlenen Vorbereitungen für den Osten fortzuführen. Weisungen werden folgen, sobald die Grundzüge des Operationsplans des Heeres mir vorgetragen und von mir gebilligt sind.« Nach dem Besuch Molotows trieb Hitler seine Militärs zur Eile an. Nun sollten sie unverzüglich einen Plan für den Angriff auf die Sowjetunion vorlegen.

»Wenn Barbarossa steigt...«

Nur knapp drei Wochen später, am 5. Dezember 1940, unterbreiteten Brauchitsch und Halder ihrem »Führer« den gewünschten Vorschlag; nach weiteren zwei Wochen segnete Hitler im Führerhauptquartier am 18. Dezember den endgültigen Angriffsplan ab. Das Dokument mit dem langen Aktenzeichen »OKW/WFSt/Abt L (I) NR. 33408/40 g. K Chefs« erschien in der Chronologie der Führerbefehle als »Weisung Nr. 21«. Der Text von elf Seiten Länge mit der Überschrift »Fall Barbarossa« sollte zu einem der folgenschwersten Dokumente des Zweiten Weltkriegs werden. Es war das Todesurteil für Millionen von Menschen in Europa und Asien. Hitler prophezeite: »Wenn Barbarossa steigt, wird die Welt den Atem anhalten.«

Nur neun Exemplare dieser »Geheimen Kommandosache« ließ Hitler anfertigen, denn die Zahl derer, die mit den Planungen bekannt wurden, sollte möglichst klein gehalten werden. Er fürchtete, daß durch ein Bekanntwerden »schwerste politische und militärischen Nachteile« entstehen könnten. Die Weisung wurde mit einem Paukenschlag eingeleitet: »Die deutsche Wehrmacht muß darauf vorbereitet sein, auch vor Beendigung des Krieges gegen England Sowjetrußland in einem schnellen Feldzug niederzuwerfen (Fall Barbarossa). Vorbereitungen sind schon jetzt in Angriff zu nehmen und bis zum 15. Mai 1941 abzuschließen. Entscheidender Wert ist darauf zu legen, daß die Absicht eines Angriffs nicht erkennbar wird.«

In der »Weisung Nr. 21« legte der »Führer und Oberste Befehlshaber der Wehrmacht« die grundsätzlichen Operationen für den Feldzug gegen Rußland fest. Drei Heeresgruppen sollten »in kühnen Operationen« die Masse des russischen Heeres vernichten. Wie in der ursprünglichen Planung des Oberkommandos der Wehrmacht vorgesehen, lag das Hauptkampfgebiet zunächst nördlich der Pripjetsümpfe. Hier sollten die Heeresgruppen Nord und Mitte vordringen, Leningrad einnehmen und auf Moskau schwenken. Eine südliche Heeresgruppe mit Stoßrichtung Kiew hatte die Aufgabe, das Donezbecken zu erobern, wo mehr als die Hälfte des sowjetischen Industriepotentials

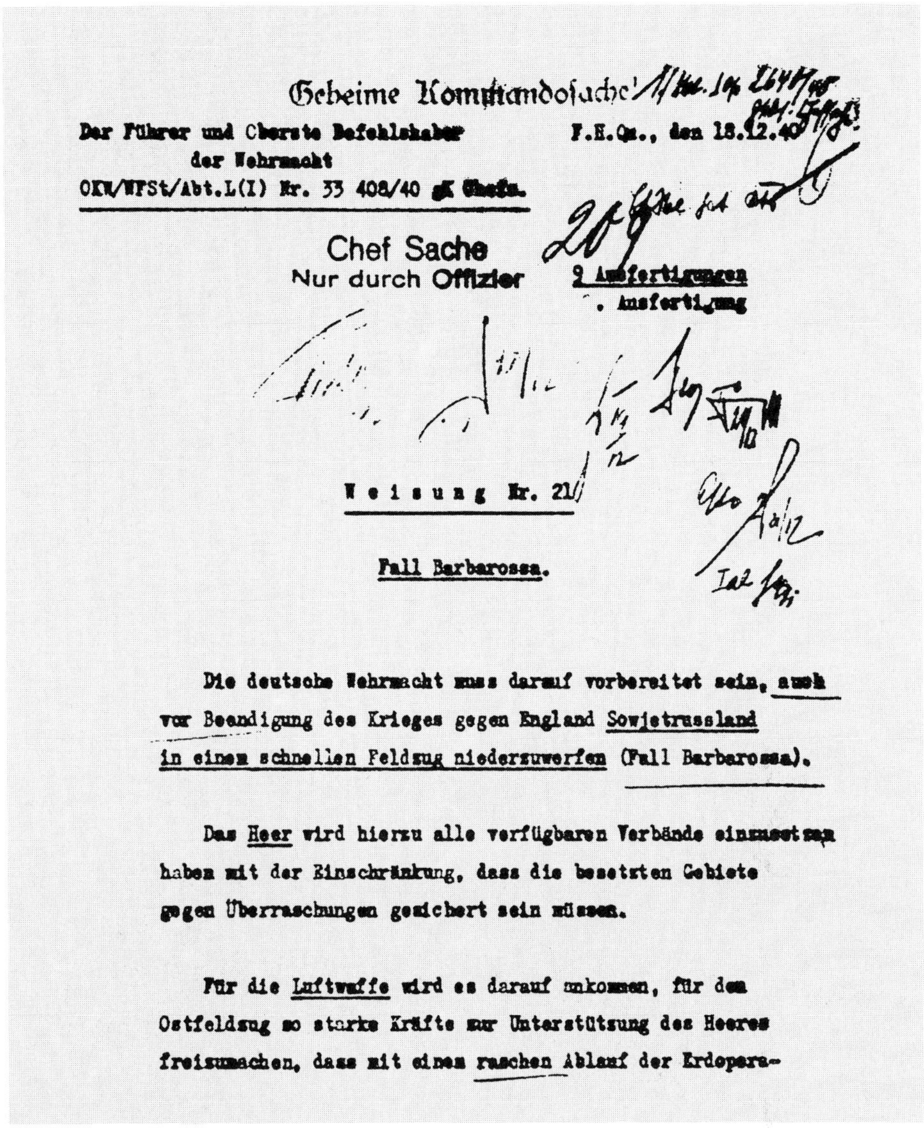
Geheime Kommandosache

Der Führer und Oberste Befehlshaber der Wehrmacht

F.H.Qu., den 18.12.40

OKW/WFSt/Abt.L(I) Nr. 33 408/40 gK Chefs.

Chef Sache
Nur durch Offizier

9 Ausfertigungen
. Ausfertigung

Weisung Nr. 21

Fall Barbarossa.

Die deutsche Wehrmacht muss darauf vorbereitet sein, auch vor Beendigung des Krieges gegen England Sowjetrussland in einem schnellen Feldzug niederzuwerfen (Fall Barbarossa).

Das Heer wird hierzu alle verfügbaren Verbände einzusetzen haben mit der Einschränkung, dass die besetzten Gebiete gegen Überraschungen gesichert sein müssen.

Für die Luftwaffe wird es darauf ankommen, für den Ostfeldzug so starke Kräfte zur Unterstützung des Heeres freizumachen, dass mit einem raschen Ablauf der Erdopera-

Links: »Ostraumpolitik«: Die Nazi-Propaganda greift dieses Motiv in zahlreichen Varianten auf.

Rechts: Die Führer-Weisung Nr. 21: der »Fall Barbarossa«.

konzentriert war. Hundertzwanzig bis hundertdreißig deutsche Divisionen, die von finnischen und rumänischen Truppen unterstützt werden sollten, waren für die nunmehr größte militärische Operation in Hitlers Krieg vorgesehen. »Das Endziel der Operationen ist die Abschirmung gegen das asiatische Rußland auf der allgemeinen Linie Wolga-Archangelsk.« In acht bis zehn Wochen, so rechnete Hitler, sei das Ziel zu erreichen.

Nachdem der »Führer« der militärischen Führungsspitze seine Grundzüge für den Angriff auf die Sowjetunion mitgeteilt hatte, flog er an die Westfront, um mit den Soldaten an der Kanalküste Weihnachten zu feiern. Die deutschen Landser ahnten nicht, welches »Weihnachtsgeschenk« ihr Oberster Befehlshaber am 18. Dezember in seinem Gepäck mitbrachte.

»... es dauert nur acht Wochen«

Mit gewohnter Präzision und der geforderten Geheimhaltung erfüllte die Generalität die ihr gestellten Aufträge. Das Wehrwirtschaftsamt fertigte eine Aufstellung der Industrieanlagen und Transporteinrichtungen in der Sowjetunion an, die für den deutschen Vormarsch benutzt werden konnten. Der Wehrmachtsführungsstab plante den Aufmarsch und den Transport der deutschen Truppen. Der Generalstab des Heeres beschäftigte sich nun auch verstärkt mit geostrategischen Gegebenheiten im europäischen Rußland. Nach unterschiedlichen Kriterien wie Oberflächenform, Bewachsung, Klima, Gewässer und Transportwegen wurde das zukünftige Angriffsgebiet untersucht und einer »militärischen Beurteilung« unterzogen. In der »Führerbesprechung« am 3. Februar 1941 wurden weitere vorbereitende Maßnahmen beschlossen. In vier Transportwellen sollten die deutschen Truppen im März, April und Mai an die Front im Osten verlagert werden. Überall liefen die militärischen Vorbereitungen auf vollen Touren, die notwendigen Schritte für den Angriff auf die Sowjetunion wurden eingeleitet – präzise und ohne offenen Widerspruch der Generalität.

Teilten die Militärs die Einschätzung Hitlers? Moralisch motivierte Widerstände gab es ohnehin kaum. Die Führungseliten in Staat, Partei und Wehrmacht rechneten in der Regel auch gegen die Sowjetunion mit einer Fortsetzung der Blitzkriege und Blitzsiege. Nach dem Einfall der Wehrmacht auf sowjetisches Gebiet gab der Reichspressechef am 23. Juni 1941 eine Tagesparole aus, die für den Größenwahn in deutschen Landen damals typisch war: »Der Führer sagt, es dauert vier Monate. Ich aber sage Ihnen, es dauert nur acht Wochen. Denn so wahr der Nationalsozialismus den Kommunismus an innerem Gehalt haushoch überragt, so wahr muß sich auch auf dem Schlachtfeld seine ungeheuere Überlegenheit in kürzester Frist erweisen.«

Doch wie sahen die tatsächlichen Kräfteverhältnisse aus? Auf welchen Annahmen beruhten diese optimistischen Einschätzungen?

Nach Informationen der deutschen Abwehr standen den hunderteinundvierzig deutschen Divisionen mit drei Millionen Soldaten auf sowjetischer Seite immerhin zweihundertdreizehn Divisionen mit viereinhalb Millionen Mann gegenüber. Bei den Panzern sprach der Vorteil bei einem angeblichen Verhältnis von dreitausenddreihundertfünfzig auf deutscher und viertausend auf sowjetischer Seite ebenfalls zugunsten der Roten Armee. Tatsächlich hatten die Sowjets mehr als zwölftausend Panzer zu bieten – das Vierfache der deutschen Kräfte.

Allerdings schienen viele Panzer aus sowjetischer Produktion veraltet, ebenso die etwa achttausend bis neuntausend Flugzeuge. Auch hier waren die Deutschen mit zweitausendzweihundert Maschinen zahlenmäßig unterlegen, doch »mit ihrer überlegenen Kampfkraft«, so hoffte Hitler, sollte Görings Luftwaffe die eindeutige Lufthoheit erreichen. So wischte er alle Bedenken wegen numerischer Unterlegenheit vom Tisch: »Der schlechteste deutsche Infanterist ist besser als der beste fremde Infanterist.«

Mit dieser Einschätzung stand er nicht allein. In einer Analyse, die General Halder erstellt hatte, kam der Generalstabschef zwar zu dem Ergebnis, daß die Rote Armee der Wehrmacht zahlenmäßig mehr als ebenbürtig sei. Allerdings glaubte auch Halder an die überlegene deutsche Kampfkraft. Die Einwände der Generalität beruhten vor allem auf den riesigen Entfernungen, die von den deutschen Truppen zurückgelegt werden mußten.

Brauchitsch wies bei seinen Gesprächen mit Hitler immer wieder auf die »Tiefe des russischen Raums« hin. Ihn schreckte das Schicksal Napoleons, dessen »Grande Armee« 1812 weniger von den Russen als von Rußland besiegt wurde. Deshalb lag in den früheren Planungen der deutschen Generale ein besonderes Augenmerk auf der Sicherung des Nachschubs. Doch, wie erwähnt, hatte Hitler diese Pläne im Vorfeld als zu kompliziert vom Tisch gewischt. Das Scheitern Napoleons schien Hitler nicht zu beeindrucken. Er vertraute der Beweglichkeit seiner Panzertruppen. Was sollte der Vergleich mit von Pferden gezogenen Geschützen Napoleons? Die Wehrmacht war motorisiert, sehr beweglich und schien jederzeit in der Lage, größere Entfernungen zu überbrücken. Hatten das nicht bereits die Feldzüge gegen Polen und Frankreich bewiesen?

Doch das Bild war verzerrt. Die Anzahl der deutschen Panzerdivisionen war zwar verdoppelt worden, der Anteil

Erich Mende,
Bundesminister a. D.,
damals Hauptmann.

Anfang Juni ging das Gerücht um, daß es keinen Angriff auf die Sowjetunion geben würde, sondern eine Art Durchmarsch, um an die Ölquellen und an das britische Empire heranzukommen, nachdem die Landung in Großbritannien, das »Unternehmen Seelöwe«, nicht stattfinden konnte. Aber wir nahmen das nicht ernst. Als wir schon im April in der Normandie das kyrillische Alphabet lernen mußten und einen russischen Sprachführer erhielten, wußten wir, es geht Richtung Sowjetunion.
Am Tag vor Kriegsausbruch waren wir in der Gegend von Augustowo im Suwalizipfel und lagen dort in Angriffsbereitschaft. Wir hofften immer noch, daß der Angriff nicht stattfindet. Und als dann kein Funkspruch zur Rücknahme des Befehls kam, sondern wir ab 23.00 Uhr damit rechnen mußten, daß es um 3.15 Uhr losgeht, da nahm mich mein Kommandeur beiseite und sagte: Mende, merken Sie sich diese Stunde. Das ist das Ende unseres alten Deutschlands, finis Germaniae. Das ist auch das Ende unseres alten Europas, eine Tragödie bahnt sich an, schlimmer als die Napoleons 1812. Und dann kamen nach Mitternacht die ersten Geschwader über uns, die ersten Granateinschläge und Abschüsse waren bald zu hören. Der Einmarsch hatte begonnen.

an Panzern pro Division jedoch verringert. Der Durchschnitt sank von zweihundertachtundfünfzig auf hundertsechsundneunzig Kampfwagen. Schlimmer noch: Eine Aussicht auf eine Anhebung des Kontingents bestand nicht. Statt der geforderten sechshundert Panzer pro Monat konnte die deutsche Rüstungsindustrie nur knapp ein Drittel des Plansolls liefern. Natürlich verfügte die Wehrmacht über motorisierte Einheiten. Doch der überwiegende Teil der Artillerie wurde auch in Hitlers Armeen von Pferden gezogen – wie bei Napoleon. Gegen »General Winter« schließlich waren die deutschen Verbände ähnlich schlecht gerüstet wie die französischen Truppen. Für Hitler war auch das kein Argument. Bei Einbruch des Winters, so glaubte er, sei die Rote Armee ohnehin längst besiegt. »Das Beispiel Napoleons wiederholt sich nicht,« schrieb Joseph Goebbels apodiktisch in sein Tagebuch. So fehlte es zwar nicht an Ansätzen für Kritik an Hitlers Plänen. Doch die militärische Führungsspitze führte die gestellten Aufgaben aus – präzise und widerspruchslos. Wenn Preußentum jemals mit Vernunft und Augenmaß gepaart war, so war dies, zumindest bei den Generalen Hitlers, weitgehend verdrängt.

Der vorgesehene Termin für den Angriff, der 15. Mai 1941, rückte immer näher, als ein Putsch in Jugoslawien die Pläne Hitlers durcheinanderbrachte.

»Wir müssen helfen ...«

Hitler hatte seinen Militärs inzwischen neue Aufgaben gestellt, die in engem Zusammenhang mit dem »Fall Barbarossa« standen. Anfang Januar 1941 erging die »Weisung Nr. 22«: Im Zuge der »Operation Sonnenblume« und der »Operation Alpenveilchen« sollten deutsche Truppen in Tripolitanien, dem nordwestlichen Teil Libyens, und Albanien verstärkt werden. So harmlos und poetisch diese Decknamen auch klangen, dahinter verbarg sich unprosaische Machtpolitik: Italien durfte nicht ausscheren.

Schon am 13. Dezember 1940 war die »Operation Marita« gestartet worden. Dem italienischen Bundesgenossen, der am Balkan in Schwierigkeiten geraten war, sollte in Griechenland geholfen werden. »Es darf nicht riskiert werden, daß Italien innerlich zusammenbricht. Wir müssen helfen«, erklärte Hitler den Oberbefehlshabern der Wehrmacht. Mit ganzer Kraft trieb er die Vorbereitungen voran. Am 1. März 1941 trat Bulgarien – wie schon zuvor Ungarn, Rumänien und die Slowakei – dem Bündnis der Achse Berlin-Rom-Tokio bei. Kurz darauf marschierten deutsche Truppen in Griechenland ein. Ihr Ziel war der Peloponnes. Hier hatte der italienische Angriff auf das griechisch besetzte Albanien nach nur zwei Tagen am 11. März mit einer katastrophalen Niederlage geendet. Zur gleichen Zeit landete in Piräus ein britisches Expeditionskorps, um die griechischen Truppen im Kampf gegen die Angreifer zu unterstützen.

Während das Aufeinandertreffen britischer und deutscher Truppen unmittelbar bevorstand, bemühten sich beide Kontrahenten um die Unterstützung Jugoslawiens.

Dimitrij Wolkogonow, Generaloberst a. D., damals Leutnant.

In der Luft roch es nach Krieg. Das Politbüro, Stalin und der Generalstab hatten viele genaue Angaben von Nachrichtendiensten, vom Komintern und der operativen Aufklärung. Sie besagten, daß Deutschland seine militärischen Kräfte an der Grenze zur Sowjetunion konzentriere. Die Sowjetunion hatte bald eine genaue Vorstellung über die Stationierung der deutschen Truppen. Es folgte von seiten der Sowjetregierung der Befehl, Divisonen der Roten Armee aus dem Fernen Osten, Sibirien, Mittelasien und dem Moskauer Gebiet an die Westgrenze zu verlegen. Viele dieser Einheiten schafften es allerdings nicht rechtzeitig, das Grenzgebiet zu erreichen. Stalin bereitete sich demnach durchaus auf den Krieg vor, doch wollte er eigentlich nicht recht daran glauben. Er dachte, es passiert viel später, als es dann tatsächlich der Fall war. Noch zwanzig Tage vor Kriegsausbruch sagte er im Kreis seiner engsten Berater: »Nach den Berichten zu urteilen, können wir dem Krieg nicht entgehen. Wahrscheinlich beginnt er im Frühjahr nächsten Jahres.« Das zeigt, wie sehr Stalin einer Täuschung unterlag, was so zu erklären ist:
Stalin war wie ein Gott auf Erden. Er sagte allen: »Es wird jetzt keinen Krieg geben.« Er sagte es allen und wollte auch selbst daran glauben. Und was das wichtigste ist, er war sich im klaren darüber, daß die Rote Armee nicht auf einen Krieg vorbereitet war. Es genügt, in diesem Zusammenhang darauf hinzuweisen, daß 85 Prozent der Offiziere, die im Westen der Sowjetunion dienten, vor weniger als einem Jahr eingesetzt wurden, die schreckliche, blutige Säuberung von 1937 und 1938 hatte den Offiziersstand nahezu ausgerottet.
Wahrscheinlich war Stalins Täuschung hinsichtlich des Kriegsbeginns eher eine Verdrängung, es konnte nicht sein, was nicht sein durfte.

Ein schwieriger Bundesgenosse: Italiens »Duce« (vermutlich 1941).

Der jugoslawische Prinzregent Paul hatte sich nach langem Drängen Hitlers während eines geheimen Treffens am 4. und 5. März auf dem Obersalzberg bereit erklärt, dem Bündnis der Achsenmächte beizutreten. Als der jugoslawische Ministerpräsident Svetkovic am 25. März in Wien den Beitrittspakt unterzeichnete, erklärte Hitler triumphierend dem italienischen Außenminister Ciano: »Das wird den Angriff auf Griechenland vereinfachen.« Doch innerhalb weniger Stunden brachte ein Zwischenfall die Pläne Hitlers durcheinander: In der Nacht vom 26. auf den 27. März putschten Teile der Armee gegen die jugoslawische Regierung. Der Ministerpräsident wurde samt Außenminister bei seiner Rückkehr nach Belgrad aus dem Zug geholt und verhaftet. Prinzregent Paul, der das Bündnis mit den Deutschen gegen harte Widerstände im Kabinett durchgesetzt hatte, wurde unter Hausarrest gestellt. Der Staatsstreich verlief unblutig. Die neue Regierung Simovic konnte sich dabei nicht nur auf die Mehrheit der Streitkräfte stützen. Vor allem die nationalbewußten Serben lehnten den Pakt mit Hitler ab, der Jugoslawien zu einem deutschen Vasallenstaat gemacht hätte. Nun hofften sie, den mächtigen Diktator mit einem Nichtangriffsangebot besänftigen zu können. Doch sie wußten nicht, welchen Wutausbruch die Putschmeldung ausgelöst hatte: Hitler fühlte sich persönlich angegriffen. Noch in der ersten Erregung erließ er am 27. März die »Weisung Nr. 25«: »Der Militärputsch in Jugoslawien hat die politische Lage auf dem Balkan geändert. Jugoslawien muß auch dann, wenn es zunächst Loyalitätserklärungen abgibt, als Feind betrachtet und daher so rasch als möglich zerschlagen werden. Meine Absicht ist, in Jugoslawien einzubrechen und die jugoslawische Wehrmacht vernichtend zu schlagen.«

Hitler ärgerte sich nicht nur darüber, daß eine Regierung abgesetzt wurde, die ihm gewogen war. Was ihn noch mehr in Rage versetzte, teilte er der eilig einberufenen Runde mit Brauchitsch, Halder und Ribbentrop in der Reichskanzlei mit: »Der Staatsstreich in Belgrad gefährdet nicht nur Marita, sondern mehr noch Barbarossa.« Der auf den 15. Mai festgesetzte Angriffstermin konnte nun nicht mehr gehalten werden. In der »Weisung Nr. 25« hieß es lapidar: »Der Beginn von Operation Barbarossa ist um vier Wochen zu verschieben.« Welche katastrophalen Folgen dies für die deutschen Soldaten haben sollte, konnten zu diesem Zeitpunkt weder Hitler noch seine Paladine ahnen.

Noch in der Nacht mußte General Jodl mit dem Wehrmachtführungsstab die Pläne für den Einmarsch in Jugoslawien ausarbeiten. Am Morgen des 28. März erhielt der deutsche Militärattaché in Italien, General von Rintelen, um vier Uhr früh ein Aide-mémoire für Mussolini, in dem die Deutschen ihren Bündnispartner über das geplante Vorgehen auf dem Balkan unterrichteten. Gleichzeitig teilte Hitler dem Duce mit, welche Aufgabe er den italienischen Verbänden zugedacht hatte: keine weiteren Aktionen mehr gegen Albanien. »Ich halte es für notwendig, daß Sie mit allen irgendwie verfügbaren Kräften die wichtigsten Übergänge von Jugoslawien nach Albanien abzuschirmen versuchen und ihre Kräfte mit allen Mitteln und in höchster Eile verstärken.«

Am 6. April 1941 überrollten die deutschen Panzerverbände Jugoslawien. Es dauerte nur elf Tage, bis die Reste der jugoslawischen Armee in Sarajewo kapitulierten, zermürbt von den Angriffen der Luftwaffe. Deutsche Flieger hatten indes einen anderen Befehl des »Führers« umgesetzt: in »rollenden Angriffen« die Hauptstadt Belgrad zu zerstören. Gegenwehr gab es kaum, die Stadt verfügte über keine Flugabwehrgeschütze, die die tödlichen Tiefflüge der Bomberflotten Görings hätten verhindern können. Der Name der Aktion enthüllte, worum es Hitler eigentlich ging: Die »Operation Bestrafung« war die Rache des deutschen Diktators für die Demütigung, die er durch den Staatsstreich erlitten zu haben glaubte. Ein »Saisonstaat«, wie Goebbels Jugoslawien in seinem Tagebuch nannte, sollte dem deutschen »Führer« nicht ungestraft widersprechen dürfen.

Nach der Eroberung Jugoslawiens und Griechenlands, wo seit dem 23. April 1941 die Hakenkreuzfahne über der Akropolis wehte, legte Hitler in einer geheimen Weisung vom 30. April den neuen Termin für den Angriff auf Rußland fest: »Beginn Barbarossa 22. Juni.«

»Mit erbarmungsloser Härte...«

Währenddessen waren die Aufmarschpläne weiter vorangetrieben worden. In einer Konferenz am 30. März, zu der Hitler die Spitzen der Wehrmacht in der Reichskanzlei zusammengerufen hatte, brachte der Diktator nun einen neuen Gesichtspunkt zur Sprache: »Der Kampf wird sich sehr unterscheiden vom Kampf im Westen.« Was sich hinter dieser unheilvollen Ankündigung verbarg, wurde den anwesenden Militärs klar, als Hitler ihnen eröffnete, wie er sich den Kampf gegen die Rote Armee vorstellte. »Wir müssen vom Standpunkt des soldatischen Kameradentums abrücken. Der Kommunist ist vorher kein Kamerad und nachher kein Kamerad.«

Hier wurde deutlich, daß Hitler und die meisten Generale völlig unterschiedlicher Meinung darüber waren, wie dieser Krieg zu führen sei. Für die unpolitischen Militärs war der Angriff auf Rußland die Auseinandersetzung zweier Armeen. Für Hitler war der Krieg gegen Rußland mehr als ein militärischer Kampf, für ihn prallten hier zwei Weltanschauungen aufeinander, die sich gegenseitig ausschlossen. Schon Anfang März hatte er den Oberbefehlshabern der drei Wehrmachtsteile sowie den Truppenkommandeuren seine neue Kriegsführung erläutert: »Ein Krieg wie gegen Rußland kann nicht ritterlich geführt werden. Es handelt sich um einen Kampf der Weltanschauungen und rassischen Gegensätze und ist daher mit nie dagewesener erbarmungsloser Härte zu führen. Alle Offiziere werden sich überlebter Anschauungen entledigen müssen.«

Damit machte Hitler unerbittlich klar, daß es nicht genügte, den Gegner militärisch zu besiegen und wehrlos zu machen. »Es handelt sich um einen Vernichtungskampf. Der Kampf muß geführt werden gegen das Gift der Zersetzung.« Ziel seiner Vernichtungswut waren vor allem die politischen Kommissare der Roten Armee. »Die Kommissare sind Träger einer dem Nationalsozialismus strikt entgegengesetzten Weltanschauung. Daher sind die Kommissare zu liquidieren. Kommissare und GPU-Leute sind Verbrecher und müssen als solche behandelt werden.«

Wie die Nazis mit den von ihnen zu »Verbrechern« gestempelten Personen umgehen wollten, wurde unter anderem im sogenannten »Kommissarbefehl« festgelegt, der vom Oberkommando des Heeres am 6. Juni 1941 herausgegeben wurde: Alle politischen Kommissare der Roten Armee seien »grundsätzlich sofort mit der Waffe zu erledigen.« Um mögliche Skrupel gegen dieses Vorgehen schon im Vorfeld zu beseitigen, lieferte Hitler auch die Begründung, warum dieser Befehl notwendig sei: »Die Truppe muß sich mit den Mitteln verteidigen, mit denen sie angegriffen wird[38].«

Als gerechtfertigte Notwehr wollten die Nazis ihr brutales Vorgehen verstanden wissen, schließlich seien die Kommissare angeblich »die Urheber barbarisch asiatischer Kampfmethoden«. Seine mörderischen Pläne hatte Hitler am 30. März 1941 vor mehr als zweihundert hohen Offizieren schon erläutert. Offenen Widerspruch gab es in dieser Besprechung nicht. Einige Befehlshaber drängten zwar anschließend Feldmarschall von Brauchitsch, bei Hitler gegen diese Anweisungen offiziell zu protestieren, aber der Oberbefehlshaber des Heeres weigerte sich. Aus »Sorge

Josef Zoglmeier, Infanterist.

Die Monate bis zum denkwürdigen 22. Juni 1941 vergingen mit dem üblichen militärischen Dienst. Keiner von uns glaubte auch nur im geringsten an einen Krieg gegen Rußland. Die Demarkationslinie wurde vom San, einem Nebenfluß der Weichsel, gebildet. Alle Brücken waren gesprengt. Auf der gegenüberliegenden Seite war keinerlei Leben zu beobachten. Wir führten in der Umgebung von Jaroslaw laufend Gefechtsübungen aller Art durch, ohne uns darüber Gedanken zu machen. Erst als die Truppenansammlungen in unserem Abschnitt ab Mai '41 immer größere Ausmaße annahmen und unsere Manöver gezielt auf einen Flußübergang mit anschließendem Angriff auf die hinter dem San liegenden Dörfer hinwiesen, zogen wir die Möglichkeit eines Krieges gegen Rußland ernsthaft in Betracht. Die Dienstgrade ab Unteroffizier aufwärts mußten die kyrillischen Schriftzeichen erlernen, um russisch beschriftete Generalstabskarten lesen zu können, und die üblichen Probealarme häuften sich in ungewohnter Weise. Als schließlich am 21. Juni nach dem erfolgten Alarm scharfe Munition, Handgranaten und die eisernen Verpflegungsrationen ausgegeben wurden, gab es am bevorstehenden Überfall auf die Sowjetunion keinen Zweifel mehr.

Albrecht Linsen, Infanterist

Für zehn Tage war ein kleines, verstecktes Barackenlager bei Wlodawa am westlichen Hochufer des Bug die Endstation eines langen Marsches von Schweidnitz in Schlesien durch Polen an die Grenze der Sowjetunion. Wir konnten weit hinübersehen in die buschige Ebene mit den hölzernen Wachtürmen, auf denen sich nie eine Bewegung zeigte. In den Feldern ganz selten ein paar Kolchosbauern. Für alle Aktivitäten außerhalb der Baracken war strenge Tarnung befohlen; Dienst wurde unter Bäumen gemacht, alles im eingefahrenen Reglement, nicht sehr eifrig, aber in wachsender Spannung. Die Vorzeichen waren nicht zu verkennen: Ausgabe kleiner russischer Wörterbücher für den Kriegsgebrauch. Hände hoch: Ruki wjerch. Unterricht über sowjetische Flugzeug- und Panzertypen. Nochmal Briefe und Päckchen von daheim, Zeitungen, in denen nichts von deutsch-sowjetischen Querelen stand.
Aufregung in den Unterkünften: Ein Mann von der »Sechsten« ist desertiert, nachts über den Bug geschwommen. Er hat Päckchen geklaut, heißt es. Theorien und Rätselraten auf den Pritschen. Gerüchte. Eines Tages »Truppenbetreuung«. Eine Art Frontkabarett findet den Weg bis zu uns und reißt matte Witze. »Habt ihr 'n Fernglas?« Die jungen Damen der kleinen Truppe gucken neugierig über den Bug nach Rußland hinein, zu den unsichtbaren Bolschewisten.
Auf den Waldwegen liegen Balkenteppiche für die schweren Fahrzeuge; man braucht sie in Sand und Sumpf, und auf weichem Flußgrund. Appell mit allen Sachen, Umtausch schlechter Stücke; es wird immer verdächtiger. Dieser Samstag bleibt fast dienstfrei. Zeit zum Ausruhen. Dann nochmal Belehrungen. Unsere Flugzeuge werden gelbe Kennzeichen tragen. Haben die Russen denn so ähnliche? Gegen Abend »Fertigmachen« mit Waffen und Gerät, die Fahrzeuge warten bespannt in den Wäldern ...

Links oben: Noch ist der Rußlandkrieg ein Sandkastenspiel.

Links unten: Endlos anmutende Lkw-Kolonnen rollen ins Aufmarschgebiet der künftigen »Ostfront«.

um die Kampfmoral der deutschen Soldaten« schlug er am 6. Juni lediglich vor: »Die Erledigung der politischen Kommissare bei der Truppe hat nach ihrer Absonderung außerhalb der eigentlichen Kampfzone unauffällig auf Befehl eines Offiziers zu geschehen.«

Den Soldaten sollte also nicht zu offen gezeigt werden, daß sie als Henkersknechte nationalsozialistischer Wahnvorstellungen mißbraucht werden sollten. In den Richtlinien, die General Keitel am 19. Mai für die Truppe erließ, hieß es allerdings unmißverständlich: »Der Bolschewismus ist der Todfeind des nationalsozialistischen deutschen Volkes. Dieser zersetzenden Weltanschauung und ihren Trägern gilt Deutschlands Kampf. Dieser Kampf verlangt rücksichtsloses und energisches Durchgreifen gegen bolschewistische Hetzer, Freischärler, Saboteure, Juden und restlose Beseitigung jedes aktiven und passiven Widerstands.« Damit kein Soldat befürchten mußte, für hartes Vergehen im nachhinein bestraft zu werden, gab die Rechtsabteilung im Oberkommando des Heeres am 13. Mai 1941 einen Erlaß heraus, in dem es hieß: »Für Handlungen, die Angehörige der Wehrmacht und des Gefolges gegen feindliche Zivilpersonen begehen, besteht kein Verfolgungszwang, auch dann nicht, wenn die Tat zugleich ein militärisches Verbrechen oder Vergehen ist.« Solche Erlasse ließen ahnen, wie der Krieg gegen die zu »Untermenschen« erklärten Russen, Weißrussen und Ukrainer geführt werden sollte. »Das ist kein Fall der Kriegsgerichte«, meinte die Rechtsabteilung. Die Haager Landkriegsordnung, die unter anderem die Behandlung von Kriegsgefangenen regelte, setzte Hitler für den Krieg gegen Rußland außer Kraft. Das war »sein« Krieg, frei von jeder Rücksichtnahme auf die Bindungen der Zivilisation. In diesem Krieg sollten nicht die Regeln gelten, die ein Mindestmaß an Humanität hätten gewährleisten können.

Dennoch hielt Hitler seine Generale immer noch für allzu nachgiebig. Ihnen traute er das nach seiner Auffassung notwendige harte Vorgehen nicht zu. Um den Terror gegen russische Soldaten und Zivilisten optimal zu organisieren, schuf Hitler neue Organe. Heinrich Himmler, dem sowohl die SS als auch die deutsche Polizei unterstand, erhielt den Auftrag, die politische Verwaltung in Rußland vorzubereiten. Unabhängig von der militärischen Führung, die nur noch für das unmittelbare Kampfgebiet zuständig war, sollten Sondergruppen der SS in den eroberten Gebieten »Sonderaufgaben« erfüllen. Den Führern dieser vier Einsatzgruppen der Sicherheitspolizei und des SD, die insgesamt nur etwa dreitausend Mann stark waren, erteilte Gestapo-Chef Heydrich im Mai 1941 mündlich den Befehl zur Ermordung aller Juden. Der Mordbefehl erstreckte sich außerdem auf kommunistische Funktionäre und Zigeuner, kurz: Alles »asiatisch Minderwertige« sollte »vernichtet« werden.

Der »Reichsmarschall« Hermann Göring bei einer seiner zahlreichen Propagandareden.

Überdies befahl Hitler die »Ausnutzung des Landes und Sicherung seiner wirtschaftlichen Werte für die Zwecke der deutschen Wirtschaft.« Damit wurde Hermann Göring betraut. Er war vor allem an den Nahrungsmittelüberschüssen aus den russischen Kornkammern interessiert, die er zur Stärkung der »deutschen Durchhaltemöglichkeit« im Krieg verwenden wollte. Die dadurch zwangsläufig ausgelöste Hungersnot unter der einheimischen Bevölkerung wurde nicht nur in Kauf genommen, sondern war beabsichtigt. Wer verhungere, den brauche man später nicht mehr zu vertreiben, erklärte Göring. Dann sei das Land frei für die Siedlung deutscher Bauern. Über die potentielle Zahl der Opfer war sich die NS-Führung im klaren. Im Sitzungsprotokoll einer Besprechung am 2. Mai 1941 hieß es: »Hierbei werden zweifellos -zig Millionen Menschen verhungern, wenn von uns das für uns Notwendige aus dem Land herausgeholt wird. Darüber muß absolute Klarheit herrschen.« Mit demonstrativer Menschenverachtung wurden also nicht nur die militärischen Aktionen geplant, sondern auch die brutalen Maßnahmen gegen die Bevölkerung in den zu erobernden Gebieten. Rosenberg, der neue »Beauftragte für die zentrale Bearbeitung der Fragen des osteuropäischen Raumes«, versprach: »Den Russen stehen harte Zeiten bevor.«

»Stalin entscheidet allein«

Was wußte die sowjetische Führung von diesen Planungen? Was konnte sie überhaupt davon wissen, und wie konnte sie sich vorbereiten?

Natürlich liefen die deutschen Vorbereitungen im geheimen ab. An den Besprechungen nahmen nur militärische und politische Eliten teil, die Erlasse Hitlers trugen den Stempel »Streng geheim«, die »Weisung Nr. 21« über den »Fall Barbarossa« wurde nur in wenigen Kopien verteilt.

Doch lassen sich Truppenaufmärsche dieser Größenordnung geheimhalten? Die damit verbundenen Maßnahmen waren natürlich nicht völlig zu verbergen. Immer wieder gab es Meldungen von seiten der Sowjetunion, daß die

Soldatenfotos, selbst kommentiert:
Oben: »Ich, kurz vor dem Abmarsch.« Der Soldat Rolf Kirchgatter.

Rechte Reihe: »Wegebau in Ostpreußen.«

»Ein letzter Badespaß.«

»Anstehen zum Impfen.«

Sehr geehrter Herr Botschafter!

In nächster Zeit beginnt der Angriff gegen die Sowjet-Union. Die deutsche Armee steht bereit. Wie in Frankreich soll die rote Armee durch Einkreisung vernichtet werden; und zwar wie in der Tannenberg Schlacht durch eine große Umfassung der Rokitno Sümpfe. Das deutsche Oberkommando hat folgenden Einkreisungsplan ausgearbeitet. Gleichzeitiger Vorstoß von Ost-Preußen und Rumänien aus. Von Ost-Preußen entlang der Memel, der Wilija, der Beresina von Borissow bis zum Teterew und von Rumänien aus dem Raume südlich und südöstlich Czernowitz nach Norden bis zum Teterew und der Beresina. Wie in Frankreich die Flüsse als Stützpunkte. Durch einen Geheimvertrag zwischen Finnland und Deutschland wird Finnland mit eingreifen unterstützt durch deutsche Truppen aus Norwegen. Italienische, Spanische und Ungarische Truppen werden gleichzeitig im Moment des Angriffs auf die Sowjetunion in Marsch gesetzt. Insgesamt ist mindestens mit einem Gesamteinsatz von 15 Mill. Mann zu rechnen. Leiten Sie bitte diesen Brief an Stalin weiter. Ich habe bereits zweimal an Sie geschrieben. Da ich nicht weiss ob diese Briefe Sie erreicht haben schreibe ich diesen dritten Brief.

Rolf Dahm, Infanterist.

Seit einigen Tagen – seit dem Moment, als wir in die Bereitstellungsräume hineinmarschierten – wußten wir, daß irgendetwas im Busch war. Denn wo viele Menschen sind, häufen sich natürlich auch die Gerüchte. Sie haben als Soldat keinen Einfluß auf die Dinge. Sie marschieren mit und wissen nicht wohin. Es wurde zum Beispiel erzählt, wir sollten in der Sowjetunion in Waggons verladen werden und in den Iran, damals noch Persien, gefahren werden, um eine neue Front gegen die Engländer aufzubauen. Das war das eine Gerücht. Ein anderes war, daß es einen Vertrag zwischen der Sowjetunion und Deutschland gebe, wonach die baltischen Staaten wieder von uns übernommen werden sollten. Die dritte Überlegung schließlich kam der Sache empfindlich nahe: Gibt es womöglich einen Krieg gegen die Sowjetunion? Diese Frage belastete natürlich alle. Was kommt da bloß auf uns zu? Es war schon eine gewisse Angst dabei.

deutsche Luftaufklärung Spionageflüge über ihrem Gebiet unternehme. Am 21. April 1941 mußte der deutsche Botschaftsrat von Tippelskirch eine Verbalnote der Sowjets entgegennehmen, in der Moskau auf die permanente Verletzung des sowjetischen Luftraums hinwies. Allein zwischen dem 27. März und dem 18. April wurden achtzig solcher Fälle registriert. Doch niemand schien sich im Kreml zu fragen, welche Absicht hinter diesen Flügen stand. Das Verteidigungsministerium gab sogar Befehl, die deutschen Flugzeuge »nicht unter Feuer zu nehmen, sofern derartige Überfliegungen nicht häufig vorkommen«.

Trotz aller Geheimhaltung wurde der über Hitlers ostpolitische Ziele informierte Personenkreis immer größer. Die Gelegenheiten zur Verbreitung solcher Informationen häuften sich, von den vielfältigen Möglichkeiten der Spionage gar nicht zu reden. Trotzdem lag Goebbels nicht falsch, wenn er am 29. Mai triumphierend und verächtlich in sein Tagebuch schrieb: »In Moskau rätselratet man. Stalin starrt immer noch wie das Kaninchen auf die Schlange.«

Dabei hatte es an Warnungen aus verschiedenen Quellen nicht gefehlt. Schon zu Weihnachten 1940 erhielt der sowjetische Militärattaché in Berlin einen anonymen Brief, in dem der Angriff auf die Sowjetunion für das Frühjahr 1941 angekündigt wurde. Seit Anfang 1941 kamen dann konkrete Warnungen: Am 20. März unterrichtete der amerikanische Unterstaatssekretär Sumner Welles den sowjeti-

Linke Seite, links: Der sowjetische Botschafter Dekanosow erhielt mehrere Warnungen.
Linke Seite, rechts: Brief eines anonymen Verfassers.

Oben: Stalins deutscher Top-Spion, Dr. Richard Sorge, lieferte dem sowjetischen Geheimdienst wertvolle Informationen zum »Fall Barbarossa«; rechts sein sowjetischer Dienstausweis.

schen Botschafter Konstantin Umansky über den geplanten Überfall. Die Informationen waren vom FBI-Chef J. Edgar Hoover persönlich auf ihre Plausibilität hin geprüft worden.

Weitere Warnungen folgten – praktisch – bis zur letzten Minute. Am 10. Juni 1941 schwamm der einundzwanzigjährige Soldat Rudolf Richter durch den Bug, um die Sowjets über die deutschen Truppenbewegungen zu informieren. Ein anderer Überläufer, Hermann Hermann, warnte die Sowjets am 13. Juni nach seiner Flucht über den San vor dem unmittelbar bevorstehenden Angriff. Ein dritter Überläufer, der Möbelarbeiter Albert Liskow aus Kolberg, floh schließlich noch in der Nacht zum 22. Juni, also direkt vor dem Überfall, ebenfalls durch den Bug und berichtete von den deutschen Truppenkonzentrationen.

Aus Tokio schickte der deutsche Korrespondent Richard Sorge, der als Presseberater an der deutschen Botschaft tätig und einer der erfolgreichsten Spione seiner Zeit war, detaillierte Informationen. Auch er konnte Stalin den genauen Angriffstermin mitteilen. Doch als die Marschälle Timoschenko und Schukow Stalin um eine Verlegung von fünfundzwanzig Divisionen an die deutsch-sowjetische Grenze baten, kanzelte sie der sowjetische Diktator, wie sich Timoschenko später beklagte, in »rüder Sprache« ab. »Stalin entscheidet über alles allein. Der nimmt keine Anweisungen entgegen«, stellte der sowjetische Gesandte in Prag, Alexandrovskij, gegenüber Mitgliedern des tschechischen Widerstands fest, als sie ihm Informationen über die deutschen Aufmarschpläne zur Weitergabe an Stalin überreichten.

Nicht besser erging es der »Roten Kapelle«, einem gut funktionierenden Spionagenetz, das deutsche Kommunisten in ganz Europa aufgebaut hatten, die den Kreml immer wieder mit entsprechenden Nachrichten über deutsche Truppenbewegungen auf dem neuesten Stand hielten.

Selbst Werner von der Schulenburg, der deutsche Botschafter in Moskau, ging so weit, die Sowjetunion vor Hitlers Angriff zu warnen. Es war für ihn ein hohes persönliches Risiko, als er als »Privatperson« mit dem sowjetischen Botschafter in Berlin Dekanosow sprach. Am 5. Mai 1941 sagte er Dekanosow unverblümt, die Gerüchte über einen bevorstehenden Angriff sollten als Tatsache bewertet werden. Das Resultat war gleich null: Der ehemalige Berija-Stellvertreter Dekanosow versuchte dem Grafen vergeblich das Bekenntnis zu entlocken, daß er dazu offiziell beauftragt sei. Freilich war Dekanosow für Schulenburgs Warnung der denkbar ungeeignetste Adressat. Der Berija-Zögling hielt alle Warnungen für eine »moralische Provokation«.

Auch die Briten versuchten den sowjetischen Diktator zu warnen. Am 3. April übergab Sir Stafford Cripps, der britische Botschafter in Moskau, dem sowjetischen Diktator einen persönlichen Brief seines Premierministers. Churchills Schreiben enthielt Hinweise auf deutsche Truppenbewegungen in Polen und die eindringliche Warnung vor einem möglichen Angriff. Doch Stalin wiegelte ab, von Truppenbewegungen sei ihm nichts bekannt. Wenn es sie gäbe, mußte er davon wissen. Nachdem der Brite gegangen war, erklärte der Diktator Marschall Schukow: »Da sehen Sie. Uns schreckt man mit den Deutschen und die Deutschen mit der Sowjetunion, und so hetzt man uns gegeneinander.« Gemeint waren damit Berichte westlicher Zeitungen, in denen wiederholt über Kriegsvorbereitungen der Sowjets berichtet worden war. Man mußte also nicht Spion sein, um zu sehen: Ein Krieg im Osten lag offenbar in der Luft.

Friedrich W. Graf von der Schulenburg, Deutscher Botschafter in Moskau, warnte seinen sowjetischen Kollegen vor einem deutschen Angriff.

Emanuel Selder, Infanterist.

Im April 1941 wurde die ganze Division nach Osten in den Raum Warschau verlegt. Wir haben uns darüber Gedanken gemacht, warum wir verladen wurden. Es waren verschiedene Gerüchte im Umlauf. Es hieß, wir seien für das Unternehmen »Seelöwe« vorgesehen – den Einsatz gegen England. Doch das wurde dann anscheinend abgeblasen, so daß wir dachten, wir würden dann zu einer anderen Ausbildungsstätte verlegt. Nun, das wurden wir dann ja auch, nur weiter in Richtung Osten, in den Raum am Bug. Dort übten wir unter der Voraussetzung schlechter Wegverhältnisse. Die Übungen waren schon demnach klar auf das Ziel »Rußlandfeldzug« abgestellt, aber geglaubt hat dies insgeheim keiner, denn es gab schließlich den Hitler-Stalin Pakt, auf den man sich damals verließ. Aber in der Nacht zum 22. Juni um 3 Uhr wurde dann der Führerbefehl mit all seinen Rechtfertigungen verlesen. Das konnte keiner so richtig verarbeiten. Man stelle sich vor, gerade erfahren zu haben, daß nun schlagartig der Krieg gegen die Sowjetunion beginnt. Nachdem sich aber der Befehl im Hinblick auf das militärische Aufgebot ziemlich euphorisch angehört hatte, so sagte sich ein jeder: »Ach, das wird wohl eine kurze Sache werden!«

Doch die Briten ließen nicht locker. Am 24. April ging beim Oberkommando der Kriegsmarine in Berlin ein Telegramm ein, das der deutsche Militärattaché aus Moskau abgesandt hatte: »Englischer Botschafter sagt 22. Juni als Tag des Kriegsbeginns voraus.« Der britische Diplomat wußte offenbar mehr als sein deutscher Kollege, denn das Telegramm endete mit den Worten: »offensichtlich unsinnig«.

Die Unkenntnis der Deutschen kann nicht verwundern. Die NS-Propagandamaschinerie hatte ganze Arbeit geleistet. Zufrieden konnte Goebbels in sein Tagebuch notieren: »Die Frage Rußland wird immer undurchsichtiger. Unsere Gerüchtemacher arbeiten ausgezeichnet. Ich lasse in Berlin tolle Gerüchte ausstreuen. Stalin komme nach Berlin, es würden schon rote Fahnen genäht.« Ein anderes Täuschungs- und Verschleierungsmanöver erläuterte er an anderer Stelle: »Mir ist dabei ganz eigen, daß ich jetzt das Tanzverbot aufheben soll. Aber das ist nötig, um unsere nächste Aktion möglichst zu tarnen. Die Welt soll glauben, wir wären jetzt sattgesiegt und hätten kein anderes Interesse als ausruhen und tanzen.« Doch der »Tanz«, den die Deutschen vorbereiteten, war von anderer Art.

Nicht alle Sowjets ließen sich täuschen. So inaktiv, wie es den Anschein hatte, waren Stalins Generale nicht. Ein Probealarm am 10. April 1941 offenbarte katastrophale Fehler und Mängel vor allem bei der Nachrichtenübermittlung. Ende April schließlich wurde eine Teil-Mobilmachung angeordnet: Eine Million Reservisten mußte einrücken. Nach außen übte sich Stalin in Freundschaftsbekundungen gegenüber dem deutschen Bündnispartner, im Inneren bereitete auch er sein Land auf einen Krieg vor. Am 24. Februar 1941 erklärte der sowjetische Verteidigungsminister Timoschenko: »Das gesamte Sowjetvolk muß sich trotz der Erfolge der Neutralitätspolitik in ständiger Bereitschaft vor der Gefahr eines feindlichen Überfalls halten.«

Sechs Wochen später schließlich beschloß der Kriegsrat den Alarmzustand der Truppen an der sowjetischen Westfront. Auch wenn er nicht wahrhaben wollte, daß Hitler seinen Armeen den Befehl zum Angriff geben würde, blieb Stalin doch nicht gänzlich untätig. Anfang Mai erklärte er vor Absolventen der Militärakademie: »In Zukunft wird ein Krieg unumgänglich sein. Man muß zur bedingungslosen Zerschlagung des deutschen Faschismus bereit sein.« Die Hauptverwaltung für politische Propaganda erhielt die klare Weisung: »Die Soldaten sind im Geiste aktiven Hasses auf den Feind zu erziehen und zum Streben, den Kampf mit ihm aufzunehmen, zur Bereitschaft, unser Vaterland auf dem Territorium des Feindes zu verteidigen und ihm einen tödlichen Schlag zu versetzen.«

Aber die entscheidenden militärischen Vorbereitungen zur Abwehr eines deutschen Einmarsches unterblieben. Marschall Schukow wies Stalin am 15. Mai erneut auf einen möglichen Angriff hin und bat: »Um dies zu vermeiden, halte ich es für unumgänglich, dem deutschen Kommando keinerlei Möglichkeit zu geben, dem Gegner zuvorzukommen, und die deutsche Armee in dem Moment anzugreifen, wenn sie sich im Stadium der Entfaltung befindet.«

Doch Stalin lehnte ab. Um ein für allemal mit den Gerüchten über einen deutschen Angriff aufzuräumen, verfaßte er persönlich die TASS-Meldung vom 13. Juni 1941, in der es kategorisch hieß: »Alle Gerüchte über Vorbereitungen zu einem Krieg mit Deutschland entbehren jeder Grundlage. Die verantwortlichen russischen Stellen halten es für notwendig zu erklären, daß alle Gerüchte über Truppenkonzentrationen und aggressive Absichten von seiten Deutschlands nur ungeschickte Manöver von Kreisen sind, die ein Interesse an der Ausbreitung und Verlängerung des Krieges haben.«

Das richtete sich vor allem gegen die Briten, denn Botschafter Cripps hatte nach seiner Rückkehr nach London Meldungen über einen möglichen Krieg in Umlauf gesetzt. Für Stalin und die TASS waren diese Meldungen »ungeschickte Propagandamanöver von Mächten, die Deutschland und der Sowjetunion feindlich gesinnt sind.« Stalin glaubte nicht an einen unmittelbar bevorstehenden deutschen Angriff und ignorierte alle Anzeichen und Warnungen. Stets witterte er eine Provokation der »Kapitalisten«, die ihn aus purem Eigeninteresse in einen Krieg gegen Hitler treiben wollten. Er war nicht bereit, für den Westen »die Kastanien aus dem Feuer zu holen«. Letztlich hielt es der sowjetische Diktator für unvorstellbar, daß sich Hitler auf einen Krieg an zwei Fronten einlassen würde.

Zufrieden notierte Goebbels in sein Tagebuch: »Die Russen starren hypnotisch auf uns und haben Angst. Tuen tun sie nicht viel. Sie werden überrannt werden wie bisher kein Volk. (...) Moskau gibt ein formelles Dementi heraus: es wisse nichts von Angriffsabsichten des Reiches. Unsere Truppenbewegungen seien anderen Zwecken dienlich. Großartig.« Obwohl es also an Warnungen und Hinweisen nicht gefehlt hatte, war die Rote Armee, war das Volk, war

Gerhard Görtz, Infanterist.

Wir waren von Juni 1940 bis Februar 1941 in Frankreich an der Küste, St. Goe, als Küstenschutz eingesetzt. Doch dann wurden wir in den Warthegau verlegt. Aber große Gedanken dabei hat sich keiner von uns gemacht. Außerdem kursierten ja damals diese »Latrinenparolen«, daß die Russen uns den Durchmarsch zu den persischen Ölfeldern gestatten wollten. Ich glaube, das war schon gezielte Propaganda. Stalin selbst hat zu diesem Zeitpunkt sicher nicht an einen Angriff geglaubt, obwohl ihm damals sein Meisterspion von unseren Angriffsabsichten berichtet hatte. Wir selbst haben auch erst um den 20. Juni herum den Krieg gegen Rußland für möglich gehalten. Es lag so eine Ahnung in der Luft. Wir durften kein Feuer anmachen, nicht mehr mit Taschenlampen herumspazieren und keine Geräusche verursachen. Da war für uns eines ziemlich klar: Jetzt stehen wir kurz vor einem Feldzug! Diese Gewißheit war natürlich zunächst ein Schock für uns. Wir hatten ja gerade erst Frankreich verdaut. Andererseits war es aber auch wieder ein neues Abenteuer für uns, wobei ich hier eine Einschränkung machen muß: Für die verheirateten Männer, die Frau und Kinder zu Hause hatten, war dieser Befehl eine grausame Entscheidung gewesen. Denn keiner hatte gewußt, wie lange dieses Untenehmen dauern würde. Nur, es dachte jeder bei sich, daß der Führer schon richtig entschieden habe. Es war so etwas wie ein fesselndes Vertrauen. Man glaubte wieder an einen Blitzkrieg. Doch wir spürten schnell, daß es diesmal keinen geben würde.

Meine Kompanie und ihr Chef

Der Soldat Rudolf Testorf schildert den Alltag seiner Kompanie vor und nach dem 22. Juni 1941:

»Im Mai 1941 wurde unsere Kompanie nach Insterburg in Ostpreußen verlegt. Zuvor hatte die Einheit am Westfeldzug teilgenommen und war fast das ganze Jahr 1940 in Frankreich geblieben.

Mitte Juni konnte sich von uns noch keiner vorstellen, daß wir gegen Rußland marschieren sollten, Deutschland hatte doch einen Nichtangriffspakt mit der Sowjetunion.«

»Die Kompanie wird geimpft.«

»Waffenpflege im Haselberger Wald, ein tägliches Geschäft.«

»Henkersmahlzeit: beim Essenfassen am Abend vor dem Einmarsch.«

»Wenige Tage vor dem Einmarsch. Erholung von den Ausbildungsstrapazen.«

»Wir nehmen Riga ein.«

»Begegnung mit der russischen Zivilbevölkerung.«

»Die Russen hören Nachrichten in ihrer Muttersprache aus unseren Empfangsgeräten.«

»Unser Kompaniechef.«

die sowjetische Führung auf den Angriff nicht wirklich vorbereitet, als das »Unternehmen Barbarossa« anrollte.

Über die Unentschlossenheit der sowjetischen Führung gibt ein Fund aus den höchst geheimen Archiven des Zentralkomitees der KPdSU Auskunft – aus den sogenannten »Sondermappen« des Politbüros. Es handelt sich hierbei um den Entwurf eines Politbürobeschlusses, geschrieben von Georgi Malenkow, dem späteren Nachfolger Stalins, datiert vom 21. Juni 1941. Er plädierte für drei Fronten: im Norden (General Merezkow), im Südwesten und im Süden (General Tulenew), wobei Schukow die Gesamtführung im Südwesten und Süden übernehmen sollte. Überdies sollten unter dem Befehl von Marschall Budjonny »Armeen der zweiten Linie« mit Stand in Brjansk aufgestellt werden, kurz: Es sollten Maßnahmen zur Abwehr der bevorstehenden deutschen Offensive beschlossen werden. Aber dieser Entwurf wurde weder bestätigt noch beschlossen. Eine spätere Anweisung über die Alarmbereitschaft kam erst am 22. Juni zu den Truppen.

»Das vernichten wir nun auch ...«

Schon seit dem 22. Mai rückten große Teile der deutschen Verbände in ihre Bereitstellungsräume ein. Am 8. Juni erging die endgültige Aufmarschanweisung für das Unternehmen »Barbarossa«. Einige Tage später, am 14. Juni, rief Hitler die militärische Führung zusammen. In der Neuen Reichskanzlei trafen sich von elf bis achtzehn Uhr dreißig die Spitzen der deutschen Generalität. Sie berichteten dem »Führer« vom Stand der Vorbereitungen. Hitler wiederum erläuterte seine Zukunftsvisionen: Sobald Rußland niedergeworfen sei, werde England um Frieden bitten. Und daß Rußland niedergeworfen werde, daran zweifelten weder Hitler noch seine Generale. Nur bei der Frage nach der Dauer des Feldzugs gab es Meinungsverschiedenheiten. Hitler ging von vier Monaten aus, sein Propagandachef Goebbels von lediglich acht Wochen. Generalstabschef Halder ließ später nach dem Einmarsch verlauten: »Es ist wohl nicht zuviel gesagt, wenn ich behaupte, daß der Feldzug gegen Rußland innerhalb von 14 Tagen gewonnen wurde.«

Ob zwei, vier oder acht Wochen – bis Weihnachten, so erwartete die siegessichere deutsche Führung, seien Stalin geschlagen und das deutsche Heer wieder zu Hause. Als Angriffstermin stand Sonntag, der 22. Juni 1941, drei Uhr dreißig fest. Die letzte Entscheidung sollte am 21. Juni um dreizehn Uhr fallen. Das Stichwort »Dortmund« würde den Angriff bestätigen. Sollte der Angriffsbefehl im letzten Moment noch wiederrufen werden müssen, so lautete das Codewort »Altona«. Doch damit rechnete niemand.

Goebbels traf letzte Entscheidungen: Es mußte noch eine Rundfunkfanfare gefunden werden, die die Sondermeldungen von der Ostfront einleiten sollte: Franz Liszts »Les préludes« mußten herhalten, Fanfaren sollten den Siegesmeldungen der Wehrmacht im Kampf gegen die russischen »Untermenschen« vorausklingen.

Zuvor aber hatte der Reichspropagandaminister noch andere pikante Aufgaben zu lösen. Zum einen galt es, der deutschen Bevölkerung zu erklären, wieso der Bündnispartner von gestern plötzlich zum Gegner von heute geworden war. Für den Propagandachef war klar: »Das Zusammengehen mit Rußland war eigentlich ein Flecken auf unserem Ehrenschild. Der wird nun abgewaschen. Wogegen wir unser ganzes Leben gekämpft haben, das vernichten wir nun auch.«

Ein Problem psychologischer Art hätte auch die Wahl des Angriffstermins werden können. Der 22. Juni war historisch vorbelastet. An diesem Tag hatte im Jahr 1812 Napoleon Bonaparte eine Kriegsproklamation herausgegeben, bevor seine »Grande Armee« die Memel überschritt und in das zaristische Rußland einfiel. Doch was der Anfang vom Ende des französischen Kaisers gewesen war, sollte sich für die Nazis symbolisch nicht wiederholen. Goebbels wollte schon dafür sorgen, daß das Datum nicht als schlechtes Omen verstanden wurde: »Psychologisch bietet die ganze Sache einige Schwierigkeiten. Parallele Napoleons etc. Aber das überwinden wir leicht durch Antibolschewismus. Wir werden da unser Meisterstück liefern.« Unverzüglich begann der Druck von drei Millionen Flugblättern. Der Aufruf des »Führers« an die Soldaten der Ostarmee mußte nur noch verpackt und versandt werden.

Den Vorabend des Angriffs verbrachte Adolf Hitler im Führerhauptquartier Wolfsschanze bei Rastenburg in Ostpreußen, einem sumpfigen Betonbarackenlager – »halb Kloster, halb KZ«, wie einer seiner unfreiwilligen Bewohner später schrieb. Dort diktierte er einen Brief an seinen Bundesgenossen Mussolini, den er nun – wie immer zu spät – über seine Ziele informierte. Der »Führer« erläuterte seine Sicht der Dinge. England habe den Krieg verloren und klammere sich nun an den letzten Strohhalm Rußland: »Ich habe mich unter diesen Umständen entschlossen, dem heuchlerischen Theater des Kreml ein Ende zu bereiten.« Der »Duce« erhielt den Brief erst eine halbe Stunde, bevor die deutschen Truppen mit dem Angriff begannen. Außenminister Graf Ciano, sein Schwiegersohn, weckte Mussolini in Riccione, dem Urlaubssitz des Staatschefs. Der »Duce« reagierte unwillig: »Ich belästige nicht mal meine Dienstboten in der Nacht, aber die Deutschen jagen mich ohne weiteres jederzeit aus dem Bett.«

Die Nachricht von den überraschenden Aktionen seines deutschen Partners nahm der »Duce« eher teilnahmslos zur Kenntnis. Über den Anschluß Österreichs im März 1938 hatte er sich noch empört, von der »Erledigung der Rest-Tschechei« im März 1939 wurde er überrascht, vom Angriff auf Polen erfuhr er erst in letzter Minute – der »Duce« war es langsam gewohnt, daß ihn Hitler nicht rechtzeitig informierte. Widerspruchslos fügte er sich nun in sein Schicksal und erklärte der Sowjetunion ebenfalls den Krieg. Eine andere Wahl ließ ihm Hitler ohnehin nicht. Es mag ein Trost für Mussolini gewesen ihn, daß er zumindest vorher informiert wurde. Die Regierung in Moskau erfuhr erst im nachhinein, was an der deutsch-sowjetischen Grenze passierte.

F. W. Christians, Aufsichtsratsvorsitzender der Deutschen Bank, damals Leutnant.

Meine Division stand im »Protektorat Böhmen-Mähren«, bevor wir in das Aufmarschgebiet am Bug herangeführt wurden. Vor Kriegsausbruch sagte man uns, Baku, damals schon als Ölstadt ein Begriff, sei das Ziel. Wir hätten die Aufgabe, die Ölquellen um Baku zu sichern. Für alle erkennbar hatte ja der Freundschaftsvertrag mit der Sowjetunion von 1939 noch weiterhin Gültigkeit. Es hieß, Baku sei von englischen Angriffen bedroht. Ich ging dann in mein Quartier und packte, wie das bei einem Offizier üblich war, meine Offizierskiste zusammen. Da der bevorstehende Einsatz durch befreundetes Gebiet gehen sollte, vergaß ich auch nicht, meine Extrauniform für besondere Anlässe und weiße Wäsche einzupacken. Da ich stolz war, die Kavallerieschule besucht zu haben, nahm ich auch den Säbel mit.

»Das haben wir nicht verdient...«

Der letzte Tag des trügerischen Friedens war geprägt von hektischen Aktivitäten auf beiden Seiten. In Berlin versuchten die Sowjets, im Auswärtigen Amt vorgelassen zu werden. Botschafter Dekanosow hatte am späten Samstagabend ein Telegramm erhalten, er möge der deutschen Regierung ein Dokument zur Kenntnis bringen, in dem die sowjetische Regierung angesichts der deutschen Truppenbewegungen ihre Bereitschaft bekundete, über alle Pro-

Am Morgen des 22. Juni. Reichsaußenminister Joachim von Ribbentrop unterrichtet Berliner Korrespondenten aus dem In- und Ausland über den deutschen Angriff auf die Sowjetunion.

bleme zu sprechen. Moskau wollte erklären, daß man keinen Grund für einen Krieg sehe und eine friedliche Lösung vorschlage. Immer wieder versuchte Dekanosow, beim deutschen Außenminister vorgelassen zu werden. Bis spät in die Nacht hinein mußte sein Dolmetscher, Valentin Bereschkow, im stündlichen Rhythmus nachfragen, doch stets vergeblich. Ribbentrop ließ sich verleugnen. Auch Staatssekretär von Weizsäcker und der Unterstaatssekretär Woermann, so wurde den Sowjets mitgeteilt, hielten sich nicht in Berlin auf.

Mehr Erfolg hatte Molotow in Moskau, als er den deutschen Botschafter in den Kreml bat. »Wir haben beunruhigende Nachrichten«, begann er das Gespräch, in dessen Verlauf er sich über die wiederholten Verletzungen des sowjetischen Luftraums durch deutsche Flugzeuge beschwerte und seine Verwunderung über die Truppenkonzentrationen der Wehrmacht an der Grenze ausdrückte: »Die Sowjetregierung hat den Eindruck, daß die deutsche Regierung irgendwie unzufrieden mit uns ist.« Molotow bat Schulenburg, ihm die Gründe für diese Unzufriedenheit mitzuteilen, damit er Abhilfe schaffen könne. Doch Schulenburg mußte passen, er konnte nicht wissen, daß Hitler mit dem Codewort »Dortmund« gerade den Angriffsbefehl für das Unternehmen Barbarossa bestätigt hatte. Schulenburg versprach, das sowjetische Anliegen in Berlin vorzubringen. Was hätte er dem sowjetischen Volkskommissar anderes erklären können?

Als er in der deutschen Botschaft eintraf, wurde dort gerade ein Telegramm Ribbentrops dechiffriert: »Citissime! Für Botschafter persönlich. Ich bitte Sie, sofort Herrn Molotow zu benachrichtigen, daß Sie ihm eine dringliche Mitteilung zu machen hätten.« Der Botschafter wurde bleich, als er weiterlas. Von angeblichen »Zersetzungsversuchen der Sowjetregierung« war da die Rede, von einer »deutschfeindlichen Außenpolitik« und davon, daß die Rote Armee »mit ihren gesamten Streitkräften an der deutschen Grenze sprungbereit aufmarschiert ist.« Von der Schulenburg ahnte, was nun kommen würde. Nach diesen mehr als dürftigen Begründungen und dem Hinweis auf den »Bruch bestehender Verträge« folgte der lapidare Satz: »Der Führer hat daher der deutschen Wehrmacht den Befehl erteilt, dieser Bedrohung mit allen zur Verfügung stehenden Machtmitteln entgegenzutreten.«

Erich F. Sommer, Publizist, damals Dolmetscher im Auswärtigen Amt.

Mein unmittelbarer Chef, Legationsrat Strack, rief mich zu sich in sein Arbeitszimmer und berichtete mir, daß der Sowjetunion der Krieg erklärt werden sollte – mit dem Kommentar: »Das hat uns gerade noch gefehlt.« Ich bekam dann den Auftrag, die Sowjetbotschaft anzurufen und dem Sekretär und Dolmetscher des Botschafters, Valentin Bereschkow, mitzuteilen, daß der Botschafter in etwa einer Stunde ins Auswärtige Amt bestellt werden würde. Man würde ihn mit dem Dienstauto abholen. Herr Strack und ich fuhren dann zur Botschaft ›Unter den Linden‹. Schon im Treppenhaus kamen uns Botschafter Dekanosow und Bereschkow entgegen. Wir brachten sie dann zum Auto und fuhren in Richtung Brandenburger Tor. Gerade ging die Sonne auf. Ich entsinne mich noch, wie Dekanosow meinte: »Es verspricht, ein schöner Tag zu werden.« Wir trafen Ribbentrop, er lehnte leicht an seinem Schreibtisch. Dekanosow versuchte gleich, ihn auf gewisse Verstimmungen zwischen den beiden Ländern anzusprechen. Ribbentrop ging nicht darauf ein, und der Gesandte Schmidt begann ein Memorandum vorzulesen, in dem die Sowjetunion angeklagt wurde, in den letzten Monaten die deutsch-sowjetische Zusammenarbeit systematisch gestört zu haben. Bereschkow und ich sollten dann die Übersetzung übernehmen. Aber Dekanosow winkte ab und hörte sich die Aufzählung der unzähligen Grenzzwischenfälle wie Überfliegen des fremden Territoriums oder Eindringen bewaffneter Streitkräfte auf deutsches Gebiet schweigend an. Dies ging etwa eine halbe Stunde so. Das Memorandum endete nicht mit einer direkten Kriegserklärung, denn Hitler hatte ausdrücklich die Weisung ausgegeben, das Wort Kriegserklärung dürfe in dem Text nicht vorkommen. Es hieß lediglich, angesichts dieser unfreundlichen und provozierenden Akte seitens der Sowjetunion sehe sich die deutsche Reichsregierung gezwungen, mit allen ihr zur Verfügung stehenden militärischen Mitteln der Bedrohung zu begegnen. Ich stand dicht hinter Dekanosow und sah, wie er krebsrot anlief und die Fäuste ballte. Nach der Verlesung des Memorandums sagte er mehrmals: »Ich bedauere es sehr.«

Zur gleichen Zeit keimte in der sowjetischen Botschaft in Berlin neue Hoffnung auf. Gegen drei Uhr in der Nacht zum Sonntag erhielt Bereschkow, der noch immer versuchte, einen Termin bei Ribbentrop zu erhalten, einen Anruf aus dem Auswärtigen Amt. Der deutsche Außenminister wünsche den sowjetischen Botschafter zu sprechen, der Wagen des Außenministers stehe bereit. Bereschkow weckte Dekanosow, der müde, aber hoffnungsvoll in den schwarzen Dienstmercedes des deutschen Außenministers stieg.

Doch die Hoffnungen der Sowjets wurden schnell zerstört. Als Dekanosow nach einer kurzen Begrüßung das Dokument aus Moskau überreichen wollte, winkte Ribbentrop unwirsch ab: Es handele sich um etwas anderes, er müsse jetzt eine Mitteilung machen. Dann holte er weitschweifig aus: Er sprach vom russischen Dolch, der angeblich den Deutschen in den Rücken gestoßen werden solle. Der »Führer« wisse keinen anderen Ausweg mehr, um das deutsche Volk zu schützen, und Ribbentrop fuhr fort: »Die Truppen sind schon vor zwei Stunden in Rußland einmarschiert, und jetzt sage ich Ihnen offiziell, daß der Krieg erklärt ist.«

Dekanosow blieb beherrscht: Dies sei eine Aggression, die Deutschland noch bereuen werde, erklärte er kurz. Dann verlangte er seine Pässe und verabschiedete sich, ohne Ribbentrop zum Abschied die Hand zu reichen. Der deutsche Außenminister, der in Bereschkows Erinnerung nach Kognak roch, schwieg betreten.

Sehr viel lebhafter ging es in Moskau zu, wo Botschafter von der Schulenburg in Begleitung des Botschaftsrats Hilger um fünf Uhr fünfundzwanzig im Kreml eintraf. Dort hatte er sich seines unangenehmen Auftrags zu entledigen. Er beschränkte sich darauf, die Meldung zu verlesen, die er kurz zuvor erhalten hatte. Gleichlautend mit der Erklärung in der sowjetischen Botschaft in Berlin hieß es auch hier, daß die Sowjetunion Deutschland in den Rücken falle und dieser Bedrohung mit allen Mitteln zu begegnen sei.

Nach einem kurzen Augenblick des Schweigens fragte Molotow: »Ist dies eine Kriegserklärung?«

Der deutsche Botschafter zuckte nur wortlos mit den Schultern, er hatte Anweisungen, sich auf keine Diskussionen einzulassen. Molotow hingegen ließ seiner Entrüstung vollen Lauf: Deutschland greife ein Land an, mit dem es einen Nichtangriffs- und Freundschaftsvertrag abgeschlossen habe, die deutschen Gründe seien leere Vorwände, es gebe keine Probleme, die sich nicht mit friedlichen Mitteln lösen ließen. Resignierend stellte er zum Schluß fest: »My ne etogo zasluzivali! – Das haben wir nicht verdient!«

Botschafter von der Schulenburg konnte ihm nur wortlos zustimmen, er wußte, daß Hitlers Behauptung, ein deutscher Präventivkrieg sei notwendig, jeder Grundlage ent-

Valentin Bereschkow, Erster Sekretär und Dolmetscher an der Sowjetbotschaft in Berlin.

Botschafter Dekanosow beauftragte mich, sofort in der Wilhelmstraße anzurufen und mich mit Ribbentrop in Verbindung zu setzen. Dort hieß es aber, daß der Reichsaußenminister nicht in Berlin, sondern im Hauptquartier des Führers sei. Man könne ihn nicht erreichen. In der Nacht zum 22. Juni erfolgte dann von deutscher Seite ein Telefonanruf, und es wurde mir mitgeteilt, daß der Reichsminister den Botschafter sofort erwarte. In den frühen Morgenstunden fuhren wir in die Wilhelmstraße, das Auto wurde uns vom Minister geschickt. Der Botschafter dachte zunächst, daß wir nun vielleicht die Antwort auf meine Anrufe erhalten. Nachdem wir im Außenministerium angekommen waren, empfing uns Ribbentrop und begann ein Memorandum im Namen des Führers zu verlesen.
Darin stand, daß angeblich die Sowjetunion Deutschland bedroht habe, daß offensichtlich ein sowjetischer Angriff bevorstehe. Hitler wolle das deutsche Volk beschützen, deshalb hätten bereits vor zwei Stunden deutsche Truppen die sowjetische Grenze überschritten. Ribbentrop stand dann auf und wollte dem Botschafter die Hand reichen. Der Minister war sehr nervös, und ich denke, er war auch ein bißchen betrunken. Dekanosow hat ihm selbstverständlich nicht die Hand gereicht. Er erklärte, daß der deutsche Einmarsch eine Aggression sei, das deutsche Reich würde noch sehr bedauern, diesen Angriff unternommen zu haben.
Dann geschah etwas Unerwartetes. Als ich mit dem Botschafter den Raum verließ, kam Ribbentrop mir nachgelaufen und flüsterte mir ins Ohr, daß er gegen diesen Krieg sei und daß er Hitler doch noch überzeugen wolle, diesen Krieg nicht zu beginnen, er selbst sehe ihn als Katastrophe für Deutschland an.

behrte. Er, der sich immer für die Verbesserung der deutsch-sowjetischen Beziehungen eingesetzt hatte, mußte nun um seine Papiere und um freie Ausreise für alle Botschaftsangehörigen bitten.

Zwei Schauplätze: Berlin und Moskau. Zweimal dasselbe Schauspiel: Hitler-Deutschland erklärt der UdSSR de facto, nicht de jure den Krieg. Denn als Ribbentrop und

Nach dem deutschen Überfall auf die Sowjetunion bietet sich Churchill Stalin als Bundesgenosse an.

Schulenburg in Berlin und Moskau die Sowjets informierten, war der Angriff schon im Gang.

Die Bevölkerung in beiden Städten ahnte noch nichts. In Europa schliefen die Menschen. Churchill, der in London um vier Uhr morgens geweckt und über den deutschen Angriff informiert wurde, reagierte unwirsch: »Ich habe doch ausdrücklich gesagt, daß man mich nicht wecken soll, außer im Falle einer deutschen Invasion Englands.«

Während der britische Premier weiterschlafen konnte, waren in Berlin die Journalisten auf den Beinen. Kurz nach vier Uhr informierte der Sekretär des Presseclubs die Auslandskorrespondenten, daß im Bundesratssaal des Auswärtigen Amts in zwei Stunden eine Sonderpressekonferenz stattfinden sollte – für eine Pressekonferenz war Sonntagmorgen, sechs Uhr, eine ungewöhnliche Zeit. Ungewöhnlich war auch, daß der deutsche Außenminister den Saal in Uniform betrat. Etwas bleich kündigte Ribbentrop den Einmarsch deutscher Truppen in die Sowjetunion an, tatsächlich rollte der deutsche Angriff schon seit fast drei Stunden. In die Stille nach der Erklärung tropfte zaghafter Beifall bei dem kleinen Teil der deutschen Diplomaten und den Korrespondenten aus den Ländern, die dem Deutschen Reich freundschaftlich verbunden waren. Doch die meisten reagierten ausgesprochen betroffen. Wer um fünf Uhr dreißig vor den Lautsprechern der Volksempfänger saß, konnte Joseph Goebbels' Stimme hören, der eine Erklärung Hitlers verlas: »Ich habe mich heute entschlossen, das Schicksal des deutschen Reiches und unseres Volkes wieder in die Hände unserer Soldaten zu legen.«

Die Deutschen hatten damit einen Informationsvorsprung, denn die Nachrichtenagentur TASS, deren Berliner Korrespondent bei der Pressekonferenz schon gar nicht mehr erschienen war, konnte erst um zwölf Uhr fünfzehn eine Erklärung des Außenministers Molotow veröffentlichen. Die Bürger im Sowjetreich erhielten folgende Mitteilung: »Um vier Uhr morgens haben deutsch-faschistische und rumänische Streitkräfte den Krieg in unser Land getragen, ohne daß der Sowjetunion irgendeine Begründung oder Kriegeserklärung übermittelt wurde.« Es war ein heißer Sommertag in Moskau. Auf allen öffentlichen Plätzen standen Menschen in der glühenden Sommerhitze vor den Lautsprecheranlagen und hörten das Unglaubliche: Hitler-Deutschland hatte ihr Vaterland angegriffen.

In Berlin notierte Joseph Goebbels in sein Tagebuch: »Ob recht oder unrecht, wir müssen siegen. Das ist der einzige Weg. Und er ist recht, moralisch und notwendig. Und haben wir gesiegt, wer fragt uns nach der Methode. Wir haben sowieso soviel auf dem Kerbholz, daß wir siegen müssen, weil sonst unser ganzes Volk, wir an der Spitze mit allem, was uns lieb ist, ausradiert werden ...«

Walter Stoll, Infanterist.

Alle Vorbereitungen sehen nach einem Angriff auf die Sowjetunion aus. Wir können es fast nicht glauben, aber die Tatsachen sprechen eine beredte Sprache. Wir haben aber immer noch eine schwache Hoffnung, daß es nicht dazu kommt.

Am 21. Juni findet schon in aller Frühe eine Offiziersbesprechung statt. Die darauffolgende rege Meldertätigkeit läßt was Besonderes erwarten. Mittags um 14.00 Uhr wird die ganze Kompanie zum Antreten gerufen. Leutnant Helmstedt, der Kompaniechef, tritt mit ernstem Gesicht vor die Front. Er liest einen Aufruf des Führers an die Wehrmacht vor.

Jetzt wissen wir, wozu all diese geheimnisvollen Vorbereitungen der letzten Wochen gut sind. Wir haben die Aufgabe, den Übergang über den Bug, unmittelbar südlich Brest-Litowsk, im Handstreich zu erzwingen, die Befestigungswerke der Mitkigruppe niederzukämpfen und einen Brückenkopf zu bilden. Helmstedt erzählt von dem gewaltigen Artillerieaufmarsch. 60-cm-Mörser sollen dabei sein. Er gibt noch die üblichen Verhaltungsmaßregeln und läßt wegtreten.

Jetzt heißt es sich beeilen. Zelte abbauen, Fahrzeuge beladen, noch einige Leitungen einziehen, eiserne Portionen und Munition empfangen. Wir fassen noch Schokolade, Kognak und Bier. Es überstürzt sich alles. Die Regimentsmusik spielt ihren letzten Marsch. Die Instrumente werden nach Pidschak zurückgebracht, die Musiker gehen als Hilfskrankenträger zu den Kompanien. Anscheinend stehen harte Kämpfe bevor.

Gegen Abend beginnt sich die Straße zu beleben. Artillerie fährt in Stellung. 28er, 15er, 21-cm-Mörser, das nimmt kein Ende mehr. Um 22.00 Uhr sind auch wir so weit. Die Trupps sind eingeteilt. Ulrich, Heckmann und ich gehen als Funktrupp zum II. Btl., dazu noch Hontheim mit dem Fernsprechtrupp. Über lange Knüppeldämme, durch Sand und Wälder marschieren wir in die Bereitstellung.

In einem Dorf, das mit Sturmgeschützen vollgepropft ist, machen wir unser Gerät frei, die Fahrzeuge bleiben hier zurück. Hier gehen auch die einzelnen Trupps auseinander.

Der Überfall

»Die größte Front der Weltgeschichte ...«

Ein Zug näherte sich von Osten her der Brücke bei Brest über den Bug – dem Fluß, der seit der Teilung Polens die Grenze zwischen dem Deutschen Reich und der Sowjetunion bildete, so wie es die beiden Diktatoren in dem geheimen Zusatzprotokoll zum Hitler-Stalin-Pakt vereinbart hatten. Die Lokomotive, die schnaubend und fauchend über die Brücke polterte, zog eine Kette von Waggons mit Getreide, das Stalin seinem Bündnispartner in Berlin vereinbarungsgemäß schickte. Für die deutschen Zöllner im Brückenhäuschen hatte der Transport nichts Außergewöhnliches. Seit sechzehn Monaten lieferte die Sowjetunion Roggen, Hafer, Weizen, Öl, Erze und andere Rohstoffe an das Deutsche Reich und erfüllte ebenso brav wie pünktlich die Bestimmungen des am 10. Februar 1940 abgeschlossenen Handelsvertrages. Die beiden deutschen Grenzbeamten warfen nur einen flüchtigen Blick auf die Papiere, ein knapper Gruß des Grenzpostens hinauf zum Lokomotivführer – dann setzte sich das feuerspeiende

Valentin Bereschkow

Es gab eigentlich gar keine richtige, diplomatische Kriegserklärung. Hitler verkündete lediglich, er habe Schutzmaßnahmen getroffen, um das deutsche Volk vor einem Dolchstoß in den Rücken zu bewahren. Aber das war nicht richtig. Stalin war bis zum letzten Augenblick bemüht, diesen Krieg zu vermeiden. Außerdem hatten wir keinen Sowjetbürger aus Deutschland evakuiert. Sogar die Familienangehörigen und die Kinder waren noch da. Aus Moskau wurden jedoch vor dem 21. Juni alle deutschen Familien evakuiert, außer einigen Mitarbeitern der Botschaft. In Moskau hielten sich bei Kriegsausbruch nur noch ungefähr hundert deutsche Diplomaten auf, während in Deutschland etwa tausend sowjetische Bürger lebten. Es ist doch klar, wenn jemand einen Angriff anfängt, evakuiert er zuerst seine Leute. Das war bei uns nicht der Fall.

Im Morgengrauen des Angriffstages. Der Stab des Panzergenerals Guderian am Ufer des Bug, nördlich von Brest – eine Viertelstunde vor dem Überfall.

Ungetüm wieder in Bewegung. Es war die Nacht zum 22. Juni 1941, kurz nach zwei Uhr morgens.

Doch anders als in vielen Nächten zuvor hatten diesmal Hunderte von Augenpaaren diese Zollformalitäten verfolgt. Am Ufer des Bug versteckten sich links und rechts der Eisenbahnbrücke deutsche Soldaten im hohen Gras, in den Wäldern standen, gut getarnt, Panzer, Lastwagen, Kräder, Fahrzeuge, Geschütze. Seit mehreren Tagen warteten sie im Waldbiwak – warteten, ohne eigentlich genau zu wissen, worauf. Vom »Fall Barbarossa« hatten die Landser noch nichts gehört, an einen Krieg gegen Stalins Rußland glaubten sie nicht. Gerüchte machten die Runde: »Die Iwans sind unsere Verbündeten. Sie liefern uns Korn. Sie gehen mit uns gegen England.«

Die langen Märsche an die Grenze waren, Küchenparolen zufolge, vermutlich nur der Auftakt eines noch längeren Marsches, deshalb auch seit einigen Tagen Ruhepause: »Die Russen lassen uns jetzt durchmarschieren, damit wir im Kaukasus auf Rommel treffen. Stalin hat die Ukraine an Hitler verkauft, und die werden wir jetzt besetzen.« Beruhigende Erklärungen gab es viele. Auch die französischen Grenadiere, die im Juni 1812 an der Grenze zum zaristischen Rußland gestanden hatten, glaubten, daß ihr Marsch nach Indien gehen sollte.

Hundertneunundzwanzig Jahre später, am 22. Juni 1941, ahnten nur wenige, daß der Getreidezug die letzte Lieferung aus Stalins Kornkammer für Deutschland war. Nur wenige wußten, daß Hitler am Tag zuvor um dreizehn Uhr das Codewort »Dortmund« ausgegeben und damit den Angriffsbefehl bestätigt hatte.

Zu den Eingeweihten gehörte Generaloberst Heinz Guderian, Befehlshaber der Panzergruppe 2, die zur Heeresgruppe Mitte gehörte. Er hatte seinen Befehlsstand nahe dem Dörfchen Wolka Dobrynska errichten lassen, fünfzehn Kilometer vom Bug entfernt. Hier versammelte er seinen Stab. Über große Landkarten gebeugt, traf er die letzten Vorbereitungen für den Angriff. Noch hofften einige Offiziere, daß es nicht zum Krieg kommen würde. Hatte Hitler nicht schon einmal, in der Nacht zum 26. August 1939, in letzter Minute einen bereits erteilten Angriffsbefehl zurückgenommen? Vorauskommandos der Wehrmacht, die schon auf feindlichem Gebiet operierten, wurden damals zurück-

Oben: Auch die Kirche gab den Segen. Kommunion beim Feldgottesdienst kurz vor dem Überfall.

Mitte: In Wartestellung. Mit Musik sollen die Soldaten bei Laune gehalten werden.

Unten: Befehlsausgabe am Vorabend des Angriffs.

Emanuel Selder

Es hatte zu keiner Zeit jemand ernsthaft damit gerechnet, daß die Russen zuerst losschlagen würden. Man hat auch hinterher den Eindruck gehabt, daß die Rote Armee von dem Angriff völlig überrascht wurde. Die Präventivschlagthese, die einige Historiker hinterher aufstellten, kann deshalb auch so nicht aufrechterhalten werden. Teilweise war ja überhaupt keine Artillerie bei deren Truppen vorhanden. Auch Folgendes muß man sich vor Augen halten: Die Russen hatten auf der anderen Seite der Grenze, so wie wir auf unserer Seite, ebenfalls Waldlager errichtet. Aber im Gegensatz zu unseren Lagern waren ihre Lager nicht getarnt. Die hatten sogar Lichtungen geschlagen, ihre roten Fahnen und sogar Stalinprotraits aufgehängt. All das sprach im Grunde gegen die stellenweise verbreitete Meinung, der Russe sei damals ebenso zum Angriff gerüstet gewesen.

geholt. Der Zweite Weltkrieg fand an diesem Tag nicht statt. Und dieses Mal?

Die Ungewißheit fand am späten Abend des 21. Juni ihr Ende. Überall an der Grenze zur Sowjetunion hörten nun die deutschen Landser, wie ein Befehl des »Führers« verlesen wurde: »Soldaten der Ostfront« – schon nach dem dritten Wort war klar, worauf Hitler hinauswollte. Zum ersten Mal fiel der Begriff »Ostfront«! Nach der Front im Westen sollte hier also doch eine weitere entstehen. Was die deutschen Generale angeblich so fürchteten wie der Teufel das Weihwasser, was der Gefreite Hitler in früheren Zeiten immer wieder als Fehler gegeißelt hatte, was viele einfache Soldaten noch aus leidvoller Erinnerung kannten, sollte wiederkehren: Wie im Ersten Weltkrieg würde das Deutsche Reich wieder in einem Zweifrontenkrieg kämpfen. Und das geschah auf ausdrücklichen Befehl des »Führers«: »Von schweren Sorgen bedrückt, zu monatelangem Schweigen verurteilt, ist nun die Stunde gekommen, in der ich zu Euch, meine Soldaten, sprechen kann. Es stehen rund hundertsechzig russische Divisionen an unserer Grenze. Seit Wochen finden dauernde Verletzungen dieser Grenze statt, nicht nur bei uns, sondern ebenso im hohen Norden wie in Rumänien.«

Das war schlichtweg gelogen. Aber solche Behauptungen hatten Methode. Schon bei der sogenannten »Erledigung

Dr. Erich F. Sommer

Den Zweiten Weltkrieg hatten Hitler-Deutschland und die Sowjetunion noch als Verbündete begonnen, mit ihrem gemeinsamen Überfall auf Polen 1939 und der Aufteilung Europas nach den vereinbarten Interessen von Nationalsozialismus und Sowjetsozialismus. In der Folge bereitete sich jeder der beiden totalitären Partner darauf vor, den anderen bei Gelegenheit zu überspielen. Es war Adolf Hitler, der als erster losschlug... Bis April war man im Kreml allem Anschein nach überzeugt, daß Hitler unter gar keinen Umständen einen Angriffskrieg wagen würde. Man bereitete sich jedoch sowjetischerseits konsequent und beschleunigt auf eine Offensive vor, deren Termin von einer Schwächung des deutschen Kriegspotentials, einer möglicherweise mißglückten Landungsoperation in England und einer durch das Eingreifen der USA sich verändernden Weltlage abhängig gemacht wurde... Während auf sowjetischer Seite bereits im Frühjahr 1940 von insgesamt 170 nicht weniger als 150 Divisionen, davon allein in den ehemaligen polnischen Ostgebieten etwa 100 massiert waren, standen ihnen damals auf deutscher Seite nur 6 Divisionen gegenüber. Die deutschen Kampftruppen mußten daher im Frühjahr 1941 in größter Eile herangeschafft und in ihren künftigen Ausgangspositionen disloziert werden. Diese enormen Truppenbewegungen, die die deutsche Heeresführung vor große logistische Aufgaben stellte, denn es handelte sich um die Einsatzbereitschaft von 120 Divisionen, waren der Kreml-Führung genaustens bekannt... Um aber die Abwehrkräfte in den Volksmassen zu mobilisieren, war es für ihn (Stalin) propagandistisch vorteilhafter, als ein Opfer eines »faschistischen Überfalls« zu erscheinen und zur Verteidigung des Vaterlandes – wohlgemerkt nicht des sozialistischen, sondern des russischen – aufzurufen.

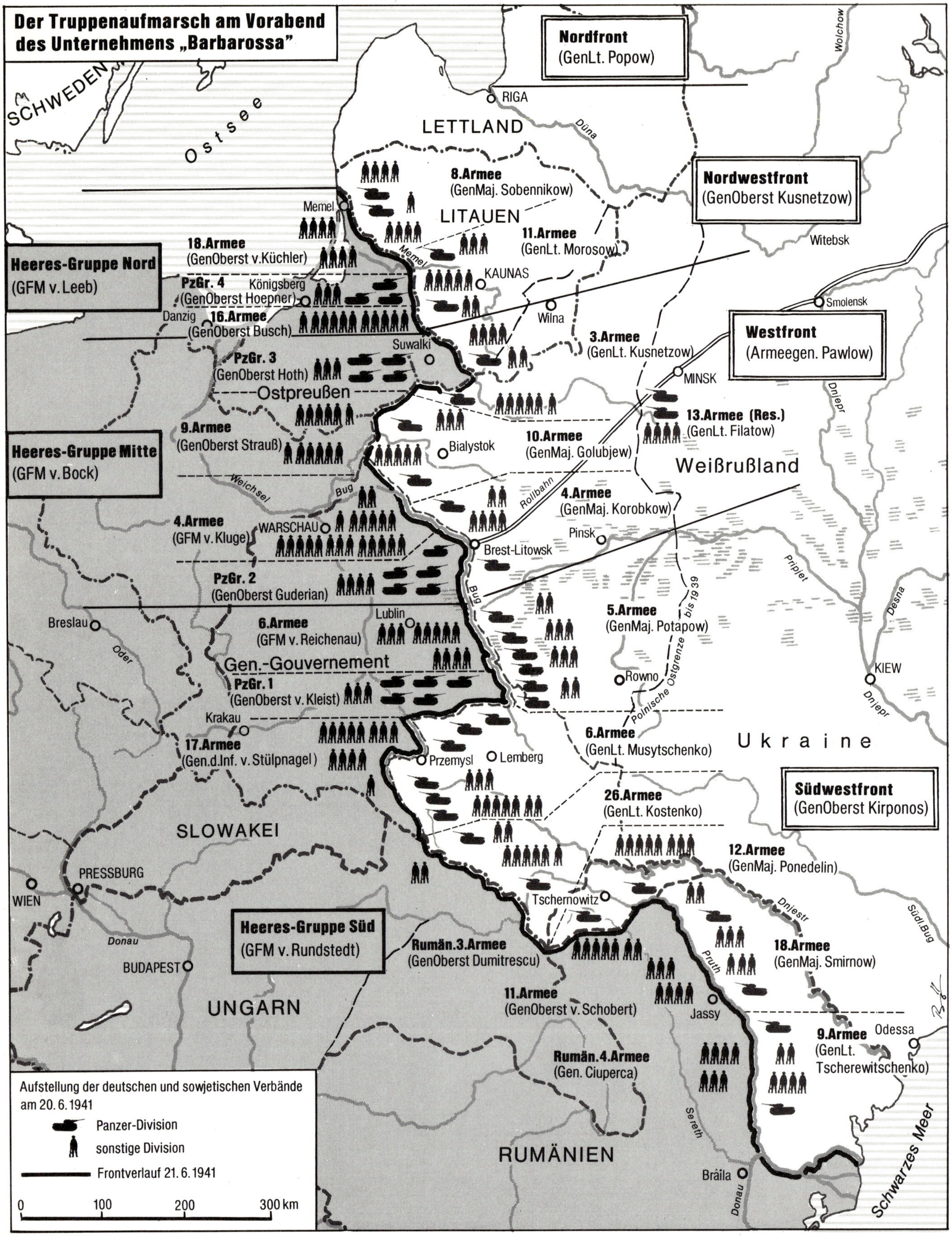

Der Truppenaufmarsch am Vorabend des Unternehmens „Barbarossa"
Nordfront (GenLt. Popow)
Nordwestfront (GenOberst Kusnetzow)
Westfront (Armeegen. Pawlow)
Südwestfront (GenOberst Kirponos)
Heeres-Gruppe Nord (GFM v. Leeb)
Heeres-Gruppe Mitte (GFM v. Bock)
Heeres-Gruppe Süd (GFM v. Rundstedt)
18.Armee (GenOberst v.Küchler)
PzGr. 4 (GenOberst Hoepner)
16.Armee (GenOberst Busch)
PzGr. 3 (GenOberst Hoth)
9.Armee (GenOberst Strauß)
4.Armee (GFM v. Kluge)
PzGr. 2 (GenOberst Guderian)
6.Armee (GFM v. Reichenau)
PzGr. 1 (GenOberst v. Kleist)
17.Armee (Gen.d.Inf. v. Stülpnagel)
Rumän.3.Armee (GenOberst Dumitrescu)
11.Armee (GenOberst v. Schobert)
Rumän.4.Armee (Gen. Ciuperca)
8.Armee (GenMaj. Sobennikow)
11.Armee (GenLt. Morosow)
3.Armee (GenLt. Kusnetzow)
10.Armee (GenMaj. Golubjew)
13.Armee (Res.) (GenLt. Filatow)
4.Armee (GenMaj. Korobkow)
5.Armee (GenMaj. Potapow)
6.Armee (GenLt. Musytschenko)
26.Armee (GenLt. Kostenko)
12.Armee (GenMaj. Ponedelin)
18.Armee (GenMaj. Smirnow)
9.Armee (GenLt. Tscherewitschenko)
SCHWEDEN
Ostsee
LETTLAND
LITAUEN
Ostpreußen
Weißrußland
Gen.-Gouvernement
Ukraine
SLOWAKEI
UNGARN
RUMÄNIEN
Schwarzes Meer
RIGA
Memel
KAUNAS
Wilna
Königsberg
Danzig
Suwalki
MINSK
Witebsk
Smolensk
Bialystok
WARSCHAU
Brest-Litowsk
Pinsk
Lublin
Breslau
Rowno
KIEW
Krakau
Przemysl
Lemberg
PRESSBURG
WIEN
BUDAPEST
Tschernowitz
Jassy
Odessa
Brăila
Düna
Memel
Weichsel
Bug
Rollbahn
Pripjet
Desna
Dnjepr
Oder
Donau
Dnjestr
Pruth
Sereth
Südl.Bug
Wolchow
Polnische Ostgrenze bis 1939
Aufstellung der deutschen und sowjetischen Verbände am 20.6.1941
Panzer-Division
sonstige Division
Frontverlauf 21.6.1941
0 100 200 300 km

Die »Rettung Europas vor der bolschewistischen Gefahr«, ein Hauptmotiv der NS-Propaganda.

der Rest-Tschechei« im März 1939, später dann beim Angriff auf Polen, bei dem Hitler dreist im Reichstag erklärt hatte, daß nun »zurückgeschossen« würde – stets wurden die anderen der Provokation und der Grenzverletzung bezichtigt. Und auch jetzt versuchte Hitler den eigenen Angriff durch angebliche Invasionsabsichten der Roten Armee zu rechtfertigen. Das Oberkommando der Wehrmacht mußte Hitlers Behauptung nachträglich bestätigen. In einem Bericht, der wenige Tage nach dem Angriff diktiert wurde, hieß es: »Die ersten fünf Operationstage haben bewiesen, daß die sowjetrussische Wehrmacht zum Angriff gegen Mitteleuropa bereit war.«

Der Vorwurf, daß die Sowjetunion mittel- oder langfristig einen Angriff gegen das Deutsche Reich geplant hätte, läßt sich durch kein seriöses Dokument stützen; diese Frage muß spekulativ bleiben. 1941 steckte die Rote Armee mitten in der Umorganisation. Die sowjetischen Armeen waren tief gestaffelt, die Rüstungsindustrie lief zwar auf vollen Touren, die Aufrüstung war aber noch lange nicht abgeschlossen. Die Kreml-Führer rechneten lediglich auf lange Sicht mit einem Krieg gegen Deutschland. Das kümmerte Hitler wenig. Er sprach in seinem Aufruf an die Wehrmacht lieber vom »tieferen Sinn« des Kampfes gegen die Sowjetunion: »Wenn diese größte Front der Weltgeschichte nunmehr antritt, dann geschieht es nicht nur, um die im Augenblick betroffenen Länder zu schützen, sondern um die ganze europäische Zivilisation und Kultur zu retten.

Deutsche Soldaten! Damit tretet Ihr in einen harten, verantwortungsschweren Kampf ein. Denn: Das Schicksal Europas, die Zukunft des Deutschen Reiches, das Dasein unseres Volkes liegen nunmehr allein in Eurer Hand.«

Der »Antichrist« Hitler flehte am Ende sogar um höheren Segen: »Möge uns allen in diesem schweren Kampf der Herrgott helfen.«

Der Text war eine raffinierte Meisterleistung, auch wenn die Zeilen von den Offizieren an der Front wohl nicht mit jener Inbrunst vorgetragen wurden, zu der der »Führer« fähig war: geschickte Appelle an Nationalstolz und Kulturbewußtsein, Vaterlandsliebe und Verteidigungsbereitschaft. Und natürlich beschwor Hitler vor allem die Furcht vor den Gefahren des Bolschewismus. Bei allen Lügen und Halbwahrheiten – in einem Punkt hatte er sogar recht: »In diesem Augenblick, Soldaten der Ostfront, vollzieht sich ein Aufmarsch, der in Ausdehnung und Umfang der größte ist, den die Welt je gesehen hat.« Von der Memelmündung an der Ostsee bis ans Schwarze Meer machten sich Hitlers Truppen bereit für den Kampf. Auf sechzehnhundert Kilometern Länge wartete die mächtigste, längste und tödlichste Front der Welt.

Erich Mende

Am Tag vor dem Angriff sind wir zum Divisonsgeneral befohlen worden. Da gab Generalmajor Höhne, Kommandeur der 8. schlesischen Division, den Kommissarbefehl bekannt. Nachdem er ihn verlesen hatte, sagte er: »Diesen Befehl gebe ich nicht weiter. Die 8. schlesische Division ist eine Division von Soldaten und nicht von Marodeuren und Mördern. Ich werde jeden vor ein Kriegsgericht stellen, der Kriegsgefangene anders behandelt, als die Genfer Konvention und die Haager Landkriegsordnung es vorschreiben. Meine Herren, ich hoffe, Sie haben mich verstanden.«

Generalfeldmarschall Wilhelm Ritter von Leeb.

Generaloberst Erich Hoepner.

Generalfeldmarschall Gerd von Rundstedt.

Generalfeldmarschall Fedor von Bock.

Generaloberst Heinz Guderian.

Generaloberst Hermann Hoth.

»Nicht kleckern, sondern klotzen ...«

Das deutsche Ostheer mit sieben Armeen, vier Panzergruppen und drei Luftflotten umfaßte insgesamt drei Millionen Mann, 600 000 Fahrzeuge, 750 000 Pferde, 3580 Panzerkampfwagen, 7184 Geschütze und 1830 Flugzeuge. Unterstützt wurden die Deutschen von zwei rumänischen Armeen im Süden. Im Norden warteten die Finnen, um ebenfalls gegen Stalins Reich zu marschieren. Die deutsche Angriffsfront war in drei Abschnitte unterteilt:

Die Heeresgruppe Nord stand unter der Führung des Generalfeldmarschall Ritter von Leeb. Zu ihr gehörten die 18. Armee des Generaloberst von Küchler und die 16. Armee des Generaloberst Busch. Unterstützt wurde die Heeresgruppe Nord von der Panzergruppe 4 unter Generaloberst Hoepner und der Luftflotte 1 unter Generaloberst Keller. In Hitlers Plan sollte die Heeresgruppe Nord die sowjetischen Verbände im Baltikum vernichten und Leningrad einnehmen.

Zur Heeresgruppe Süd unter Generalfeldmarschall von

Rundstedt gehörten drei Armeen: die 6. Armee unter Generalfeldmarschall von Reichenau, die 17. Armee unter General von Stülpnagel und die 11. Armee unter Generaloberst von Schobert sowie die Panzergruppe 1 unter Generaloberst von Kleist und die Luftflotte 4. In diesem Frontabschnitt, der sich südlich der Pripjetsümpfe bis hin zu den Karpaten zog, sollten die russischen Kräfte in Galizien und der Westukraine vernichtet werden. Nach dem Übergang über den Dnjepr war die ukrainische Hauptstadt Kiew das Hauptangriffsziel der Heeresgruppe Süd.

Der Schwerpunkt der Angriffsaktionen lag nördlich der Pripjetsümpfe und reichte von Brest-Litowsk bis in die Romintener Heide. Hier war der Kampfraum der Heeresgruppe Mitte, die Generalfeldmarschall von Bock befehligte. Auf vierhundert Kilometern standen mit der 9. Armee unter Generaloberst Strauß und der 4. Armee unter Generalfeldmarschall von Kluge zwar nur zwei deutsche Armeen zur Verfügung, doch mit der Panzergruppe 2 unter Generaloberst Guderian und der Panzergruppe 3 unter Generaloberst Hoth ballte sich hier die eiserne Streitmacht des »Blitzkriegs«, die, von Sturzkampfbombern der Luftflotte 12 unter Feldmarschall Kesselring unterstützt, in ihrer Schlagkraft noch verstärkt wurde. In Hitlers Plänen fiel den beiden Panzergruppen entscheidende Bedeutung zu. Sie sollten schnell über Brest, Minsk und Smolensk nach Moskau vordringen: »Die Einnahme dieser Stadt bedeutet politisch und wirtschaftlich einen entscheidenden Erfolg«, hieß es in der Weisung für das »Unternehmen Barbarossa«.

Schnelles Vordringen war notwendig, wenn die Kriegsziele vor Einbruch des russischen Winters erreicht werden sollten. Beweglichkeit war ein entscheidender Faktor, Konzentration der Kräfte ein anderer. »Nicht kleckern, sondern klotzen«, hieß Guderians Devise – sein Fazit aus den bisherigen Feldzügen gegen Polen und Frankreich: Schnelle und weite Vorstöße mit starken Panzerkeilen ins Hinterland des Gegners sollten die militärischen und politischen Zentren des Verteidigers treffen und zerstören, ihn damit handlungsunfähig machen. Die gegen Polen angewandte und im Frankreichfeldzug perfektionierte Strategie des »Blitzkriegs« sollte auch in der Weite des russischen Raumes den Erfolg bringen.

Doch auch mit motorisierten Verbänden war der Angriff ein Wettlauf gegen die Zeit: Nur zwei Monate blieben den Deutschen, bevor der alljährliche Herbstregen die russische Erde in ein grenzenloses Morastgebiet verwandeln und der Schlamm den Vorwärtsdrang der Panzer bremsen würde. Damit es nicht so weit kam, mußten die Grenztruppen der Sowjets überrannt und schnelle Vorstöße ins feindliche Hinterland unternommen werden. Die erste Hürde waren die Grenzflüsse: Bug, San und Pruth. Hier kam es darauf an, alle Brücken, die von sowjetischen Einheiten im Falle eines Angriffs gesprengt werden sollten, unzerstört zu besetzen. Wenn die Wasserhindernisse erst nach langwierigem Brükkenbau überwunden würden, hätte der Gegner im Hinterland die Zeit nutzen können, sich neu zu formieren. Das Überraschungsmoment lag auf deutscher Seite. Generaloberst Guderian hatte noch am Vorabend beobachten können, wie am Ostufer des Bug sowjetische Einheiten den Parademarsch übten. Nichts deutete darauf hin, daß die Grenztruppen Stalins mit einem Angriff rechneten. Die

Bernd Freytag von Loringhoven, General a. D., danach Offizier im Stab Guderians

Die Vorbereitungen waren so getroffen, daß die Masse der deutschen Angriffsverbände erst in den letzten vier Wochen, allerdings dann mit schnellem Tempo, an die Grenze herantransportiert werden sollten. Man wird sich vielleicht fragen, ob die Russen auf den deutschen Angriff vorbereitet waren. Nach unseren Erkenntnissen kann man sagen, daß es keine völlige Überraschung war, als wir die Grenze überschritten. Die Russen wußten doch durch ihren Geheimdienst, daß sich etwas Gewaltiges zusammenbraute. Aber taktisch sind die Russen überrascht worden. Sie wußten nicht das Datum, an dem sie angegriffen werden sollten.
Wir haben damals nicht festellen können, daß – was heute manchmal behauptet wird – die Russen selbst einen Angriff planten. Es stellte sich aber sehr bald heraus, daß sie zumindest auf Abwehr eingestellt waren. Sie zeigten bedingt Abwehrbereitschaft, als der deutsche Angriff begann. Sie waren so postiert, daß an der Grenze im wesentlichen Schützendivisionen und Infanteriedivisionen standen. Ein Kriterium für eine russische Angriffsabsicht wäre gewesen, wenn die Panzerkräfte, also die Panzerdivisionen und -brigaden, dichter an der Front, an der Grenze gestanden hätten. Das war aber nicht der Fall. Die örtlichen Panzerreserven lagen fünfzig bis hundert Kilometer dahinter, und die Hauptkräfte lagen als strategische Reserven in Entfernungen von etwa dreihundert bis vierhundert Kilometer von der Grenze entfernt. Daß die Flugplätze relativ dicht belegt waren, hing damit zusammen, daß die sowjetische Luftwaffe für die Abwehr eines deutschen Angriffs bereitstehen sollte.

Oben:
Schon Stunden vor dem Angriffszeitpunkt überfliegen die deutschen Bomber die sowjetische Grenze, um pünktlich über ihren Zielen zu sein.

Links:
Am Boden zerstört. Mehr als 1200 Kampfflugzeuge der sowjetischen Luftwaffe werden schon am ersten Angriffstag vernichtet.

deutsche Militärmaschine war fast geräuschlos, auf jeden Fall fast unbemerkt von den Sowjets bis an die Grenze gerollt und in Stellung gebracht worden.

Am Abend des 21. Juni brachen auf achthundert Kilometern Länge kleine Stoßtrupps auf, um die Sprengladungen an den wichtigen Brücken unschädlich zu machen und die sowjetischen Posten auszuschalten. Im Schutz der Dunkelheit pirschten sich die Spezialkommandos an die Brückenköpfe auf dem westlichen Ufer heran und warteten auf das Zeichen zum Angriff. Gleichzeitig hatte die militärische Führung weitere Vorsorge getroffen: Für den Fall, daß die sowjetischen Posten ihre Sprengladungen doch zur Explosion bringen würden, standen Pioniereinheiten mit Pontons zum schnellen Brückenbau bereit. Außerdem verfügte die Wehrmacht über eine Spezialwaffe, die eigentlich für den Angriff auf England entwickelt worden war, nun aber an der Ostfront ihre Feuertaufe bestehen sollte: tauchfähige, abgedichtete Panzer, die zwar nicht schwimmen konnten, aber in der Lage waren, auf dem Grund eines Flußes bis zu fünfzehn Metern unter der Wasseroberfläche zu fahren, wobei Besatzung und Motoren durch ein schnorchelähnliches Rohr mit Luft versorgt wurden. Diese Tauchpanzer sollten die Grenzflüsse durchqueren und als erste Sicherungskräfte die Brückenköpfe verstärken, um mögliche Gegenangriffe feindlicher Panzer abzuwehren.

Ernst Glasner, gefallen 1943.

Kriegstagebuch vom 22. Juni 1941: »Es ist Null Uhr, der Angriffstag beginnt! 500 Meter sind wir noch von unseren Stellungen am Bugufer entfernt. Gruppe auf Gruppe, Gewehr auf Gewehr schleicht jetzt geduckt durch das taufrische Gras des Ufergeländes. Wie fremdartige Ungetüme tragen andere Kameraden die Schlauchboote vor. Beim Feind ist alles ruhig. Es ist 1 Uhr, als wir feuerbereit in den Stellungen liegen. Ohne Deckung, flach angepreßt auf dem feuchten Sand. 20 Meter vor uns rauscht der Bug, der Grenzfluß. Noch einmal sind unsere Gedanken in der Heimat ... Ein Blick auf die Uhr zeigt 3 Uhr. Noch wenige Minuten, dann wird sich diese Front in Bewegung setzen. Unwillkürlich zählen wir die Sekunden. Da zerreißt ein Schuß die Stille dieses sommerlichen Sonntags an der neuen Front im Osten. Gleich darauf ein Donnern, Brausen und Dröhnen in der Luft. Die Artillerie hat begonnen ...

Ebenso minutiös geplant und abgestimmt waren überdies die Einsätze der Luftwaffe. Die deutschen Kampfflugzeuge sollten die gegnerischen Flugzeuge noch am Boden außer Gefecht setzen und die Startbahnen der Flugplätze zerstören. Die Lufthoheit über dem weiten Gefechtsfeld mußte auf deutscher Seite liegen, da der Vormarsch nicht durch feindliche Luftangriffe erschwert werden durfte. Zuvor hatten die Staffeln des »Geschwaders Rowehl« wichtige Erkundungsarbeit geleistet. Piloten in Maschinen des Typs Heinkel 111, Dornier 215 B2 und Junkers 88B, die mit Spezialmotoren ausgerüstet waren, gelangten in bis dahin unerreichbare Höhen zwischen neuntausend und zwölftausend Meter. So konnten sie unentdeckt die Flugplätze in Westrußland mit Spezialfilmen fotografieren. Das Material ermöglichte es Feldmarschall Kesselring, mit seinem Stab einen genauen Plan für den vernichtenden Schlag gegen die Luftwaffe der Roten Armee auszuarbeiten.

Größtes Problem war der Zeitpunkt des Angriffs. Ursprünglich sollte der Startschuß für das »Unternehmen Barbarossa« erst um vier Uhr morgens fallen. Doch dann wurde der Angriffstermin auf drei Uhr fünfzehn vorverlegt. Die Lichtverhältnisse in der kürzesten Nacht des Jahres waren für die Bodentruppen schon ausreichend. Doch für die Piloten hieß das, daß sie, um termingerecht zum Angriffszeitpunkt über ihren Zielen im sowjetischen Hinterland sein zu können, schon Stunden vor dem Angriffstermin die Grenze überfliegen mußten. Bei normaler Flughöhe wäre zum einen die Orientierung im Dunkeln erschwert worden, außerdem hätten diese frühen Attacken möglicherweise die russischen Grenzposten alarmieren und den wichtigen Überraschungseffekt gefährden können. Wie und wann sollte also die deutsche Luftwaffe starten, ohne daß die Sowjets gewarnt wurden und ihre Luftabwehr mobilisiert hätten? Die erstaunlich einfache Antwort des Stabes Kesselring lautete:

»Wir pirschen uns wie die Fernaufklärer noch bei Dunkelheit in großer Höhe an die Flugplätze heran.«

Die deutschen Kampfflugzeuge starteten schon kurz nach Mitternacht, um ihre tödliche Last zu den wichtigsten sowjetischen Militärflugplätzen zu transportieren. Für jeden Flugplatz wurden drei nachtflugerfahrene deutsche Bomberbesatzungen eingesetzt, die die Grenze in großer Höhe überflogen und um drei Uhr fünfzehn ihre Einsatzorte erreichten, unbemerkt von der sowjetischen Abwehr.

Görings Luftwaffe hatte in der Nacht zum 22. Juni noch einen weiteren Auftrag zu erfüllen. Die Maschinen brachten Fallschirmjäger zu ihren Einsatzorten: strategisch wichtigen Brücken und Verkehrsknotenpunkten. Hier sprangen sie ab, um den weiteren schnellen Vormarsch zu sichern oder um durch Sabotageakte die sowjetische Verteidigung zu schwächen.

WH

WH-

Linke Seite, oben links:
Am Angriffstag passiert eine deutsche Panzereinheit einen der charakteristischen Holzbögen der sowjetischen Grenzübergänge.

Linke Seite, oben rechts:
Panzergrenadiere.

Linke Seite, unten:
Schußwechsel über Leichen hinweg.

Rechts: Vormarsch. Deutsche Panzerkampfwagen im Mittelabschnitt der Front.

Unten: Nach dem Absprung: Fallschirmjäger im russischen Hinterland.

An der achtzehnhundert Kilometer langen Front standen in dieser Nacht Deutsche und Verbündete bereit. Die Luftwaffe kreiste über ihren Angriffszielen. Die Stoßtrupps an vorderster Front standen sprungbereit, um die Brücken im Handstreich zu nehmen, die sowjetischen Posten zu überwältigen und die Sprengladungen zu entschärfen. Die Geschütze der Artillerie waren geladen und auf ihre Ziele gerichtet. Drei Millionen Menschen warteten auf den Feuerbefehl. Noch herrschte Ruhe in den Wäldern. Noch war das Quaken der Bug-Frösche das lauteste Geräusch, das die Stille der Nacht störte. Doch die Uhr lief.

Stuttgarter
NS-Kuri
Extra-Blatt
Verkaufspreis 10 Pfennig
Stadt der Auslandsdeutschen
Sonntag, den 22. Juni 1941
Verkaufspreis 10 Pf
Zum Kampf gegen
Sowjet-Rußland angetreten
Eine einzige Front vom Eismeer bis zum Schwarzen Meer zur Sicherung Euro
Die sowjetrussisch-englischen Machenschaften enthüll
Finnisches und rumänisches Heer an unserer Sei

NS-Kampfblatt am Tag des Angriffs.

»Ich sterbe, aber ich ergebe mich nicht …«

Langsam und unerbittlich rückte der Sekundenzeiger vor. Drei Uhr fünfzehn – es war so weit: »Feuer frei«, »Vorwärts, Marsch« oder einfach nur »Los« – die deutsche Angriffsmaschine setzte sich in Bewegung.

An der Eisenbahnbrücke bei Brest, über die eben noch gemächlich der Zug mit sowjetischem Getreide für Deutschland gerollt war, sprangen nun deutsche Soldaten aus ihren Deckungen. Einige MG-Salven gegen die Brükkenwache, Handgranaten in einen sowjetischen Unterstand und der Widerstand der völlig überraschten Verteidiger war gebrochen. Die Sprengladungen unter den Brückenpfeilern wurden entfernt – die erste Brücke fiel unversehrt in deutsche Hand. Ein kurzes Leuchtsignal zum anderen Ufer und schon fuhren die ersten Panzer über den Fluß. Dieses Szenario wiederholte sich hundertfach entlang des achthundert Kilometer langen Grenzflusses Bug. An allen anderen Brücken gelang der Überraschungseffekt ebenso.

Gerhart Frey, Artillerist.

Punkt 3.15 Uhr zerreißt der erste Abschußknall die Stille, und in der gleichen Sekunde bricht die Hölle los! Ein Trommelfeuer, wie wir es noch nie gehört haben. Links von uns, rechts von uns die Mündungsfeuer unzähliger Kanonen. Und schon flackern jenseits des Bug die ersten Brände auf. Dort erleben nun Menschen diesen fürchterlichen Feuerüberfall mitten im Frieden! Wir schießen stundenlang. Der Morgen graut, das Feuer wird nicht eingestellt. Die Munitionskanoniere taumeln unter der Last der Granaten. Ein Geschoß wiegt fast anderthalb Zentner. Wir schießen bis gegen Mittag. Dann endlich kommt das Kommando »Feuerpause!«. Die Männer lassen sich in den Sand fallen und rühren sich nicht mehr. Im Osten hat sich der Himmel mit Rauch bewölkt …

Auch die Luftwaffe erreichte ihre Ziele. Die sowjetischen Flugverbände im Grenzgebiet konnten überall am Boden vernichtet werden. Nur selten gelang es den Verteidigern, rechtzeitig Alarm zu schlagen, nur selten erreichten die sowjetischen Piloten ihre Maschinen. Doch für den Start reichte oft die Zeit nicht, die Flugzeugbesatzungen starben im Hagel deutscher Bordkanonen. Schon am ersten Kriegstag schaltete Görings Luftwaffe achtzehnhundert sowjetische Maschinen aus, die eigenen Verluste gaben die Deutschen mit fünfunddreißig an. Sechsundsechzig sowjetische Militärflugplätze wurden zerstört. Das sicherte den Angreifern in den ersten Kriegstagen die uneingeschränkte Lufthoheit.

Die Panzerverbände stießen über die unzerstörten Brükken vor und überrollten an der gesamten Front die im Grenzgebiet stationierten sowjetischen Truppen. Den raschen Vorstößen der Panzer folgten die Infanteriedivisionen. Die Heeresgruppe Nord erreichte innerhalb von zwei Tagen Wilna. Auch die Verbände der Heeresgruppe Mitte stießen in rasantem Tempo vor. Die 3. Panzerdivision unter General Model benötigte für vierhundertvierzig Kilometer von Brest nach Bobruisk nur ganze sechs Tage, den Tagesrekord mit hundertfünfzehn Kilometern stellte sie am 27. Juni auf.

Der erste Schritt war gelungen. Doch auf dem Weg nach Osten lagen weitere Wasserhindernisse. Sollten die Anfangserfolge nicht verspielt werden, mußten auch die nächsten Brücken im Hinterland unversehrt besetzt werden. Eine solche Aufgabe hatte auch die 8. Panzerdivision unter General Brandeberg auszuführen. Sie sollte, ohne anzuhalten, dreihundertfünfzig Kilometer tief in feindliches Gebiet vorstoßen und die strategisch wichtigen Brücken über die Düna besetzen. Dreihundertfünfzig Kilometer – ohne Flankensicherung, ohne die feindlichen Truppen vollständig ausschalten zu können, immer mit dem Risiko, durch einen Gegenangriff von den eigenen Linien abgeschnitten zu werden. Das Wagnis gelang: In einem Überraschungsangriff nahmen deutsche Spezialeinheiten die Straßenbrücke von Dünaburg. Zu danken war das einem gelungenen Täuschungsmanöver: Die Deutschen steckten in russischen Uniformen und benutzten vier erbeutete Lastwagen. Als die Posten auf der Brücke erkannten, daß sie falschen Kameraden aufgesessen waren, war es schon zu spät. Wieder ging im deutschen Hauptquartier eine Erfolgsmeldung ein: »Handstreich auf Stadt und Brücken Dünaburg geglückt. Straßenbrücke unversehrt. Eisenbahnbrücke durch Sprengung leicht beschädigt, aber passierbar.«

Der weit vorgeschobene deutsche Brückenkopf konnte bis zum Eingreifen der nachrückenden Infanterie gehalten werden. Die Stellung halten – hinter diesen dürren Worten steckten Hunderte von Toten. Die Stellung halten – das bedeutete, die pausenlosen Angriffe eines überlegenen Gegners abzuwehren, in der Hoffnung, daß die eigenen Truppen schnell aufschließen würden. Auch der »Blitzkrieg« in dieser frühen und für die Deutschen erfolgreichen Angriffsphase war kein frisch-fröhlicher Husarenritt gen Osten, wie die Meldungen von der Front die Bevölkerung glauben machen wollten. Die Angreifer stießen schon am ersten Tag auf energische Gegenwehr, wie das Beispiel von Brest belegt.

Brest lag schon im Rücken der Front, doch in der Zitadelle leisteten die Verteidiger noch immer hartnäckig und erfolgreich Widerstand.

Brest, das erst seit zwei Jahren wieder zum sowjetischen Hoheitsgebiet gehörte, kam symbolische Bedeutung zu: In Brest-Litowsk war am 1. März 1918 der Frieden zwischen dem kaiserlichen Deutschland und den Abgesandten der neuen kommunistischen Regierung Rußlands geschlossen worden. Lenins Unterhändler stimmten, um nach der Oktoberrevolution zumindest äußeren Frieden zu erreichen, den von den Deutschen vorgelegten Bedingungen zu. Diesmal – im Juni 1941 – wollten sich die Russen den Deutschen nicht beugen. Doch die Ausgangslage für die Verteidiger war mehr als ungünstig: Der Ausbau eines modernen Befestigungsgürtels um die Festung war noch nicht abgeschlossen, ein Großteil der Soldaten nahm an Manövern fernab der Festung teil. Nur etwa dreitausend Mann mit wenigen Geschützen und ohne Panzerunterstützung lagen in der

Marianne Roberts, damals 12 Jahre alt (vorne, in weißer Bluse).

An jenem Sonntag, dem 22. Juni 1941 – ich war damals 12 Jahre alt –, befand sich mein Onkel Mattes auf Urlaub zu Hause. Er hatte die Feldzüge in Polen und Frankreich als Gefreiter bei den Pionieren schon hinter sich. Ich durfte mit dem Opa, mit meinem Vater (gefallen im November 1944) und meinem Onkel Mattes zum Sonntagsfrühschoppen gehen. Das Radio lief, und dann kam die Sondermeldung, daß deutsche Truppen die Grenze zu Rußland überschritten hätten. In der vollen Gaststätte herrschte plötzlich Totenstille. Mein Onkel sagte: »Jetzt haben wir den Krieg verloren!« Niemand sprach auch nur ein Wort, alle schwiegen. Von diesem Tag an hatte ich begriffen, daß es keinen »Endsieg« geben würde. Mein Onkel mußte sofort nach Rußland und ist schon bald darauf bei Smolensk gefallen.

Josef Zymelka, Pionier.

Drüben hinter dem Bug stand ein einziges Haus, ich nehme an, daß es ein Zollhaus war. In den ersten Tagen, bevor der Krieg losging, haben wir auch gebadet, und abends habe ich immer das Lied »Es stand ein Soldat am Wolgastrand« gesungen. Es hat nicht lange gedauert, da haben auch die Russen gesungen, wie im Frieden... Nach dem Angriff sah ich, daß das Haus brannte. Nach vier Stunden bin ich hingegangen. Als ich hinkam, sah ich, daß die Soldaten, es waren ungefähr zwölf, alle erschossen waren. Sie lagen inmitten der brennenden, herabstürzenden Balken. Das waren die ersten Toten, die ich gesehen habe...

Links: Trotz des Rückzugs ist der Widerstand erbittert.

Oben: Am Ufer des Bug. Rotarmisten greifen einen deutschen Brükkenkopf an.

Unten: Groß ist der Andrang der russischen Freiwilligen.

Zerschossen: Der Glockenturm der Zitadelle von Brest.

Stadt. Die deutsche Artillerie feuerte seit drei Uhr fünfzehn aus allen Rohren. Alle vier Minuten wurde die Feuerlinie um hundert Meter vorverlegt. Die nach und nach sturmreif geschossene Stadt war schon am Mittag des 22. Juni von deutschen Einheiten eingeschlossen.

Doch die Verteidiger, die sich in die Zitadelle zurückgezogen hatten, ergaben sich nicht. Die gefürchteten schweren 7,5-cm-Geschütze der Wehrmacht konnten den dicken Mauern trotz ständigem Beschuß nichts anhaben, auch die Fünfhundert-Kilo-Bomben der Sturzkampfbomber blieben wirkungslos. Immer wieder stürmten deutsche Kampfgruppen der Infanterieregimenter 130 und 135 gegen die Festung, immer wieder wurden sie unter hohen Verlusten zurückgeschlagen. Schließlich warfen die Deutschen Achtzehnhundert-Kilo-Bomben, die das Mauerwerk brachen und den größten Teil der Besatzung zur Aufgabe zwangen. Am 30. Juni, nach acht Tagen härtester Kämpfe, meldete der deutsche Gefechtsbericht: »Der Kampf ist abgeschlossen, die Festung erobert.«

Doch es gab immer noch Widerstandsnester. Im Offiziersklub und an einigen anderen Stellen fanden sich später russische Inschriften, die beweisen, daß noch lange nach der offiziellen Siegesmeldung den Deutschen heftiger Widerstand geleistet wurde: »Ich sterbe, aber ich ergebe mich nicht. Lebe wohl Mutterland, Juli 1941.«

»Wir verteidigen diese Kirche und haben uns geschworen nicht zu weichen, Juli 1941.«

»Wir verlieren nicht den Mut und sterben.«

»Vergib, Heimat. 20.7.41.«

Doch die Heimat vergab ihnen vorerst nicht. Es sollte fünfzehn Jahre dauern, bis die sowjetische Bevölkerung vom Schicksal der Verteidiger von Brest erfuhr. Erst nach Stalins Tod im Jahr 1953 konnte der sowjetische Publizist

Grigori Makarow,
Soldat der Roten Armee
in Brest.

Die ganze Garnison hatte kein Wasser, weil ein Geschoß den großen Wassertank auf dem Terespoler Turm zerstört hatte. Auch das Kraftwerk war getroffen worden, es gab kein Licht mehr. Wir wehrten den Angriff mit Maschinengewehren ab. Darauf umzingelte uns ein mit chemischen Waffen bestücktes deutsches Regiment und schoß mit Tränengasgranaten. Wir feuerten mit gleicher Waffe zurück. Als der Rauch sich auflöste, wurden die Folgen des Angriffs sichtbar. In der Festung waren auch Frauen und Kinder gewesen. Ein kleiner Junge war tot. Er war im Gas erstickt, seine Mutter hatte ihm die Pelzmütze zum Schutz über das Gesicht gezogen. Gavrilow gab ihnen die Anweisung: »Gehen Sie ins Dorf, vielleicht rühren die Deutschen Sie nicht an.« Eine von den Frauen nahm einen weißen Bettbezug, und sie gingen hinaus. Die Deutschen rührten sie tatsächlich nicht an. Eine Sanitäterin blieb bei uns, um die Wunden zu verbinden. Es gab viele Verwundete, aber keine Desinfektionsmittel, so daß sich sehr schnell der Wundbrand ausbreitete und viele an ihren Verletzungen starben.

Sergej Smirnow die Spuren jener Soldaten suchen, die in aussichtsloser Situation Widerstand geleistet hatten. Er enthüllte, daß viele der in deutsche Kriegsgefangenschaft geratenen Sowjets nach dem Krieg sofort in Stalins Lager nach Sibirien geschafft wurden. So gingen die Verteidiger der Zitadelle erst spät als »Helden von Brest« in die sowjetische Geschichte ein – als ein Beispiel für Widerstandskraft und Mut, mit dem sich sowjetische Soldaten dem deutschen Angriff in aussichtsloser Situation entgegenwarfen.

Mit dieser Kampfmoral mußten sich auch die Divisionen der Heeresgruppe Süd auseinandersetzen. Im Süden trafen die Angreifer auf die stärksten sowjetischen Verbände, hier hatte Stalin das Hauptgewicht des deutschen Angriffs erwartet, hier stand die Rote Armee mit massierten Truppen.

»Es geht langsam aber sicher vorwärts«, konstatierte der Kommandeur der 16. Panzerdivision, Generalmajor Hube. Langsam aber sicher, das hieß: einhundert Kilometer in zehn Tagen mit verlustreichen Kämpfen. Den Panzerdivisionen Rundstedts war der geforderte operative Durchbruch nicht gelungen. Doch immerhin: Der Angriff rollte unaufhaltsam. Erneut zeigte sich, daß die sowjetischen Truppen überrascht wurden. Erneut hatte sich erwiesen, wie haltlos Hitlers Behauptungen waren, Stalin habe einen Angriff gegen Deutschland für den Sommer 1941 vorbereitet.

Johann Danzer, Panzerabwehrschütze.

Am ersten Tag bei der ersten Rast hat sich aus unserer Kompanie ein Kamerad mit dem Gewehr erschossen. Dazu nahm er den Karabiner zwischen die Knie und den Gewehrlauf in den Mund und drückte ab. Für ihn war der Krieg mit all seinen Strapazen zu Ende.
Nachdem wir unser Testament in der Kompanieschreibstube gemacht hatten, gingen wir vor der Landenge zur Krim in Stellung. Eines Abends kam unser Kompaniemelder und brachte uns die Nachricht, daß der Angriff am nächsten Morgen um 4 Uhr beginnen würde. Um 3.30 Uhr bis 4.00 Uhr wurde auf einer Breite von einem Kilometer aus 140 Batterien eine halbe Stunde lang Trommelfeuer geschossen. Erst sahen wir überhaupt nichts vor lauter Pulverdampf, als sich dieser dann lichtete und es heller wurde, war der Teufel auf der Seite der Russen los. An der 3,7-Pak waren wir fünf Mann mit Geschützführer. Bei den Angriffen mußten wir unser Geschütz selbst ziehen. Da wir auf der gleichen Höhe wie die angreifende Infanterie waren, das Tempo aber nicht mithalten konnten, wurden vier Infanteristen abgestellt, uns beim Ziehen zu helfen. Unser großer Pulk bekam deswegen auch das ganze Abwehrfeuer zu spüren. Bei der ersten MG-Garbe der Russen hat es uns voll erwischt. Drei Mann waren sofort tot, die anderen alle schwer verwundet. Ich blieb als einziger unverletzt.

»Jetzt hat sich Hitler übernommen ...«

Ungewohnte Töne rissen die Deutschen in der Heimat am Morgen des 22. Juni, einem Sonntag, aus den Federn. Zum ersten Mal erklang das triumphale Fanfarenthema aus Franz Liszts »Les préludes«, das in Zukunft die Sondermeldungen von der Ostfront einleiten sollte. Dann ertönte aus den Volksempfängern die Stimme des Propagandaministers Joseph Goebbels, der eine Erklärung Hitlers verlas. Die meisten Menschen schwiegen betroffen, als sie die Worte des »Führers« hörten: »Ich habe mich heute entschlossen, das Schicksal des Deutschen Reiches und unsres Volkes wieder in die Hände unserer Soldaten zu legen.«

Der Krieg mit der Sowjetunion beherrschte auch die Diskussionen beim sportlichen Höhepunkt des Tages – dem Endspiel um die Deutsche Fußballmeisterschaft 1941, das am Nachmittag im Berliner Olympiastadion ausgetragen wurde. Nur die wenigsten Sportfans interessierte noch, daß Schalke 04 gegen Admira Wien mit vier zu drei unterlag. Die Menschen spürten: Nun beginnt der Zweite Weltkrieg richtig. Einige sagten verstohlen: »Jetzt hat sich Hitler übernommen.«

Weniger beeindruckt schien anfänglich der britische Premierminister. Als Winston Churchill um vier Uhr morgens vom deutschen Angriff gegen Rußland erfuhr, brummte er, wie oben bereits erwähnt, nur unwillig, daß er nur im Falle einer Invasion Englands nachts gestört werden dürfe. Doch bald schon gab sich der Premierminister kämpferisch entschlossen. In einer Rundfunkrede an das britische Volk sprach er von den »brutalen Massen dieser hunnischen Soldateska, die wie ein Heuschreckenschwarm das Land überkriecht.«

Er beschränkte sich jedoch nicht auf die bloße Verurteilung des deutschen Überfalls: Churchill versprach, Rußland mit allen Kräften zu unterstützen. Vor den Mikrophonen der BBC erklärte er: »Wir haben nur ein Ziel, eine einzige unwiderrufliche Aufgabe. Wir sind entschlossen, Hitler und jede Spur des Naziregimes zu vertilgen. Jeder, der gegen den Nazismus kämpft, wird unseren Beistand haben.«

Warum er, der unversöhnliche Gegner des Kommunismus, nun gerade Stalin Hilfe versprach, hatte er zuvor schon seinem Sekretär erklärt: »Würde Hitler in der Hölle einmarschieren, so würde ich im Unterhaus sogar über den Teufel eine höfliche Bemerkung machen.« Doch die zweite Front im Westen, die allen geholfen hätte, kam erst zwei Jahre später. So lange kämpften auf dem europäischen Festland die Sowjets allein gegen die Deutschen.

»Sind das nur Provokationen?«

Im Verteidigungskommissariat in Moskau klingelte am 22. Juni 1941 das Telefon. Am Apparat war Admiral Oktjabrski, der Kommandeur der Schwarzmeerflotte. Er meldete exakt um drei Uhr fünfzehn: »Deutsche Flugzeuge greifen den Kriegshafen von Sewastopol mit Bomben an.« Der Marinekommissar Admiral Nikolai Kusnezow war in dieser Nacht in seinem Büro geblieben, weil schon am Vorabend von verschiedenen Admiralen Meldungen über beunruhigende Aktivitäten der Deutschen eingetroffen waren. Nun verständigte er den Verteidigungskommissar Timoschenko und Parteisekretär Malenkow. Beide wollten ihm zunächst nicht glauben. Oktjabrski erklärte seinem Adjutanten kopfschüttelnd: »In Moskau glauben sie nicht, daß Sewastopol bombardiert wird.«

Doch immer weitere Meldungen über deutsche Bombardierungen trafen in Moskau ein. Minute für Minute erreichten General Schukow, den Chef des Generalstabs, Berichte von der sowjetischen Westgrenze: Ukrainische Stadtkommandanten meldeten die Bombardierung ihrer Städte, Divisionskommandeure in Weißrußland berichteten von deutschen Angriffen, von den Flugplätzen im Baltikum kamen Nachrichten über die völlige Zerstörung der Anlagen. Schukow versuchte auch, Stalin zu erreichen. Der sowjetische Diktator verbrachte die Nacht nie im Kreml, sondern meist in seiner Villa, einige Kilometer außerhalb Moskaus. Er war ein Nachtmensch, der, wie Hitler, oft erst in den frühen Morgenstunden zu Bett ging. So dauerte es einige Minuten, bis der wachhabende Offizier den Diktator geweckt und ans Telefon geholt hatte. Dann folgte ein kurzer, aber gespenstischer Dialog: »Stalin.«

»Ich rufe auf Befehl des Verteidigungskommissars an. Die Deutschen bombardieren unsere Städte.«

Schweigen.

»Haben Sie mich verstanden?«

Wieder langes Schweigen, erst nach einer langen Pause wies Stalin Schukow an: »Kommen Sie in den Kreml mit Timoschenko, lassen Sie das Politbüro einberufen.«

Es wurde schon hell, als um vier Uhr dreißig im Kreml das Politbüro in Stalins Arbeitszimmer zusammenkam. Stalin forderte den Verteidigungskommissar auf, Bericht zu erstatten. Timoschenko faßte kurz die Meldungen über die Bombardierungen und die Grenzüberschreitungen der voranstürmenden deutschen Truppen zusammen. Es waren nur wenige neue Berichte hinzugekommen, viele Verbindungen waren inzwischen von deutschen Fallschirmjägern gekappt worden. Als der Verteidigungskommissar seinen Vortrag beendet hatte, fragte Stalin noch immer ungläubig: »Sagt

Lew Besymenski, sowjetischer Historiker.

Stalin am 22. Juni keineswegs gelähmt

Eine populäre Vorstellung von Stalins Verhalten nach der Überbringung der Nachricht vom deutschen Überfall geht davon aus, daß der Diktator sprachlos, erschüttert, zu keinem klaren Gedanken fähig gewesen sei. Er habe sich von der Außenwelt zurückgezogen und nur sehr kärglich Weisungen an seine engsten Mitarbeiter erteilt. Mittlerweile ist es anhand zahlreicher zeitgenössischer Dokumente möglich, diese Vorstellung wesentlich zu korrigieren. Das Dienst-Itinerar Stalins vom 22. Juni, das in seinem Sekretariat im Kreml erstellt wurde, ist in diesem Zusammenhang sehr aufschlußreich.
Am 22. Juni 1941, drei Stunden nach dem Angriff, um 5.45 Uhr, finden sich bei Stalin ein: Molotow, Berija, Timoschenko, Mechlis und Schukow; ab 7.30 Uhr Malenkow, ab 7.55 Mikojan. Weitere Besucher waren: Kaganowitsch, Woroschilow, Wyschinski (Generalstaatsanwalt), Kusnezow (Kriegsmarine), Dimitrow und Manuieski (Komintern), wieder Molotow (nach seiner Rundfunkansprache), Schaposchnikow (Generalstabschef), Watutin (Operationsabteilung im Generalstab), Kulik (Stellv. von Timoschenko). Die letzten Besucher waren für 16.45 bestellt. Am 23. Juni war der Tagesplan Stalins ebenso ausgefüllt. Um 3.20 erschienen Molotow und Woroschilow im Kreml, bis in die späten Abendstunden fanden Unterredungen statt. Auch in den nächsten Tagen führte Stalin zahlreiche Gespräche mit seinen engsten militärischen und politischen Beratern.

Oben: Die sowjetischen Marschälle Timoschenko, Woroschilow und Budjonny (von links).

Unten: In der Stawka: Georgij Schukow am Fernschreiber. Daneben Nikolaj Bulganin und Wassilij Sokolowskij.

mir, glaubt ihr nicht, daß das alles nur Provokationen sein können?« Stalin blieb sich treu. So hatte er auch reagiert, als im April ein tschechischer Spion vor deutschen Truppenkonzentrationen an der Grenze gewarnt hatte. Damals wies er den sowjetischen Geheimdienstmajor Ismail Achmedow an: »Diese Information ist eine englische Provokation. Herausfinden, von wem sie stammt, und ihn bestrafen.«

Doch nun konnte er die Überbringer schlechter Nachrichten nicht mehr zur Verantwortung ziehen. Alle Zweifel waren ausgeschlossen: Molotow hatte inzwischen vom deutschen Botschafter die offizielle Kriegserklärung erhalten. Der Krieg hatte begonnen. Stalin, der trotz aller Warnungen im Vorfeld nicht an einen deutschen Angriff hatte glauben wollen, hatte sich getäuscht.

Der sowjetische Diktator stand wortlos am Fenster seines Arbeitszimmers, das auf einen Innenhof des Kreml blicken ließ. Die Pfeife, die er sich bei Timoschenkos Vortrag angezündet hatte, war inzwischen ausgegangen. Bleich war er geworden. Unsicher wies er den Verteidigungskommissar an, »die Angreifer zurückzuwerfen!« Der sowjetische Botschafter in London, Iwan Maisky, berichtete in seinen Memoiren: »Stalin verkroch sich in seinem Arbeitszimmer, war vier Tage lang nicht zu sehen. Die Botschaft in London wartete wie andere Diplomaten im Ausland auf Anweisungen. Vier Tage lang herrschte Funkstille.«

Erschüttert, sprachlos, ratlos vernehmen Moskauer Passanten die Nachricht vom Kriegsbeginn.

Dimitrij Wolkogonow

Die Mobilmachung der sowjetischen Truppe ging schwierig voran, da die deutschen Armeen bereits stark im Vormarsch waren. Schon am sechsten Tag standen die Deutschen vor Minsk. Sie waren bereits Hunderte von Kilometern ins Landesinnere vorgedrungen. In vielen Landesteilen scheiterte unsere Mobilmachung völlig. Das lag zum einen an dem Überraschungseffekt des deutschen Angriffs und an der unklaren Situation. Im Rundfunk wurde zunächst verbreitet, daß unsere Armee in manchen Gegenden hartnäckigen Widerstand leiste, und plötzlich, einen Tag später, hörte man, daß die deutsche Armee bereits 50 bis 70 Kilometer weiter in Richtung Osten vorgedrungen waren. Ich muß dazu sagen, es waren nicht nur die einfachen Soldaten, die keine klare Vorstellung vom Charakter des entfesselten Krieges hatten, auch im Oberkommando, der »Stawka«, herrschte Unklarheit. Stalin forderte pausenlos neue Lageberichte an. Man konnte ihm aber nichts Zuversichtliches mitteilen.

Die Legende vom Väterchen Stalin, der den Großen Vaterländischen Krieg gegen die faschistischen Angreifer von Anfang an entschlossen geführt habe, ist falsch. Zerstört wurde sie im Zuge der Entstalinisierung nach Stalins Tod im Jahr 1953 von Politbüromitgliedern und führenden Offizieren. Marschall A. I. Jeremenko schrieb in seinen 1965 erschienenen Memoiren: »J. W. Stalin als Staatsoberhaupt hat an die Verläßlichkeit des Abkommens mit Deutschland geglaubt und den Symptomen, die auf einen Angriff der Faschisten auf unser Land schließen ließen, nicht die notwendige Aufmerksamkeit geschenkt. Darum gab er nicht im rechten Augenblick seine Zustimmung für die eiligen und entscheidenden Verteidigungsmaßnahmen an der Grenze.«

Die Folgen bekamen die Grenztruppen zu spüren. Obwohl Befehlshaber wie General Golubjow von der 10. Armee den Angriffstermin durch Überläufer oder Spione kannten, durften sie auf höchste Weisung nur einen Befehl geben: »Warten!« Selbst als Stalin schließlich mit der Realität des Angriffs konfrontiert war, reagierte er nur halbherzig: In der Politbürositzung wies er die militärische Führung an, daß die sowjetischen Truppen bei den Verteidigungsaktionen die Grenzen nicht überschreiten dürften! Dann verließ Stalin den Kreml. In der Öffentlichkeit ließ sich der Diktator erst am 3. Juli, nach zwölf Tagen, wieder sehen. Auf seiner Datscha versuchte er sich auf die neue Situation einzustellen.

Es dauerte an diesem ersten Kriegstag Stunden, bis die sowjetische Regierung in der Lage war, die Bevölkerung über die Ereignisse der Nacht zu informieren. Außenminister Molotow fiel die undankbare Aufgabe zu, den Menschen die Nachricht vom Beginn des Krieges mitzuteilen. Die Moskauer hatten sich auf einen arbeitsfreien und ruhigen Sonntag eingestellt. Bei herrlichem Sommerwetter waren viele Bewohner der Hauptstadt ins Grüne unterwegs, als sich Molotow um zwölf Uhr fünfzehn an seine Landsleute wandte: »Bürger und Bürgerinnen der Sowjetunion. Heute um vier Uhr früh überfielen die deutschen Truppen ohne Kriegserklärung unser Land. Dieser unerhörte Überfall stellt einen in der Geschichte der zivilisierten Völker beispiellos dastehenden Treuebruch dar.

Dieser Krieg ist uns nicht vom deutschen Volk, nicht von den Arbeitern, Bauern und Intellektuellen aufgezwungen worden, sondern von der Clique der blutrünstigen faschistischen Machthaber Deutschlands.«

Die Erklärung dauerte kaum fünf Minuten und bestürzte die Menschen im ganzen Land. Mit den Deutschen hatte man doch einen Freundschaftsvertrag geschlossen! Stalin hatte doch vor kurzem noch gesagt, wie gut die deutsch-sowjetischen Beziehungen seien! Er hatte doch erklärt, daß er sich von den kapitalistischen Westmächten nicht in einen Krieg gegen Hitler treiben lassen wolle. Warum hatte sich Stalin getäuscht? Wieso griffen die Deutschen nun an?

Doch das lähmende Entsetzen machte bald der Verteidigungsbereitschaft Platz. Molotow wies auf Napoleons Angriff im Jahr 1812 hin. Am 22. Juni 1941 jährte sich dieses historische Datum zum hundertneunundzwanzigsten Mal. Das Beispiel machte Mut. Damals hatte die Armee des

Alexander Golikow am 28. Juni 1941, während der Kämpfe um Rowno, an seine Frau:

Liebe Tonetschka!
Ich weiß nicht, ob Du diese Zeilen jemals lesen wirst. Aber eines weiß ich genau – dies ist mein letzter Brief an Dich. Zur Zeit wird ein erbitterter, tödlicher Kampf geführt. Unser Panzer ist angeschossen. Ringsum sind Faschisten. Den ganzen Tag versuchen wir, die Angriffe abzuwehren. Die Ostrowskistraße ist mit den Leichen in grünen Uniformen belegt, sie ähneln großen unbeweglichen Eidechsen. Heute ist der sechste Tag des Krieges. Wir sind zu zweit geblieben – Pawel Abramow und ich. Du kennst ihn, ich habe Dir über ihn geschrieben. Wir denken gar nicht an unsere Rettung. Wir sind Soldaten und haben keine Angst, für die Heimat zu sterben. Wir denken lediglich daran, wie wir die Nazis unser Leben teuer bezahlen lassen sollen … Ich sitze in einem durchlöcherten und verunstalteten Panzer. Die Hitze ist unerträglich. Ich habe Durst. Es gibt keinen Tropfen Wasser. Dein Bild liegt auf meinem Schoß. Ich schaue Deine blauen Augen an, und es wird mir leichter zumute – Du bist bei mir. Ich möchte mit Dir reden, sehr lange und aufrichtig, wie früher – in Iwanowo.
Seit dem ersten Kriegstag habe ich an Dich gedacht. Wann werde ich zu Dir zurückkehren und Deinen Kopf an meine Brust drücken? Vielleicht nie. Es ist Krieg … Als unser Panzer zum ersten Mal auf Feinde stieß, schoß ich auf sie mit dem Maschinengewehr, um möglichst viele Nazis zu vernichten, dem Krieg schneller ein Ende zu setzen, um Dich, meine Liebe, eher zu sehen. Aber meine Träume gingen nicht in Erfüllung. Unser Panzer wird erschüttert von feindlichen Schüssen, aber wir sind noch am Leben. Wir haben keine Granaten mehr, die Patronen sind knapp. Pawel schießt auf den Feind mit dem Zielfeuer, und ich »erhole mich« und unterhalte mich mit Dir. Ich weiß, daß dies das letzte Mal ist. Ich möchte mit Dir sehr lange sprechen, aber die Zeit ist zu kurz. Kannst Du dich noch daran erinnern, wie wir uns auf dem Bahnhof verabschiedet haben? Du hast damals an meinen Worten gezweifelt, daß ich Dich ewig lieben werde. Du hast vorgeschlagen, uns auf dem Standesamt trauen zu lassen, damit ich das ganze Leben lang Dir alleine gehöre. Ich habe Deine Bitte mit Freude erfüllt. Jetzt haben wir ein Dokument darüber, daß wir Mann und Frau sind. Das ist gut. Es ist gut zu sterben, wenn Du weißt, daß es irgendwo weit weg einen Menschen gibt, der an dich denkt. »Es ist gut geliebt zu werden.«
Durch die Löcher im Panzer sehe ich die Straße, grüne Bäume, bunte Blumen im Garten.
Das Leben nach dem Krieg wird genauso bunt sein wie diese Blumen, und glücklich … Ich habe keine Angst, dafür zu sterben … Weine nicht. Du wirst mein Grab wahrscheinlich nicht besuchen können? Wird es überhaupt ein Grab geben?

Drei Stunden nach dem Schreiben dieses Briefes starb Alexander Golikow in seinem Panzer.

Zaren den Angreifer zurückgeschlagen. So sollte es wieder geschehen.

Aus den allenthalben angebrachten Lautsprechern hörte die Bevölkerung die Anweisungen der Regierung. Hektische Betriebsamkeit setzte ein. Moskauer Bürger stürmten die Geschäfte und kauften die spärlich bestückten Regale leer, vor allem natürlich Lebensmittel. Die Banken mußten noch am selben Tag schließen, ihnen war das Geld ausgegangen. Schon am Nachmittag des 22. Juni wurden in der Hauptstadt auf öffentlichen Gebäuden und in Parkanlagen Flugabwehrgeschütze aufgestellt. Auf Befehl General Tulenews, des Befehlshabers der Moskauer Luftverteidigung, wurde die Weißrußland-Station der Moskauer Untergrundbahn für die politische und militärische Führung geräumt. Auf den Straßen waren die Aktivitäten der Militärs zu beobachten. Der Kreml erhielt einen Tarnanstrich, der Glanz der vergoldeten Kuppeln am Roten Platz wich einem schmutzigen Dunkelgrün. Infanterieverbände marschierten durch die Stadt. In der Nacht blieb Moskau zum ersten Mal dunkel. Die sowjetische Hauptstadt richtete sich auf den Krieg ein.

»Halten oder Sterben ...«

Eine tödliche Feuerwalze schob sich auf Moskau zu. Die deutschen Panzerspitzen drangen im Mittelabschnitt der Front in raschem Tempo vorwärts. In die erste entscheidende Phase trat der Vormarsch am 28. Juni. Nur achtzig Kilometer von Minsk entfernt gab Generaloberst Guderian den folgenreichen Befehl für die erste Umfassungsschlacht an der Ostfront: »Die 29. motorisierte Division soll so schnell wie möglich zum Stoß auf Minsk-Smolensk eindrehen.«

Minsk und Smolensk waren für die Heeresgruppe Mitte die wichtigsten Etappenziele auf dem geraden Weg nach Moskau. Doch vor der sowjetischen Hauptstadt stand die Hauptmacht der Roten Armee.

Auf erste massive Gegenwehr trafen die Deutschen in Bialystok. Hier ragte die Sowjetfront weit nach Westen vor. Neben dem Lemberger Bogen im Süden war in diesem Gebiet das Schwergewicht der sowjetischen Kräfte stationiert. Insgesamt standen in diesen beiden Bögen sechs sowjetische Armeen und sieben motorisierte Armeekorps. Über eine halbe Million Soldaten mit rund siebentausend Panzern kommandierte der für diesen Frontabschnitt zuständige sowjetische Befehlshaber General Dimitrij Pawlow. Siebentausend Panzer – das waren fast doppelt so viele, wie die deutsche Wehrmacht an der gesamten Ostfront einsetzen konnte. Eine einzige russische Panzerdivision verfügte über fast vierhundert Panzer. Die fünf Panzerdivisionen der Panzergruppe Guderians konnten zusammen achthunderfünfzig Panzer aufbieten, die auf einen vierhundert Kilometer langen Frontabschnitt verteilt waren. Auch die Qualität der Kampfwagen sprach hier nicht unbedingt zugunsten der Deutschen. Zu Pawlows Rüstzeug zählten die modernsten Panzer der sowjetischen Produktion: einige der neuen T 34 und die Achtundsechzig-Tonnen-Ungetüme vom Typ KW, gegen die die deutsche Panzerabwehr nahezu machtlos war.

Norddeutsche Ausgabe
181. Ausg. / 54. Jahrg. / Einzelpreis 20 Pf.

„Freiheit und Brot"

Norddeutsche Ausgabe
Berlin, Montag, 30. Juni 1941

VÖLKISCHER BEOBACHTER

Kampfblatt der nationalsozialistischen Bewegung Großdeutschlands

Aufmarsch der Sowjetheere zerschlagen

Der Führer rettete Europa vor bolschewistischer Invasion

Zwei Sowjetarmeen eingekesselt

„In letzter Stunde"

Linke Seite: Mit großem Aufwand bemüht sich die deutsche Propaganda, den Überfall auf die Sowjetunion als »Präventivkrieg« zu rechtfertigen.

Oben links: Stolz – wie auf eine »sportliche Leistung«.

Oben rechts: Infanterieangriff.

Unten: Vormarsch bei glühender Hitze – bis zu fünfzig Kilometer am Tag.

Die Frontbögen von Bialystok und Lemberg hatten freilich einen eklatanten Nachteil: Sie ragten weit aus der sowjetischen Front heraus, tief hinein nach Westen, »balkonartig« notierte Generalstabschef Halder in sein Tagebuch. Dies war zunächst eine ideale Ausgangsbasis für einen sowjetischen Gegenangriff. Pawlow, ein Fachmann für den Einsatz beweglicher Verbände in modernen Angriffsoperationen, konnte, wie Halder richtig erkannte, »aus diesem Balkon nach Westen abspringen und die Kavallerie sofort nach vorne in Bewegung setzen.«

Diese Staffelung der sowjetischen Verbände wurde von den Deutschen als Beleg für die Angriffsabsichten Stalins bemüht. Sie barg allerdings eine große Gefahr in sich: Die »Balkone« waren an drei Seiten von deutschen Truppen umgeben. Motorisierte Verbände konnten den gesamten Bereich umfassen und abschneiden. Solche raumgreifenden Operationen hatte Hitler gefordert. Im Frontbogen von Bialystok fanden sich ideale Voraussetzungen für die deutsche Angriffsweise: Schnelle, bewegliche Panzerverbände sollten die gegnerische Front durchbrechen, in einer Zangenbewegung den Feind umfassen, einen Bogen schlagen und den Ring um die sowjetischen Verbände schließen. War der äußere Ring stabil, konnten die eingeschlossenen sowjetischen Armeen durch deutsche Infanteriedivisionen förmlich aufgerieben werden. Die Panzer sollten währenddessen weiter vorstoßen. Eine solche Operation leitete Guderian mit seinem Angriffsbefehl ein. Er war der Ausgangspunkt für die ersten Umfassungsaktionen an der Ostfront: die Doppelschlacht von Bialystok und Minsk.

Am 26. Juni erreichte die zur Panzergruppe Guderian gehörende 17. Panzerdivision von Süden her Minsk. Zur gleichen Zeit kämpfte sich von Norden her die 20. Panzerdivision der Gruppe Hoth an die weißrussische Hauptstadt heran. Vier Tage nach Beginn des Rußlandfeldzugs schlossen die beiden Panzergruppen den Bogen hinter den russischen Verbänden, die zwischen Bialystok und Minsk kämpften. Ein Kessel war entstanden, in dem vier sowjetische Armeen mit 43 Divisionen standen.

Was hier so einfach klingt, was sich auf Generalstabskarten nur in kleinen Strichen vollzog, war in Wirklichkeit ein beispielloser Kraftakt. Die schnellen Vorstöße vollzogen sich auf kaum befestigten Straßen. Unter der sengenden Sonne bildeten sich riesige Staubwolken. Dagegen halfen keine Luftfilter, viele Motoren der vorpreschenden Kampffahrzeuge streikten. In den ersten Wochen fielen durch Sandstaub und technische Pannen mehr Panzer aus als durch feindliche Treffer. Die schnellen Erfolge zu Beginn des Rußlandfeldzugs waren keineswegs Spazierfahrten, bei denen der Feind kampflos in die Flucht geschlagen wurde oder sich widerstandslos ergab.

Diese Erfahrung mußten vor allem die nachrückenden deutschen Verbände machen. Ihre Aufgabe war es, den eingeschlossenen Gegner vollends zu zerschlagen. Dazu mußte der zunächst von den Panzertruppen gebildete Ring von Infanteriedivisionen aufgefüllt werden. Für die Soldaten bedeutete das: Gewaltmärsche über Straßen, die diesen Namen eigentlich nicht verdienten, kaum Ruhepausen trotz Hitze und schwerem Gepäck, häufig Feindbeschuß, immer die Gefahr, daß im nächsten Waldgebiet feindliche Einheiten im Hinterhalt lauerten. Hatten die deutschen Verbände ihre Positionen erreicht, galt es, den Ring zu verstärken, um jeden Ausbruchsversuch zu verhindern. Natürlich versuchten die eingeschlossenen Verbände, die deutschen Linien zu durchbrechen und sich freizukämpfen, um die nächste Verteidigungsstellung im Osten, die Jeremenko-Linie, zu erreichen. Bei solchen Durchbruchsversuchen kam es zu unvorstellbaren Szenen. Kaum unterstützt von Panzern, rannten russische Soldaten gegen die Stellungen der »Kesselwachen« – direkt in das deutsche MG-Feuer: »Ohne Artillerieunterstützung trieb er seine Menschen, bis zu zwölf Wellen hintereinander, zum Gegenangriff vor, zum Teil sind es unausgebildete Rekruten, die

F. W. Christians

Unsere Panzertruppe rückte in Richtung Ukraine vor. Da kam eine erste größere Umzingelungsschlacht bei Uman, die werde ich nie vergessen. Da wurde die erste größere Zahl Gefangener gemacht. Wir waren alle sehr beeindruckt als junge Soldaten, mit welcher Wucht und welcher Konsequenz sowohl unsere Artillerie als auch unsere Luftwaffe die militärische Lage beherrschte und wie verhältnismäßig schnell es nach vorne ging. Allerdings zeigten sich auch die bitteren Seiten des Vormarsches, die ersten Toten. Die vielen Toten auf deutscher und auf russischer Seite gaben den jungen Soldaten einen Vorgeschmack darauf, was uns da erwarten würde.

Links: Nachschub auf unbefestigten Wegen.

Richard Zajac, Pionier.

Mehr als einmal erlebte ich, daß Ehrengirlanden aufgestellt waren, wenn wir durch einen Ort marschierten. Frauen, Männer und Kinder standen am Straßenrand. Mädchen mit Blumen brachten uns Wasser und Milch zu trinken und drückten uns Eier in die Hand. Wir fühlten uns, als marschierten wir nach einem Manöverball durch Deutschland. Oft wurden Grammophone aus den Häusern geholt, und wir tanzten mitten auf dem Platz oder in den kleinen Katen mit den Mädchen.

Oft war zur Begrüßung der Tisch gedeckt, wenn wir in einem der kleinen Ukraine-Dörfchen eintrafen. Wenn man die Kate betrat, stand links eine große Heringstonne mit eingelegten Gurken, daneben eine Tonne mit eingelegten Tomaten. In der großen Stube mit gestampften Boden stand der Tisch. Auf dem Tisch lag meist eine schöne Decke, und darauf standen Brot, Salz, ein Glas Milch und ein Feldblumenstrauß.

Doch bald schlug die Stimmung in den besetzten Gebieten um. Nach der Ernte wurden die Erträge auf einen Haufen gekippt und von den Deutschen beschlagnahmt. Die Bevölkerung durfte nicht mehr an die Bestände heran. Das war das Werk der »Goldfasane«, NS-Spezialeinheiten mit braunen Uniformen und Offiziersmützen. Ich bin der Meinung, daß zigtausend Tote auf deren Rechnung gehen. Denn die Einwohner bekamen nichts zugeteilt, obwohl sie großen Hunger hatten. Die »Goldfasane« gingen mit Knüppeln auf die Leute los, wenn sie sich den Getreide-Magazinen näherten. Das war auch die Geburtsstunde der Partisanenbewegungen. Vor den Ausschreitungen der NS-Sondereinheiten hatte es keine gegeben. Denn die Menschen in der Ukraine waren zunächst sehr froh darüber, daß wir kamen, denn wir waren ja angetreten, um den Kommunismus auszurotten.

Beim Einmarsch in die Ukraine werden die Deutschen vielerorts freundlich begrüßt: »Wir ernteten Jubel und Hitlergrüße«, schreibt der Soldat Karl-Heinz Bösel unter seine Fotos (oben und mitte links).

Nächste Seite: Über 30 000 deutsche Verwundete gab es schon nach einer Woche Rußlandkrieg.

einander unterhaken und – Gewehr auf dem Rücken – gegen unsere Maschinenwaffen anrennen.«

So trieben sowjetische Offiziere und politische Kommissare ihre Soldaten immer wieder gegen die deutschen Linien. Es waren militärisch völlig unsinnige Attacken, vorgetragen von Verzweifelten, die von den Deutschen niedergemetzelt wurden. Erfolgreicher waren nur nächtliche Ausbrüche gepanzerter Verbände. »Wir müssen die Russen in den Waldgebieten aufstöbern und ihnen die Basis für ihre ständigen Ausbruchsversuche nehmen«, erkannten die deutschen Generale. Doch hier trafen die Landser auf einen hartnäckigen und versierten Gegner. In den dichten Waldgebieten, etwa dem Bialowieza Forst zwischen Bialystok und Minsk, hatten sich die sowjetischen Verbände gut getarnt verschanzt. Die sowjetischen Verteidiger verharrten in unübersichtlichem Gelände in ihren Stellungen und warteten, bis die Deutschen ihre Linien durchbrochen hatten. Dann konnte das Artilleriefeuer nicht mehr eingesetzt werden. Es begann ein Kampf Mann gegen Mann. Einzeln mußten die sowjetischen Posten »ausgeschaltet«, das hieß getötet werden. Doch viele kämpften auch noch auf aussichtslosen Posten gegen einen zahlenmäßig überlegenen Gegner weiter. »Halten oder sterben« – so hatte die sowjetische Militärführung befohlen. Halder erkannte, worum es den sowjetischen Militärs in diesen Kämpfen ging: »Der Feind im Sack von Bialystok kämpft nicht um sein Leben, sondern um Zeitgewinn.«

Die Sowjets brauchten Zeit, um eine tiefgestaffelte Verteidigung im Hinterland zu organisieren, nachdem die Stellungen an der Grenze förmlich überrannt worden waren. Vorschnell hatte General Halder am 3. Juli notiert: »Im Ganzen ist wohl jetzt als sicher anzunehmen, daß der Feind im Bialystoker Bogen bis auf ganz geringfügige Trümmer erledigt und die Masse des russischen Heeres zerschlagen ist.«

Er hatte zu früh triumphiert. Die Einheiten im Kessel von Bialystok und Minsk hatten zwar gegen die systematisch vorgehenden deutschen Truppen keine Chance. Doch einzelne Verbände wehrten sich hartnäckig. Wenn ihr Widerstand letzten Endes dennoch vergeblich war, so vor allem deshalb, weil die eigene militärische Führung zeitweise völlig konfus agierte, zunächst abwartete, dann widersprüchliche Befehle gab und letztlich den Überblick verlor. Statt die eigenen Kräfte massiv einzusetzen, löste sie geschlossene Kampfverbände immer wieder auf und zersplitterte so die eigene Front. So war es den Deutschen anfangs möglich, das in die Tat umzusetzen, was General Jodl, menschenverachtend und jedem soldatischen Ehrenkodex widersprechend, angekündigt hatte: »Die Rote Armee wird zerlegt und in Paketen abgewürgt.«

Es dauerte bis zum 8. Juli, bis das historisch beispiellose

Gemetzel der ersten großen Kesselschlachten des Ostfeldzugs sein Ende fand. Generalfeldmarschall von Bock, der Oberbefehlshaber der siegreichen Heeresgruppe Mitte, verhieß in seinem Tagesbefehl: »Die Doppelschlacht von Bialystok und Minsk ist abgeschlossen. Die Heeresgruppe Mitte stand im Kampfe mit vier russischen Armeen, in Stärke von etwa zweiunddreißig Schützendivisionen, acht Panzerdivisionen, sechs mot.-mech. Brigaden und drei Kavalleriedivisionen. Hiervon wurden zerschlagen: zweiunddreißig Schützendivisionen, sieben Panzerdivisionen, sechs mot-mech. Brigaden, drei Kavalleriedivisionen.« Das bedeutete, daß sich eine einzige Panzerdivision hatte retten können. Drei Tage später meldete das deutsche Oberkommando die Gefangennahme von 323 898 Soldaten. Daneben vernichtete oder erbeutete die Wehrmacht 3 332 Panzer und 1 809 Geschütze. Angesichts dieser Zahlen triumphierte das OKW: »Vernichtungsschlacht ostwärts von Bialystok bringt Entscheidung von weltgeschichtlichem Ausmaß.«

Angesichts der Tatsache, daß fast die Hälfte der bei Kriegsbeginn unter Waffen stehenden sowjetischen Kräfte in den ersten zwei Wochen getötet oder gefangengenommen wurde und von den ursprünglichen einhundertachtundachtzig Divisionen und Brigaden der Roten Armee nur noch neunundneunzig zur Verfügung standen, wird verständlich, daß Halder nach diesen ersten Siegen in sein Tagebuch schrieb: »Es ist wohl nicht zuviel gesagt, wenn ich behaupte, daß der Feldzug gegen Rußland innerhalb von vierzehn Tagen gewonnen wurde.«

Offenbar schien auch Stalin dieser Meinung zu sein. Als sich die Katastrophe von Minsk abzeichnete, soll, so berichtete es später das Politbüromitglied Berija, der sowjetische Diktator bereit gewesen sein, zu kapitulieren und weite Teile Westrußlands an Hitler abzutreten.

»Der große Krieg des ganzen Volkes...«

Die militärische Lage der Roten Armee war eine Woche nach Beginn des deutschen Angriffs verheerend. Doch langsam erholte sich die sowjetische Führung von dem Schock. Stalin tauchte wieder aus dem selbstverordneten Exil auf und ergriff die Initiative. Zur besseren Koordina-

Else Fritz, Singen.

Es war im Jahr 1941. Mein Verlobter kam mit vielen anderen Kameraden nach Rußland. Am 17. Juli schrieb er mir: »Morgen vor 25 Jahren wurde mein Vater im ersten Weltkrieg tödlich verwundet.« Seine Schrift war – im Gegensatz zu anderen Briefen – klein und zittrig. Er hatte Angst vor diesem Tag. Am frühen Morgen des 18. Juli bekam er den Auftrag, mit einigen Kameraden ein Feld zu durchkämmen. In einem Erdloch saß ein Russe. Dieser schoß auf ihn. Kopfschuß – tot. Da wir noch nicht verheiratet waren, kam die offizielle Nachricht an seine Mutter. Durchs Telefon erfuhr ich: »Theo ist gefallen.« Sein und auch mein Leben waren zu Ende. Er war 26 und ich 21. Seine Kameraden begruben ihn und schickten mir ein Photo. Ein Birkenkreuz, ein Feldblumenstrauß irgendwo am Ilmensee. Meine Briefe kamen zurück mit dem Vermerk »Gefallen für Großdeutschland«. Der Krieg ging weiter.

Unten: Flucht vor den Deutschen.

tion wurde das staatliche Verteidigungskomitee STAWKA ins Leben gerufen. An der Spitze dieses »militärischen Politbüros« stand Stalin, der sich wenige Tage später vom Obersten Sowjet auch zum Volksverteidigungskommissar ernennen ließ. Nun hielt er wieder alle Fäden in der Hand. Neue Organisationsstrukturen gab es auch an der Front: Das staatliche Verteidigungskomitee bildete drei Oberkommandos, die für jeweils einen Abschnitt zuständig waren. Oberbefehlshaber für die Nordwestfront wurde Marschall Kliment Woroschilow, Semjon Budjonny übernahm das Kommando für die Südwestfront, Verteidigungskommissar Timoschenko war persönlich für die zentrale Westfront zuständig.

Zudem wurden viele kommandierende Generale abgelöst, manche wurden zum Selbstmord gezwungen und gingen »freiwillig« in den Tod. Auch General Pawlow, der Oberbefehlshaber des mittleren Frontabschnitts, mußte gehen. Retter in der Not sollte Generalleutnant A. I. Jeremenko werden. Den Befehlshaber der 1. Fernostarmee ließ Stalin am 27. Juni aus dem Zug holen. Verteidigungsminister Marschall Timoschenko wies ihn in seine neue Aufgabe ein. »Die Ursache unseres Mißerfolgs an der Westfront liegt darin, daß die Befehlshaber der Grenzzone sich ihren Aufgaben nicht gewachsen gezeigt haben. Stoppen Sie den Vormarsch des Feindes,« erklärte er dem überraschten General. Jeremenko war über die Bestandsaufnahme, die ihm der Verteidigungsminister offenlegte, bestürzt: »Weißrußland ist verloren, vier Armeen der Westfront abgeschnit-

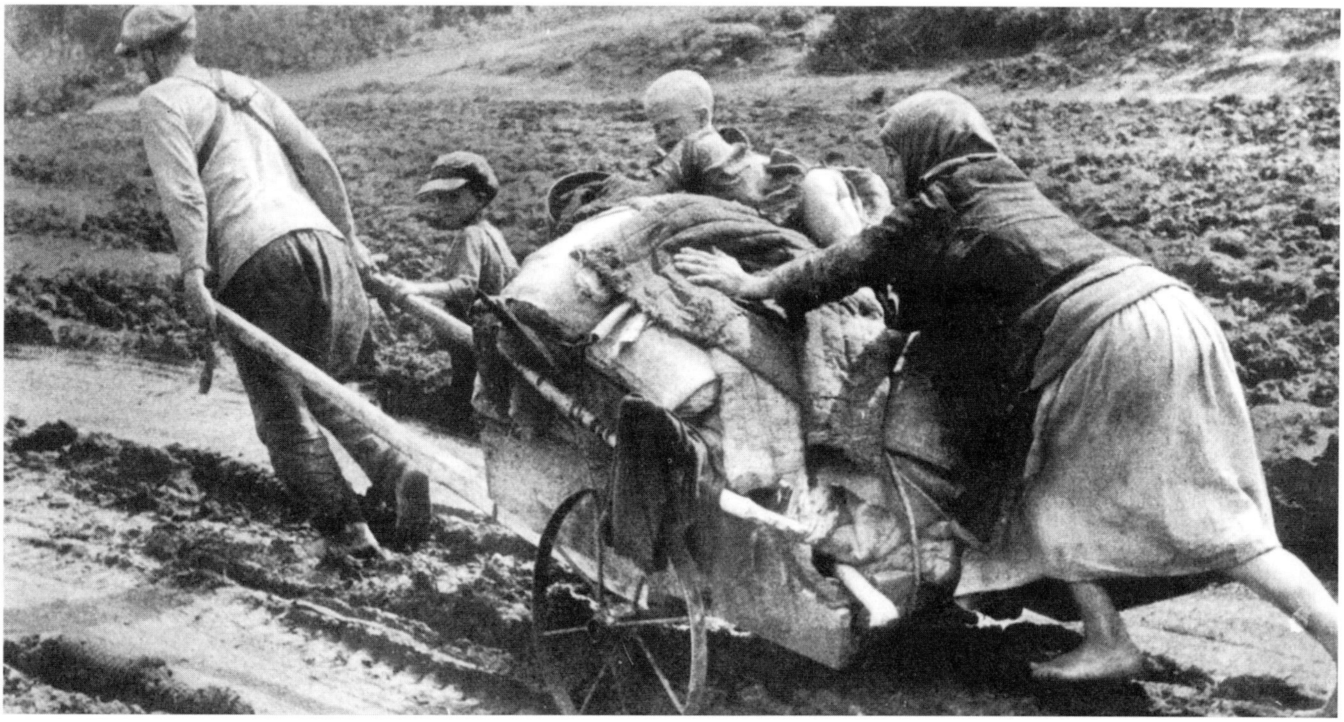

Günther Sengpiel, Kraftfahrer.

Die Kolonne kam zum Stehen. Die Fahrer stiegen aus, vertraten sich die Füße und unterhielten sich. Neben der Straße befand sich ein großes Getreidefeld. Aus diesem Feld kamen russische Soldaten mit erhobenen Händen zur Straße, zum Teil blutüberströmt. Einige konnten nur noch kriechen. Auf der Straße befand sich auch eine Gruppe Waffen-SS zu Fuß. Diese Gruppe erschoß aus kürzester Entfernung alle, die sich ergeben wollten, und auch die verwundeten russischen Soldaten. Auf unsere Vorhaltungen hin nahmen die SS-Leute eine drohende Haltung gegen uns ein.

Gefangene der ersten Kriegswochen.

Rechts unten: Verhaftung von KP-Funktionären in Minsk.

Josef Fritsch, Infanterienachschubeinheit.

Am Bahnhof von Winiza nahmen wir Aufstellung und wurden in eine Marscheinheit eingeteilt. Unvermittelt tauchte eine Kolonne grauer Gestalten auf, die von schwerbewaffneten Aufsehern in offene Güterwaggons getrieben wurden. Damit es schneller ging, wurde mit Schlägen nachgeholfen. Die Männer waren kahlgeschoren und ohne Kopfbedeckung. Sie mußten sich so hinsetzen, daß der Vordermann immer auf den Oberschenkeln des Hintermanns zu sitzen kam. Auf diese Weise wurden unzählige der Männer in einen Waggon verladen. Beim Abmarsch am gleichen Tag war ich tief erschüttert… Nach etwa zwei Wochen Dreck und Hitze hatten wir bei Perwomajsk am Bug einen ersten Ruhetag. Gegen Abend hörten wir Maschinenpistolenfeuer. Wir gingen in Richtung der Schüsse. Eine Polizeitruppe in grasgrünen Uniformen, es war eine motorisierte Einheit, erschoß Zivilisten jeden Alters, Frauen mit Kleinkindern auf dem Arm. Die Menschen mußten sich am Rande einer großen Grube aufstellen und wurden sofort umgebracht. Sie brachen zusammen und stürzten in das ca. 2 Meter tiefe Loch. Auf die Frage, was diese Menschen verbrochen hätten, erhielten wir nur die Aufforderung, den Platz zu verlassen. Ich mußte mich nachher erbrechen…

ten. Der Feind zielt auf Smolensk, und wir haben keine Kräfte, es zu schützen.«

So schlimm hatte er es sich nicht vorgestellt! Pawlow galt als fähiger General. Sollte sich der »sowjetische Guderian«, so sein Spitzname in der Roten Armee, wirklich als unfähig erwiesen haben? Jeremenko konnte es kaum glauben. Von Stalins Weigerung, die Warnungen vor einem deutschen Angriff ernst zu nehmen, wußte er nichts. Erst später entschuldigte er das Versagen seines Vorgängers. In seinen Memoiren heißt es: »Wäre der Befehl, die Grenzeinheiten in Alarmbereitschaft zu setzen, früher gekommen, wäre alles anders gelaufen.« Warum dieser Befehl nicht gegeben wurde, diese Frage beschäftigte Jeremenko im Juni 1941 nicht. Er hatte drängendere Probleme zu lösen.

Lew Kopelew, russischer Schriftsteller, damals Kommissar.

Von den ersten Kriegstagen an war ich in einer Spezialabteilung, zuständig für Propaganda und Agitation unter den Soldaten und in der Bevölkerung. Anfangs verteilten wir hauptsächlich Flugblätter, die wir zentral aus Moskau erhielten, später verfaßten wir sie auch selbst. Von speziell umgebauten Lastwagen hielten wir Ansprachen und agitierten vor sowjetischen Soldaten und deutschen Kriegsgefangenen. Die deutschen Soldaten schienen fest davon überzeugt, einen Präventivkrieg zu führen. Dies ließ sich auch aus ihren Tagebüchern und Briefen herauslesen. Sie erklärten uns, sie hätten den Krieg begonnen, um einen Angriff von hundertfünfzig Divisionen der Roten Armee zuvorzukommen. Als sie an die sowjetische Grenze verlegt wurden, habe man ihnen erklärt, es stehe die Unterzeichnung eines Vertrages mit der Sowjetunion bevor, in dem das Vordringen deutscher Truppen durch die Sowjetunion in Richtung Indien vereinbart werde. Und die Menschen glaubten daran. Die Aufgabe unserer Propaganda-Einheiten bestand nun darin, den deutschen Soldaten klar zu machen, daß dies eine Lüge war. Gegen Herbst kamen ihnen dann die ersten Zweifel. Und im Winter spätestens haben sie erkannt, daß wir für den Krieg überhaupt nicht vorbereitet gewesen waren, was ja der Wahrheit entsprach. Sie sind während der ersten hundert Kilometer auf keinen ernsthaften Widerstand gestoßen.

Unterdessen gab es Unruhe in der Moskauer Bevölkerung. Es waren Gerüchte im Umlauf, daß Stalin entmachtet, bestraft, gestürzt oder geflohen sei. Trotzki, Stalins emigrierter Rivale um das Erbe Lenins, sei bereits auf dem Weg aus dem Exil zurück nach Moskau, um Stalins Nachfolge anzutreten. Wo sich Stalin aufhielt, wußte Ende Juni niemand. Er war völlig von der Bildfläche verschwunden. Erst am 3. Juli tauchte er wieder in der Öffentlichkeit auf und strafte alle kursierenden Gerüchte Lügen. Um sechs Uhr dreißig brach er sein zweiwöchiges Schweigen und wandte sich in einer Radioansprache an das sowjetische Volk: »Den Krieg gegen das faschistische Deutschland darf man nicht als einen gewöhnlichen Krieg betrachten. Er ist nicht nur ein Krieg zwischen zwei Armeen. Er ist zugleich der große Krieg des ganzen Sowjetvolkes gegen die faschistischen deutschen Truppen.«

Schon am 29. Juni hatte das Zentralkomitee der KPdSU propagandistisch geschickt den Abwehrkampf gegen Hitler-Deutschland zum »Großen Vaterländischen Krieg« erklärt. Diesen Appell an den Patriotismus griff Stalin in seiner Rede am 3. Juli auf. Er rief das ganze Volk zum Kampf auf. Es war ein völlig neuer, für die Sowjetbürger ungewohnter Ton, den der Diktator anschlug. Nicht als »Genossen und Genossinnen«, als »Brüder und Schwestern« sprach er seine Hörer an. Nicht mehr vom kommunistischen Internationalismus war die Rede, die bis dato eher geschmähte »Nation« galt es zu retten: Ein neues Gemeinschaftsgefühl sollte entstehen, gemeinsam sollte der Feind geschlagen werden. Nicht nur reguläre Truppen sollten zur Abwehr des Angreifers antreten, »überall und allerorts« rief er zum Partisanenkrieg auf; er forderte, Brücken und Straßen zu sprengen, um den Vormarsch des Gegners zu stören, und verlangte grundsätzlich: »Wir müssen unverzüglich unsere ganze Arbeit auf den Krieg umstellen, alles den Interessen der Front unterordnen, der Aufgabe, die Zerschmetterung des Feindes zu organisieren. Alles wertvolle Gut, das nicht abtransportiert werden kann, muß unbedingt vernichtet werden.«

Das war die Politik der – allerdings der eigenen – verbrannten Erde. Sie hatte schon dem Imperator Napoleon eine verheerende Niederlage zugefügt. Hatte nicht auch Napoleon anfangs große Erfolge erzielt und war letztlich doch katastrophal gescheitert? Tatsächlich war die Analogie zwischen Napoleons Grande Armee und Hitlers Wehrmacht auf den ersten Blick verblüffend: Die Gemeinsamkeit bestand nicht nur in der Wahl des gleichen Angriffstages,

Rechts: Von einem Heckenschützen erschossen.

Willi Pötter, Kradmelder, 12. Panzerdivision.

Es muß zwischen Minsk und Smolensk gewesen sein. Da bringen Angehörige des Schützenregiments 25 einen Russen in Zivil zum Stab und behaupten, Sowjetsoldaten hätten bei seiner Gefangennahme gerufen: »Da Stalin!«
Daraufhin herrschte zunächst einige Aufregung im Stab. Dann betreten der Ic und ein Dolmetscher den Raum. Ich stehe dabei, als das Verhör beginnt:

Frage:	Sind Sie ein Sohn Stalins?
Antwort:	Ja.
Frage:	Welchen Dienstgrad besitzen Sie?
Antwort:	Oberleutnant der Artillerie.
Frage:	Warum sind Sie in Zivil und tragen keine Stiefel?
Antwort:	Ich wollte nicht in Gefangenschaft. Die Stiefel wurden mir von den Deutschen ausgezogen.
Ic:	Verdammt, ausgerechnet ihm hat man die Stiefel genommen.
Frage:	Als Sohn Stalins müssen Sie mehr als andere wissen. Sprechen Sie Deutsch?
Antwort:	Nein, ich spreche Englisch.
Ic:	Der spricht bestimmt Deutsch, zumal in jeder Schule hier Lehrbücher für die deutsche Sprache liegen.
Frage:	Wäre nach Ihrer Meinung ein Konflikt zwischen Deutschland und der UdSSR zu vermeiden gewesen?
Antwort:	Ich habe an dieser Stelle nichts mehr auszusagen!

Es wurde ein Geländewagen mit zwei Begleitoffizieren und zwei Kradmeldern zum Abtransport von Stalins Sohn – ich glaube, er hieß Jakow – befohlen. Einer der Kradmelder war ich. Beim Korps wurde eine kurze Beratung abgehalten. Dann fuhren wir weiter zum Armeestab.
Bei der Armee wird der Gefangene zunächst verpflegt und erhält Wein, Weißbrot, Butter und Wurst. Auch Schuhe und ein deutscher Soldatenmantel werden ihm gegeben.
Für uns kommt die Ablösung, und wir fahren zurück zur Division. Dieses Erlebnis habe ich natürlich meinen Eltern geschrieben. Wochen später schickten sie mir eine Seite einer Illustrierten. Staunend erblicke ich Stalins Sohn auf der Zeitungsseite, wie er auf dem Flugplatz in Berlin steht, und ich las: »Der Sohn Stalins hat das sinnlose Blutvergießen eingesehen und sich den deutschen Truppen ergeben.« Daran erkenne ich wieder einmal das Verlogene. Schließlich hatte sich Stalins Sohn Zivilkleidung verschafft. Doch was sollte es. Der Kampf ging weiter, und es bedurfte noch vieler Jahre, um das Ausmaß aller Lügen zu erkennen.

Linke Seite, oben: »Hauptsache empfangsbereit« – Trinkeinlage am Funkgerät.

Linke Seite, unten: Briefschreiben während einer kurzen Verschnaufpause.

Unten: Ein Melder und sein Pferd beim »Essenfassen«.

Rechte Reihe: Soldatenfotos, selbst kommentiert:
»Die erste Verwundung.«
»Drei Schützen auf dem Donnerbalken.«
»Der selbstgebaute Unterstand.«

sondern auch in der Wahl der Marschroute. Halder notierte, ob mit Stolz oder Unbehagen, daß Kowno und Wilna im Norden am gleichen Tag eingenommen wurden, wie hundertneunundzwanzig Jahre zuvor von Napoleon. Die Russen setzten darauf, daß diese Analogie sich wiederum zu ihren Gunsten fortsetzte. Auf das Beispiel des Napoleonischen Feldzugs griff Stalin daher immer wieder zurück. Er beschwor die Leistungen, die das russische Volk beim Sieg über die Armee des Korsen vollbracht hatte. So sollte es auch der Hitler-Armee ergehen, die es gewagt hatte, Mütterchen Rußland anzugreifen: »Hitler ist auch nicht unüberwindlicher als der französische Kaiser.« Die erste Chance, diese Hoffnung zu erfüllen, bot sich sechshundertachtzig Kilometer vor Moskau.

»Immer am seidenen Faden«

Während in Minsk und im Kessel um Bialystok noch gekämpft wurde, hatten Generalleutnant Stumpff, Befehlshaber der 20. Panzerdivision, und Generalmajor Nehring, dem die 18. Panzerdivision unterstand, schon ihr nächstes Ziel vor Augen. Sie hatten am 28. und 29. Juni die Zange der Panzergruppen Hoth und Guderian geschlossen. Südlich von Minsk stießen sie nun in Richtung Beresina vor. Hier, beim berühmten Birkenflüßchen, hatte schon Napoleons Grande Armee auf dem Rückzug ihre vernichtende Niederlage hinnehmen müssen. Nun lag es an Nehrings Panzern, dort einen Brückenkopf zu bilden, damit die deutschen Truppen beim Übergang über die Beresina vom Schicksal der Franzosenarmee verschont blieben.

Die Sowjets waren sich der strategischen und auch der symbolischen Bedeutung der Beresina bewußt. Nach dem Übergang über diesen Nebenfluß des Dnjepr war für die deutschen Panzer der Weg frei nach Smolensk, der letzten großen Stadt vor Moskau. General Jeremenko, seit 29. Juni Nachfolger des erfolglosen Pawlow, befahl: »Die Übergänge über die Beresina sind unter allen Umständen zu halten, die Deutschen am Fluß zum Stehen zu bringen.«

Die Voraussetzungen waren für die Deutschen denkbar ungünstig. Rund hundert Kilometer durch feindliches Gebiet mußten sich die Panzer der 18. Division Nehrings kämpfen. »Ein Himmelfahrtskommando«, meinte der Kommandeur, der völlig auf sich allein gestellt operieren mußte. Die deutschen Vorauskommandos trafen auf gut ausgebaute sowjetische Verteidigungsstellungen und machten Bekanntschaft mit neuen Waffen: General Jeremenko konnte den neuen Panzer vom Typ T 34 einsetzen. Mit seiner fast fünf Zentimeter dicken Panzerung konnten die deutschen Panzerabwehrgranaten ihm kaum etwas anhaben. Wirkungslos prallten Treffer aus den bisher so erfolgreichen 3,7-cm-Panzerabwehrkanonen am Stahl des T 34 ab. Die bislang so effektive deutsche Waffe erhielt daraufhin von den Landsern den Spitznamen »Panzeranklopfgerät«. Der Spott war treffend, was sich dahinter verbarg, war tödlich. Wie konnten sich die deutschen Truppen gegen die sowjetische Wunderwaffe wehren? Was sollte den T 34 außer Gefecht setzen?

Links: Das Grauen des Krieges: Gefallene sowjetische Soldaten – erschossen, verbrannt, grauenhaft mißbraucht für den Übergang im Schlamm.

Erich Mende

Die Kämpfe um Smolensk waren sehr hart. Zwar hatten deutsche Panzer die Stadt bereits eingenommen, doch hatten die Rotarmisten sie von der Truppe abgeschnitten. Deutsche Geschwader mit JU 52 flogen Smolensk an und versorgten die dort eingeschlossenen deutschen Panzertruppen, und wir sollten den Riegel aufbrechen. Es kam zu erbitterten Kämpfen, weil zum Teil Eliteeinheiten aus Moskau in die Schlacht geworfen wurden. Es war erstaunlich, wie die jungen Leute kämpften, wir hatten kaum Gefangene machen können. Die jungen Soldaten zogen zum Teil Handgranaten unter der Brust ab, und sprengten sich in die Luft, um nicht in deutsche Gefangenschaft zu geraten. Die älteren Leute fanden wir zum Teil mit gefalteten Händen, und wir fragten dann unseren Divisionspfarrer, warum die alle ein kleines Säckchen mit Erde auf der Brust hatten, aus Leinen oder Leder. Da sagte er, das ist ein alter russischer Glaube, man fällt mit der Heimaterde und ist symbolisch in ihr begraben, wenn man ein solches Säckchen auf der Brust trägt. Das hat uns tief beeindruckt. Ohnehin kämpfte zu unserer großen Überraschung der Rotarmist viel tapferer, als wir dachten. Es gab keineswegs sofort Waffenniederlegungen, wenn mal eine Einheit der Roten Armee überrollt oder eingeschlossen war. Die Zähigkeit des Widerstandes erwies sich als beachtlich. Auch die Art, wie die sowjetischen Kompanien vorstürmten, ohne Rücksicht auf das deutsche Maschinengewehrfeuer und Artilleriegeschosse.

Es dauerte einige Wochen, bis die Deutschen erkannten, daß auch diese scheinbar unverwundbaren Panzer gestoppt werden konnten: Mit gezielten Schüssen auf die Ketten wurden sie zunächst bewegungsunfähig gemacht. Dann wurden sie mit stärkeren Waffen, oft aus nächster Nähe, zerstört. Beim Einsatz der T 34 machten die sowjetischen Kommandeure anfangs taktische Fehler: Statt wie auf deutscher Seite mit massierten Panzerkräften anzugreifen, setzten die Sowjets stets nur wenige dieser wirkungsvollen »Stahlburgen« ein. Sie konnten von den Deutschen isoliert und dann mit vereinten Kräften zerstört werden. Ein weiteres kam hinzu: Da der Richtschütze im T 34 gleichzeitig als Kommandant fungierte, erreichten die sowjetischen Panzer nur eine geringe Schußfrequenz. Die mit einem Mann mehr besetzten deutschen Panzer konnten zwei oder sogar drei Schüsse abgeben, während ihr sowjetisches Pendant einmal feuerte. Dennoch verbreitete der modernste sowjetische Panzertyp bei seinem Erscheinen Angst und Entsetzen in der deutschen Truppe.

Dies galt auch für eine weitere neue Waffe, die erstmals

Waffen, die bei den deutschen Soldaten Angst und Schrecken verbreiten: der »Molotow-Cocktail« (links) und die »Stalin-Orgel« (unten).

Rechte Seite: Lastwagenkolonne der Roten Armee nach einem Angriff deutscher Sturzkampfbomber.

bei den Kämpfen um Smolensk eingesetzt wurde. Unter größter Geheimhaltung waren neue Raketenwerfer entwikkelt worden, die nun, unter Kontrolle des sowjetischen Geheimdienstes NKWD, zum Einsatz kamen. Was offiziell unter der Abkürzung MN-3 lief, wurde schnell unter anderem Namen bekannt: Die sowjetischen Soldaten nannten sie liebevoll »Katjuscha«; die deutschen Landser gaben der Waffe den Namen »Stalin-Orgel«. Zwar existierten anfangs nur einige Versuchsmodelle, doch allein die psychologische Wirkung des Artilleriegeräts, das kurz hintereinander ganze Salven großkalibriger Granaten unter ohrenbetäubendem Heulen ausspucken konnte, war enorm. Wenn innerhalb einer halben Minute mehr als dreißig heulende Raketen einschlugen und explodierten, zitterten selbst erfahrene Soldaten.

Die dritte sowjetische »Wunderwaffe« war für einen anderen Zweck entwickelt worden. Vor dem Krieg hatte die Rote Armee mit einem Gemisch aus Benzin und Phosphor experimentiert, weil sie für den Partisanenkampf eine effektive Brandbombe suchte. Durch Zufall stellte sich heraus, daß diese Flüssigkeit, abgefüllt in einer verschlossenen Flasche, hervorragend geeignet war, sogar Panzer außer Gefecht zu setzen. Zerbrach die Flasche an der stählernen Haut eines Panzers, floß die Flüssigkeit in den Motorraum oder ins Panzerinnere. Da sich das Gemisch an der Luft sofort entzündete, brannte der stählerne Koloß völlig aus. Der Name für die auch heute noch im Guerilla- und Straßenkampf verwendeten gefüllten Benzinflaschen hat sich eingeprägt: »Molotow-Cocktail«. Allerdings hatte auch diese »Waffe« einen gravierenden Nachteil: Sie konnte erst dann zum Einsatz kommen, wenn der feindliche Panzer auf Wurfweite an die Verteidigungsstellungen herangekommen war. Häufig aber war es dann bereits zu spät.

Der Einsatz dieser drei wirksamen Waffen und die entschlossene Verteidigungsbereitschaft der sowjetischen Truppen führten dazu, daß das Angriffstempo der deutschen Verbände langsamer wurde. Statt wie zuvor durchschnittlich fünfzig und mehr Kilometer am Tag stießen die Panzerspitzen nun »nur« noch dreißig Kilometer täglich vor. Aber das war noch immer ein höchst rasantes Tempo,

wenn man bedenkt, daß es ein Vormarsch durch dicht besetztes Feindesland war. Die Frage war also, ob das Tempo genügen würde, um die wichtigen Brücken an der Beresina unversehrt erobern zu können.

Bei Bobruisk, Beresino und Borissow erreichten die deutschen Vorauskommandos am 1. Juli den Fluß. Hier trafen sie auf den befürchteten hartnäckigen Widerstand. In Borissow kämpften sowjetische Elitesoldaten einer Panzerschule. Wieder einmal hatten die Sowjets nur einen Befehl: »Halten oder sterben!« Den Auftrag, Brücken und Stellungen zu halten, konnten sie nicht erfüllen, sie gingen verloren. Deutsche Kommandos eroberten, trotz enormer Verluste, einen Brückenkopf und verteidigten ihn gegen die immer wieder anstürmenden sowjetischen Soldaten, bis der Ersatz die Brücke erreichte. Dann wurden die sowjetischen Verbände von der verstärkten deutschen Artillerie regelrecht zusammengeschossen. Die Brücke fiel unversehrt in deutsche Hand. Unklar blieb, ob die Sowjets damit rechneten, ihre Brücken für einen baldigen Gegenangriff zu nutzen, oder ob wieder einmal der entsprechende Befehl zur Sprengung fehlte. In der Nacht zum 3. Juli überquerten die Panzer Guderians und Hoths die Beresina an drei Stellen, die Russen hatten ein weiteres Gefecht verloren.

Das nächste Ziel war Smolensk, ebenfalls ein historisch denkwürdiger Ort, an dem 1812 die zaristischen Truppen des General Kutusow die Grande Armee Napoleons geschlagen hatten. Die Stadtkommandanten hatten diesmal den Befehl zur totalen Verteidigung. Sie sollten den Angriff solange aufhalten, bis Timoschenko und Jeremenko die sowjetischen Truppen neu organisiert, beziehungsweise neue Armeen aufgestellt und herangeführt hatten. Insgesamt zweiundvierzig Divisionen stellte das neue sowjetische Oberkommando am Dnjepr auf, um die Deutschen zu stoppen. Währenddessen stieß die Heeresgruppe Mitte mit der 10. und der 18. Panzerdivision von Süden sowie der 20. und 7. Panzerdivision von Norden auf Smolensk vor. Doch die Sowjets hatten bei Rogatschew, Mogilew und Orscha starke Verteidigungsstellungen aufgebaut. Mit Erfolg, denn die Deutschen konnten diese wichtigen Dnjepr-Übergänge nicht, wie gewohnt, im ersten Ansturm erobern. Für eine lange Belagerung aber fehlte die Zeit, auf besser ausgerüstete Infanterieverbände konnte nicht gewartet werden.

Die Lösung des Problems war charakteristisch für den Kampf mit beweglichen Panzerverbänden. Aufklärungsabteilungen machten die Schwachstellen in der sowjetischen Verteidigungslinie ausfindig und dirigierten die deutschen Truppen um. Nun überquerten die Deutschen bei Stary Bychow, Schklow und Kopys den Dnjepr, brachen durch die feindlichen Linien und umgingen die starken sowjetischen Stellungen. Es war eine gefährliche Operation, denn die vorstoßenden deutschen Truppen ließen an ihren Flan-

Gefallene der ersten Tage.

Erste Todesanzeigen in den Heimatzeitungen.

Hannover, den 14. Juli 1941.
Bei einem Spähtruppunternehmen im Osten fiel am 22. Juni im Alter von 27 Jahren mein lieber Mann, mein einziger Sohn, Schwiegersohn und Schwager

Leutnant

Felix Schumann

Inhaber des E. K. II.

In tiefem Schmerz im Namen aller Angehörigen
Käthe Schumann, geb. Keßler
Hildegard Schumann, geb. Engelhardt
Hertha Keßler, geb. Gruschwitz
Fritz Keßler, z. Zt. Uffz. bei der Luftwaffe.

Im Kampf um Deutschlands Freiheit u
Zukunft fiel in Rußland am 25. Juni 1941 un
Gefolgschaftsmitglied, der

Soldat

Karl-Heinz Backhaus

Wir werden dieses pflichtgetreuen und guten Kamerad
stets in Ehren gedenken.

Betriebsführer und Gefolgschaft der Firma
Karl Göhmann, Metallwarenfabrik
Hannover-Wülfel.

Hannover, im Juli 1941.
Bei den Kämpfen um Bialystok fiel am 29. Juni 1941 für Führer und Vaterland unser Gefolgschaftsmitglied

Günther Falk

im Alter von 18 Jahren.
Wir verlieren in dem Gefallenen einen jungen, tüchtigen Arbeitskameraden. Er ist der erste, den der Krieg aus unseren Reihen gefordert hat.
Wir werden Günther Falk ein ehrendes Andenken bewahren.

Betriebsführer und Gefolgschaft
der August Seegers Zahnräderfabrik G.m.b.H.
Hannover-Linden.

Pattensen a. d. L., den 14. Juli 1
Im Kampf für Führer und Vaterland fiel n
glücklich überstandenem Westfeldzug am 25. J
1941 in einem Waldgefecht in Rußland un
hoffnungsvoller jüngster Sohn und herzensgu
Bruder

Albert Waßmann

Unteroffizier in einem Infanterieregiment
Inhaber des E. K. II. Klasse und des Sturmabzeichens
im Alter von 21 Jahren.

In tiefer Trauer:
Fritz Waßmann
Meta Waßmann, geb. Meffert
Fritz Waßmann, z. Z. als Soldat im Feld
Adolf Waßmann, z. Z. als Untffz. im Fel

Feldwebel
Clemens Voges
6.J.R.240

ken intakte gegnerische Verbände rechts und links liegen, die die Verbindungen zur deutschen Hauptmacht hätten abschneiden können. Generalfeldmarschall von Kluge hatte Guderian gewarnt: »Ihre Operationen hängen immer an einem seidenen Faden. Sie riskieren, falls Sie das andere Ufer erreichen, eine Einkesselung.«

Doch hier kam den Deutschen das Gelände zugute. Zur Flankensicherung wurde eine Kavalleriedivision eingesetzt, denn die Reiterverbände waren die einzigen, die sich in dem unzugänglichen Gelände am Rande der Pripjet-Sümpfe bewegen konnten. Guderians Panzer rückten auf Smolensk zu.

Und dort wandten die Deutschen dieselbe Kriegslist an: Während die Verteidiger den Angriff von Süden her erwarteten und dort ihre Kräfte massierten, griffen die Invasoren von Südosten her an. Nachdem die schwere Artillerie ihre tödliche Arbeit verrichtet hatte, stürmten die deutschen Stoßtrupps, unterstützt von Panzern, die Stadt am Dnjepr. Die in den Häusern verschanzten Reste der sowjetischen Verteidiger – zusammengewürfelt aus regulären Truppen, Arbeitermilizen und Sicherheitspolizei, die den Feuersturm der Artillerie überlebt hatten – wehrten sich verzweifelt. Im

Oben: Aus der Geschichte lernen? Erinnerungstafel an frühere Feldzüge gegen Rußland.

Rechte Seite, oben: Erschöpfte Soldaten.

Rechte Seite, unten: Noch lesen sie nur von Siegen. Die Truppen werden mit druckfrischen Zeitungen versorgt.

Straßenkampf mußten sich die Deutschen Meter für Meter hart und verlustreich vorkämpfen, doch am 16. Juli war der letzte Widerstand gebrochen, Smolensk war in deutscher Hand. Doch das war nicht das einzige Ergebnis dieses Angriffs.

Ein neuer Kessel war entstanden: Zwischen Smolensk und Orscha waren frisch aufgestellte, starke Sowjetverbände eingeschlossen. Die deutschen Panzerspitzen hatten die Zange hinter fünfzehn sowjetischen Divisionen geschlossen. Die nachrückenden Infanterieverbände verstärkten den Riegel. Ein neues Drama bahnte sich an. Erneut verlor die Rote Armee dreihunderttausend Soldaten und über dreitausend Panzer und Geschütze – es war das zweite

SD

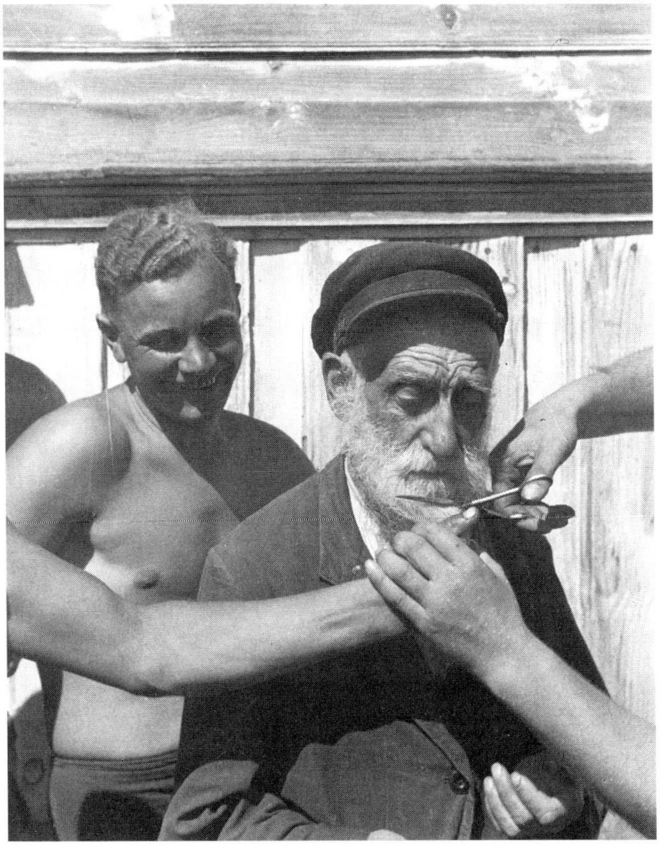

Das Schicksal der Juden in den besetzten Gebieten: Sondereinheiten durchkämmen die Orte (links oben); auch hier muß der gelbe »Judenstern« getragen werden (links unten); Juden werden schikaniert (oben), vertrieben und deportiert (unten).

Werner Schmidt, Truppführer.

Ich kam Mitte Juli als Truppenführer der Organisation Todt nach Dünaburg. Wir sollten dort zum Ersatz der gesprengten ehemaligen Brücke eine Behelfsbrücke aus Holz bauen. Eines Nachmittags kam die Frau hereingestürzt, sie brachte vor Aufregung kaum ein Wort heraus: »Da werden Leute zusammengetrieben und erschossen«, sagte sie. Wir gingen darauf zu dritt hin, um uns das anzusehen. Auf Lastwagen wurden Männer angekarrt, es waren offensichtlich Juden. Sie wurden von einem Spalier von SS-Leuten in Empfang genommen und gezwungen, mit den bloßen Händen die Gräber von angeblich ermordeten Russen aufzugraben. Es hieß, die Juden hätten die Morde auf dem Gewissen und sollten nun dafür bestraft werden. Die Juden waren so schreckerfüllt, daß sie nicht wußten, was mit ihnen geschah. Ich sah, wie Ältere von ihnen mit Herzversagen zusammenbrachen. Die anderen wurden von SS-Offizieren mit Genickschüssen ermordet und fielen in die Gruben, die sie zuvor selbst ausgehoben hatten. Manche wollten wegrennen und wurden auf der Flucht erschossen. Ihre Leichen trieben im Fluß, der rot von Blut war. Ich ging dann weg. Ich war 21 Jahre alt und konnte das nicht ertragen. In der halben

Stunde, in der ich dort stand, wurden drei LKW angekarrt, von denen die Menschen zur Erschießung heruntergezerrt wurden. Es war so grauenvoll, daß mir die ersten Zweifel an den nationalsozialistischen Idealen kamen, die wir damals noch hatten. Die Zivilbevölkerung, die uns zunächst mit Jubel als Befreier begrüßt hatte, war vollkommen verstört. Als Deutscher kam bei mir ein Gefühl von Scham hoch. Zu den Erschießungskommandos hinzugehen, das hat keiner gewagt, denn das waren alles SS-Offiziere: Ich glaube, die hätten uns auch gleich umgelegt.

Soldatenalltag: Essenausgabe an die ukrainische Bevölkerung, »Mütterchen« und »Väterchen« vor ihrer Bauernkate, Frontsoldaten-Ballett.

Desaster innerhalb von nur zwei Wochen. Der »Völkische Beobachter« triumphierte: »Stalins Armeen sind vom Erdboden verschwunden.«

Für die Deutschen stellte sich nun aber ein neues Problem: Wohin mit den Gefangenen? Die Nazi-Führung interessierte diese Frage nur wenig – sollten sie doch verhungern! So marschierten viele gefangene Sowjets in eine tödliche Zukunft. Es war ein trister Marsch. In endlosen Schlangen zogen die geschlagenen Soldaten durch die zerstörte Kampfzone. Es waren nicht nur die unmittelbaren Kampfhandlungen, die Verwüstungen in den umliegenden Städten und Dörfern angerichtet hatten. Was die Soldaten sahen, war auch das Ergebnis gezielter Vernichtung. Sowjetische Kommandos hatten die erntereifen Felder zerstört, die Deiche gesprengt, die Häuser niedergebrannt. Die Traktoren mußten die Getreideernte zerstampfen. Dem Angreifer sollte nichts unversehrt in die Hände fallen. Was in Flammen aufging, war nicht nur das Ziel deutscher Granaten gewesen. Es war auch das Ergebnis planmäßiger Vernichtung auf Stalins Befehl der verbrannten Erde.

»Sie müssen nur die Tür einschlagen, dann wird die ganze verrottete Struktur zusammenbrechen«, hatte Hitler vor dem Angriff dem Oberbefehlshaber der Heeresgruppe Süd, Generalfeldmarschall von Rundstedt, erklärt. Nun hatten die Deutschen in Smolensk das Tor nach Moskau aufgebrochen. Das erste operative Ziel des »Unternehmens Barbarossa« war erreicht. Siebenhundert Kilometer waren bereits zurückgelegt. Bis zur sowjetischen Hauptstadt waren es nur noch dreihundert Kilometer. Würde die »verrottete Struktur« nun zusammenbrechen, wie es der deutsche Diktator prophezeit hatte?

Die Illusion des Sieges

»Adolf und ich marschieren ...«

In Hitlers Wolfsschanze verbreitete sich nach den Siegen in den Kesselschlachten von Minsk und Smolensk Hochstimmung. Der »Größte Feldherr aller Zeiten« triumphierte: »Ich versuche mich in die Lage des Feindes zu versetzen. Praktisch hat er diesen Krieg schon verloren.« In den ersten Wochen des »Unternehmens Barbarossa« hatten die deutschen Truppen den gegnerischen Kräften trotz hartnäckigen Widerstands vernichtende Niederlagen zugefügt. Scheinbar unaufhaltsam eilten die Soldaten der Wehrmacht von Sieg zu Sieg, immer tiefer drangen sie in Rußland ein.

Die Erfolge ließen Strapazen vergessen und auch die Opfer, die der blutige Vormarsch gekostet hatte. Aus den Briefen, die per Feldpost in die Heimat befördert wurden, sprach der Stolz auf das bisher Erreichte – und der Glaube an die Richtigkeit des Feldzugs: »Adolf und ich marschieren gegen unseren großen Feind Rußland. Diesmal wird bestimmt Schluß gemacht mit einer gottfeindlichen Macht«, schrieb ein Gefreiter der 125. Infanteriedivision an seine Familie. Die weitaus meisten Landser teilten den Optimismus des »Führers«. An vorderster Front träumten viele vom baldigen Sieg. Ein Leutnant der 714. Infanteriedivision erkühnte sich zu der Prophezeiung: »Ich sage voraus, daß in vier bis fünf Wochen die Hakenkreuzfahne auf dem Kreml wehen wird.«

Die militärische Lage schien den Optimismus zu rechtfertigen. Auf der gesamten Front waren deutsche Truppen im Vormarsch: Die Heeresgruppe Nord marschierte unaufhaltsam auf Leningrad zu. Die Heeresgruppe Mitte hatte nach Smolensk auch Mogilew erobert. Sie verstärkte nun zunächst ihre Flanken, um vor feindlichen Gegenangriffen geschützt zu sein. Die Heeresgruppe Süd schließlich holte zu einem weiteren vernichtenden Schlag gegen die Rote Armee aus und schloß den Kessel von Uman. Dort setzte sie zwei sowjetische Armeen gefangen. Die Erfolgszahlen, die beim Oberkommando der Wehrmacht gemeldet wurden, überschlugen sich förmlich. Eine Aufstellung, die General von Waldau, der Chef des Luftwaffenführungsstabes, anfertigte, bilanzierte die Verluste des Gegners vom ersten Kriegstag bis zum 30. Juli:

bei der Heeresgruppe Süd:	162 689	Gefangene
	4 574	Panzer
	2 894	Geschütze
bei der Heeresgruppe Mitte:	580 910	Gefangene
	5 571	Panzer
	4 300	Geschütze
bei der Heeresgruppe Nord:	56 320	Gefangene
	1 880	Panzer
	1 200	Geschütze.

Erich Mende

Nach der Schlacht von Smolensk lagen wir die ganzen Monate August und September in den Niederungen des Wopi und des Djnepr. Es war sehr ärgerlich. Es war ein sehr regenreicher Monat, der September, wir konnten uns ja nicht tief in die Erde eingraben, weil der Boden nach 50 Zentimetern schon Grundwasser gab. Und im Grunde genommen wollten wir weiter. Die Truppe wurde unruhig, warum geht's nicht weiter nach Moskau? Moskau lag nur 280 Kilometer vor uns. Die Truppe hoffte, wir würden im August, spätestens im September in der sowjetischen Hauptstadt sein, und dann würde sich wahrscheinlich auch die Widerstandskraft der Roten Armee erschöpfen. Wir waren sehr verärgert, daß die Panzerdivisionen abgezogen und nach Süden gelenkt wurden, um dort in der Ukraine in die Kämpfe um Kiew einzugreifen. Wir sahen das als eine völlig falsche Strategie an, nicht sofort mit dem ersten Schwung über Smolensk hinaus nach Moskau vorzustoßen, wie das Napoleon ja auch getan hatte.

Oben: Sowjetische Gefangene bei Gomel.

Links: Ein sowjetischer Panzerführer ergibt sich.

Rechte Seite, oben: Nach der Kesselschlacht von Kiew. 650 000 Rotarmisten gehen in Gefangenschaft.

Rechte Seite, unten: In einer Vorstadt von Minsk. Schweigend betrachten Frauen die Kolonnen russischer Gefangener.

Chorol
K

Selbst wenn die offiziellen Zahlen der Wehrmacht zu hoch angesetzt waren, machen sie doch eine Tendenz deutlich: Die Deutschen hatten innerhalb von nur fünf Wochen ihren Materialrückstand wettgemacht. Sie hatten mit nur wenig mehr als dreitausend Panzern den Angriff begonnen, konnten aber in den ersten Wochen die dreifache Zahl feindlicher Panzer vernichten oder erbeuten. Bei den Geschützen lag das Verhältnis ähnlich günstig. Schon nach der ersten Kampfwoche waren einzelnen sowjetischen Verbänden das Benzin und die Munition ausgegangen. Zahlreiche Nachschubdepots waren bei der ersten Angriffswelle von den Deutschen zerstört worden, dreißig Prozent des Gesamtvorrats an Munition waren verlorengegangen, die Benzinreserven schrumpften gar auf fünfzig Prozent. Der Nachschub der Roten Armee zu den vordersten Linien war weitgehend zerstört, über eintausend sowjetische Lokomotiven hatten die Deutschen erbeutet.

Auf etwa sechzehnhundert Kilometern Frontlänge hatten die Deutschen insgesamt achtundzwanzig sowjetische Divisionen vernichtet, weitere siebzig hatten die Hälfte ihrer Kampfkraft verloren. Niemand auf deutscher Seite konnte sich vorstellen, daß Stalin sich von diesem Verlust würde erholen können. Der Sieg über Rußland schien damals schon gesichert zu sein.

Zumindest rechtfertigten diese Zahlen den Glauben an ein weiteres erfolgreiches Vorgehen und riefen eine zum Teil euphorische Stimmung bei den deutschen Truppen hervor. Wiederholt finden sich Berichte, wie sie ein Unteroffizier

Jewgenij Dolmatowski, Soldat, heute Schriftsteller.

Nach unserer Gefangennahme wurden wir von den Deutschen in eines der schlimmsten Gefangenenlager in der Sowjetunion getrieben. Es hieß Umanskaja Jama. Es spielte später bei den Nürnberger Prozessen eine Rolle, weil viele Menschen dort verhungerten. Es gab höchstens einmal am Tag eine dünne Suppe, eine ganz scheußliche Brühe. Wir wurden von ekelhaften Schnöseln aus der Organisation »Todt« bewacht. Sie hatten Hakenkreuze am Ärmel und waren erbarmungslos. Die Menschen fielen aufgrund ihrer Verletzungen, vor Hunger oder vor Müdigkeit um.
Ich hatte noch Glück. Ich war weniger als 20 Tage im Lager und floh, weil mir nichts anderes übrig blieb. Entweder vor Hunger sterben oder im Kugelhagel der Verfolger ums Leben kommen, das war mir gleich. Ich war damals 24 Jahre alt und hatte noch die Kraft, trotz meiner Verwundung zu fliehen. Eine ukrainische Bäuerin rettete mich. Sie nannte mich bis zu ihrem Tod ihren Sohn und wurde meine zweite Mutter. Die Bäuerin versteckte mich bei sich zu Hause und riskierte dabei ihr Leben. Sie wusch meine Wunden aus und behandelte mich mit Kräutern. Sie heilte insgesamt zwei verwundete Offiziere und zwei Flüchtlinge. Nachdem sie mich gesund gepflegt hatte, gab sie mir eine Schullandkarte, auf der der Vorstoß nach Osten eingezeichnet war. Danach schlug ich mich fast 80 Tage lang durch besetztes Gebiet durch. Als ich die Frontlinie überschritt, erfuhr ich, daß man mich für tot erklärt hatte. Im Schriftstellerverband in Moskau war ich mit einer Gedenkminute geehrt worden.

Erich Merkle, Soldat.

... Oftmals gab es, bedingt durch den schnellen Vormarsch, miserable Verpflegung. Wassersuppen mit etwas Gemüse, Mais und Kürbis. So waren wir darauf angewiesen, von der einheimischen Bevölkerung Lebensmittel im Tausch gegen Rauchwaren zu organisieren. Da die Nächte im Oktober schon kalt waren, übernachteten wir nach Möglichkeit bei Einheimischen. Ich war zwei Tage bei einer Familie mit zwei Kindern untergebracht. Der Bauer hatte im Zimmer eine Ikone, hinter der er sein ganzes Bargeld versteckt hatte. Sobald ich aus dem Zimmer war, kam er und zählte nach, ob noch alles vorhanden war. Es waren insgesamt 77 Scheine zu je einem Rubel. Ich gab den Bauersleuten neben Zigaretten auch ein Hemd von mir. Im Tausch dafür erhielt ich von der Hausfrau ein Huhn.

Oben: Zerschossener sowjetischer T-34-Panzer.

Unten: Vormarsch durch brennende Dörfer.

Nächste Seite, oben: Noch geht der Vormarsch voran.

Nächste Seite, unten: Ruhepause eines Artilleristen.

der 17. Panzerdivision, die bei Smolensk stand, nun nach Hause schickte: »Wir stehen kurz vor Moskau, zusammengeschweißt zu einer Kette, wie sie die Welt noch nie gesehen hat. Nur noch kurze Zeit, dann wird das große Ereignis sich ereignen.«

Die nationalsozialistische Propaganda hatte vorgesorgt. Ein »Lied der Ostfront« war auf Goebbels' Befehl komponiert worden. Den Refrain kannten die Deutschen schon aus einer der vielen martialischen Reden, die der Reichspropagandaminister im Berliner Sportpalast gehalten hatte. Damals, im September 1938, auf dem Höhepunkt der Sudetenkrise, hatte er den fanatisierten Massen entgegengebrüllt: »Führer befiehl, wir folgen dir.« Diese Parole erklang nun, im schmissigen Marschtakt vertont, über die russischen Wälder.

»Und brausen nach Osten die Heere,
ins russische Land hinein ...
Führer befiehl, wir folgen dir.«

Links: Panzergestützte Infanterie durchkämmt die Wälder seitlich der Vormarschstraße.

Unten: Joseph Goebbels ließ für den Ostfeldzug das »Lied der Ostfront« komponieren.

Wilhelm Groß-Thie, gefallen am 5. Januar 1943.

Nun bin ich bereits 8 Tage mit in vorderster Stellung. Meine Feuertaufe habe ich schon erhalten und bin mit knapper Not noch eben heil davongekommen. Mein Mantel ist zerrissen, meine Decken sind durchlöchert, und mein Gewehr hat ebenfalls durch Granatsplitter einen Treffer erhalten. Es war doch ein eigenes Gefühl, als ich mitten im Granathagel einsam und verlassen den Kopf in die Erde steckend, den Feuerlärm zum erstenmal erlebte. Doch das ging vorüber, und so möge auch alles weitere gut vorübergehen. Um mich herum ist herrlicher Mischwald, Buchen und Eichen – Wald wie in Deutschland. Und Du, mein liebes Mädel, wann wird mich wieder eine Zeile von Dir erreichen. Über zwei Monate bin ich nun schon ohne jede Post. Groll mir nicht, wenn Dich nicht so häufig ein Brief von mir erreicht. Fast immer bin ich unterwegs auf Meldegang. Versäume nicht, oft genug an mich zu denken.

Die Taktik der »verbrannten Erde«.

Auch die Rote Armee hatte ihr Lied, gewiß nicht weniger martialisch, aber aus der Sicht des Angegriffenen entworfen. Das »Lied vom heiligen Krieg« setzte fort, was Stalin in seiner Rundfunkrede vom 3. Juli formuliert hatte, als er den »Vaterländischen Krieg« proklamierte und die »Brüder und Schwestern« zur Verteidigung des Vaterlandes gegen den »faschistischen Angriff« aufrief. Doch wenn die Soldaten selbst in aussichtsloser Situation Widerstand leisteten, mit den dezimierten Kräften der Roten Armee schien die deutsche Feuerwalze nicht mehr aufzuhalten. Mochte auch die von Stalin befohlene »Politik der verbrannten Erde« alles zerstören, was Hitlers Armee zur eigenen Versorgung hätte nutzen können, der Vormarsch der Deutschen ließ sich so nicht stoppen. Hilfe von außen war dringend nötig.

»Ich bin durchaus zuversichtlich«

Der europäische Kontinent gehorchte Hitler. Hilfe konnte nur von den Britischen Inseln oder aus den Vereinigten Staaten kommen. Als sich Winston Churchill am 8. August 1941 mit dem amerikanischen Präsidenten in der Bucht von Neufundland traf, schien sich die geheime Allianz schon zu formieren. Selbst die Geheimdienste der beiden angelsächsischen Mächte wurden über das Treffen nicht vorab informiert. Offiziell war US-Präsident Roosevelt beim Fischen.

Als jedoch das Ergebnis der Gespräche veröffentlicht wurde, waren diejenigen enttäuscht, die auf eine konkrete Aktion gegen Hitler-Deutschland gehofft hatten. Acht Grundsätze verkündeten die Regierungschefs der beiden mächtigsten Staaten der westlichen Welt, acht Grundsätze, die hehre Ziele verkündeten: Von Selbstlosigkeit der Alliierten war die Rede, vom Recht auf freie Verfassungswahl der Völker, von Zusammenarbeit, Freiheit, Abrüstung und Abschaffung von Angst und Not – fromme Wünsche in

Briefschreiben in der Feuerpause. Daneben griffbereit die Handgranaten.

einer Zeit, in der fast ganz Europa Kriegsschauplatz, ja Schlachtfeld war.

Es schien kaum glaubhaft, daß die beiden Staatsmänner nicht konkretere Abmachungen getroffen hatten. Spekulationen über Geheimprotokolle machten die Runde. In Wirklichkeit habe Churchill mit Roosevelt über einen baldigen Eintritt der USA in den Krieg verhandelt, meinten einige Zeitgenossen. Der britische Premierminister entkräftete diese Berichte keineswegs. Hitler ging über die Nachrichten von jenseits des Atlantiks einfach hinweg, für ihn war Roosevelt ohnehin nur ein »Agent der jüdischen Weltverschwörung«. Mochte er sich mit Churchill verständigen oder nicht – Stalin würde das nichts nützen.

So wie Hitler keine Gefahr zu sehen meinte, so erkannte Stalin im Verhalten der westlichen Staatsmänner keine Hilfe. Schöne Worte hörte er, gleichwohl vermißte er Taten. Immer drängender forderte der »vozd« nun eine zweite Front. An Churchill schrieb er: »Ich glaube, daß die militärische Lage der Sowjetunion wie auch Großbritanniens wesentlich verbessert werden könnte, wenn im Westen (Nord-Frankreich) und im Norden (Arktis) eine Front gegen Hitler geschaffen würde.«

Die Deutschen sollten im Westen angegriffen werden, damit sie Kräfte aus dem Osten abziehen müßten. Entsprechende Gespräche zwischen dem britischen Botschafter Sir Stafford Cripps und Außenminister Molotow brachten allerdings nur dürftige Ergebnisse. Die britische Regierung versprach zwar Hilfe, doch drei Millionen Paar Stiefel für die Rote Armee blieben zunächst die einzige Unterstützung. Das Mißtrauen war auf beiden Seiten noch zu groß. Die Sorge des Westens vor dem Bolschewismus schien noch immer größer zu sein als die Angst vor dem Faschismus. Immerhin schloß Churchill mit Stalin am 12. Juli 1941 einen Bündnisvertrag, der beide Länder zu gegenseitigem Beistand verpflichtete und den Abschluß eines Separatfriedens mit dem Deutschen Reich verbot.

Deutscher Angriff auf die Sowjetunion, 22.6. – Sept. '41

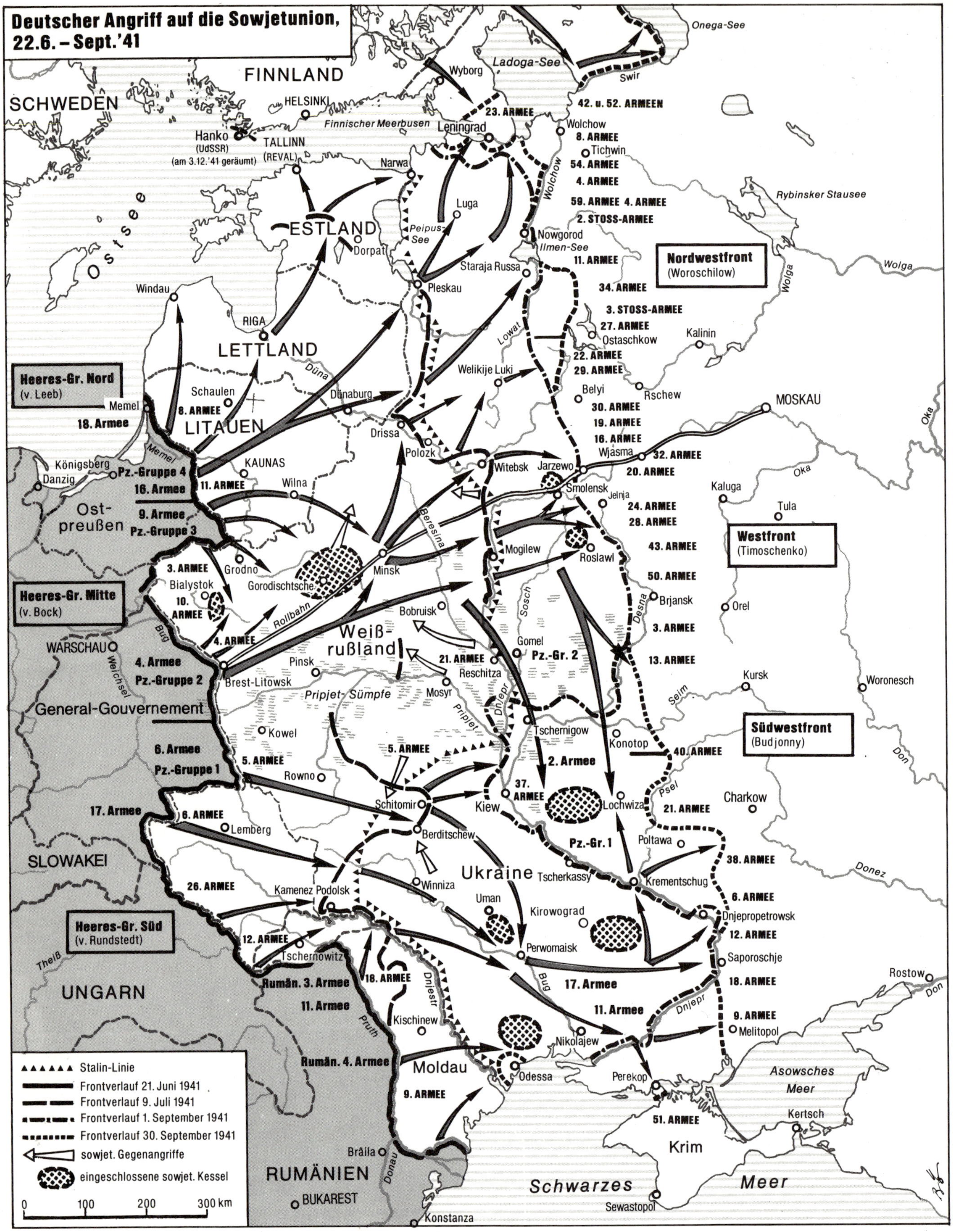

Die britisch-sowjetischen Beziehungen waren damit weiter entwickelt als das Verhältnis zwischen Washington und Moskau. So hatten die USA zum Beispiel die Sowjetunion nicht in das Lend-and-Lease-Gesetz einbezogen, im Gegensatz zu London sollte Moskau alle Lieferungen von Kriegsmaterial bezahlen. Hier brachte erst ein Besuch des Sonderbotschafters Harry Hopkins Fortschritte. Der traf im Auftrag des amerikanischen Präsidenten Roosevelt am 28. Juli mit Stalin in Moskau zusammen. Zur militärischen Neutralität verpflichtet, wollten die USA zumindest wirtschaftliche Hilfe leisten. Doch Stalin stellte keine konkreten Forderungen. Er vermied es, exakte Wünsche zu äußern – aus Angst, die Amerikaner könnten Rückschlüsse auf sowjetische Schwächen ziehen. Großspurig tönte er, die Rote Armee werde die gegenwärtige Verteidigungslinie halten und im Frühjahr zum Gegenangriff ansetzen. Offenkundig machte das Eindruck – denn Hopkins telegrafiert auf dem Rückflug von Scapaflow an Roosevelt: »Ich bin hinsichtlich dieser Front durchaus zuversichtlich: Es ist dort eine grenzenlose Entschlossenheit vorhanden.«

Hopkins hatte sicher recht: Die Entschlossenheit der sowjetischen Führung war ungebrochen. Doch mit Entschlossenheit allein konnte kein Krieg geführt werden.

»Der Führer hat immer recht«

Im Führerhauptquartier trafen immer neue Erfolgsmeldungen der deutschen Wehrmacht ein. Die Heeresgruppe Nord formierte sich Mitte Juli zum Angriff auf den ersten Befestigungsring hundert Kilometer vor Leningrad. Guderians Panzer standen in Smolensk, die Heeresgruppe Süd hatte in Orscha und Witebsk einen weiteren Kessel gebildet und begann, die eingeschlossenen sowjetischen Kräfte »aufzureiben«. Selbst im Süden, wo die Rote Armee am heftigsten Widerstand leistete, ging der Marsch auf Kiew weiter.

In der Wolfsschanze bei Rastenburg in Ostpreußen verbreitete der »Führer« Euphorie. Vor der großen Rußlandkarte erklärte er zuversichtlich: »Im Norden und in der Mitte scheint der russische Hauptwiderstand gebrochen. In vier Wochen werden wir in Moskau sein, und dann werde ich Moskau dem Erdboden gleichmachen.« Das größte Problem der militärischen Führung schien die Mückenplage im Hauptquartier zu sein. »Eine dümmere Gegend konnte man schwerlich aussuchen. Laubwald mit moorigen Tümpeln, Sandboden und stehenden Seen, der ideale Boden für dieses widerliche Getier«, klagte Jodl in einem Brief. Auch über die feuchtkalten Bunker und die Zugluft der Klimaanlage beschwerten sich die Mitarbeiter. Hitler schien dies nicht zu beeindrucken, für ihn stand fest: »Dieses Hauptquartier wird einstmals noch ein historisches Denkmal werden, weil wir von hier aus die neue Weltordnung begründet haben.«

Zunächst jedoch stand die für ihn »schwierigste Entscheidung des ganzen Feldzugs« an: Sollte er die Panzerkräfte, wie ursprünglich in den Plänen für das »Unternehmen Barbarossa« vorgesehen, auf die sowjetische Hauptstadt vorstoßen lassen? Oder war es sinnvoll, vorher andere Ziele zu erreichen?

Hitler zögerte: War nicht doch Leningrad die eigentliche Bastion des Bolschewismus? Stand hier nicht die Wiege der Oktoberrevolution? War Moskau nicht nur ein Ortsname? Auch im Süden kamen ihm nun andere Prioritäten in den Sinn: Nicht die Eroberung eines geographischen Ziels, sondern die Vernichtung der militärischen Kräfte des Feindes sei wichtig. Das gegnerische Industriepotential sei zu erobern, nicht die Hauptstadt!

Diese Überlegungen schlugen sich am 19. Juli in einer neuen Weisung nieder. Unter der laufenden Nummer »33«

Rudolf Schocke, Soldat.

Bei einem russischen Luftangriff detonierte nachts eine Fliegerbombe in unserem Sanitätszelt. Es gab Verwundete und Tote unter meinen Kameraden. Ich selbst hatte in dieser Nacht einen Schutzengel: Mehrere Bombensplitter wurden von meiner Brieftasche, in der ich Fotos von meiner damaligen Verlobten aufbewahrte, abgehalten oder gebremst. Die Fotos selbst wurden herzförmig durchschlagen. Ich trug sie auch in Höhe meines Herzens. Die Bilder haben mir damals wohl das Leben gerettet, denn ich trug außer einem Schock nur leichte Verletzungen davon.

Oben: August '41. Hitler und Mussolini besuchen Göring in seinem Hauptquartier »Jägerhof« bei Rastenburg.

Rechte Seite, oben: August '41. Hitler inspiziert die Heeresgruppe Süd.

Rechte Seite, unten: August '41. Brauchitsch, Hitler, Halder in der Wolfschanze: Nach Moskau oder Kiew?

ordnete Hitler eine Umstrukturierung der Heeresgruppe Mitte an und gab neue Ziele vor. Ein Teil der Panzerkräfte sollte nach Norden abdrehen und auf Leningrad vorstoßen, ein anderer Teil nach Süden schwenken und bei der Eroberung der Ukraine helfen. Im Tagebuch des Oberkommandos der Wehrmacht heißt es über eine Besprechung mit dem Führer: »Nach den vorangegangenen Feststellungen steht die Lebenswichtigkeit des Gebietes Moskau für den Gegner erst an dritter Stelle.«

Da die Herbstgewitter im Süden früher einsetzten, sollten zunächst die militärischen Operationen in der Ukraine abgeschlossen werden. Erst dann, rechtzeitig bevor auch vor Moskau die Schlammperiode einsetzte, sollte der Angriff auf die sowjetische Hauptstadt erfolgen.

Die Generale waren entsetzt. Brauchitsch und Halder versuchten, den »Führer« umzustimmen. Sie verwiesen auf den hohen Stellenwert, den Moskau als Verkehrsknotenpunkt, als Nachrichtenzentrum, vor allem aber als Symbol für die sowjetische Führung hatte. Sie versuchten, Hitler mit seinen eigenen Argumenten zu überzeugen, zitierten sein früheres Wort, daß es vor allem darauf ankomme, die militärischen Kräfte zu vernichten. Gerade jetzt würde Stalin vor Moskau seine letzten Kräfte zur Verteidigung der Hauptstadt zusammenziehen. Hitler ließ sich überzeugen – so schien es. In einer neuen Weisung machte er die Abstellung von Teilen der Panzergruppe 3 zum Angriff auf Leningrad rückgängig und verordnete eine Atempause für Reparaturarbeiten und den Ausbau der Verkehrswege, um den Nachschub zu sichern. Erleichtert notierte Halder in sein Tagebuch: »Diese Lösung befreit jeden denkenden Soldaten von dem fürchterlichen Alpdruck der letzten Tage. Endlich einmal wieder ein Lichtblick.«

Doch der Lichtblick währte nicht lange. Nur wenige Tage später, am 4. August, befahl Hitler die oberste militärische Führung zu einer Besprechung in das Hauptquartier des Generalfeldmarschalls von Bock, Befehlshaber der Heeresgruppe Mitte. Hitler wählte eine ungewöhnliche Form: Die Generale wurden getrennt in verschiedene Büros gebeten. Nacheinander rief er sie zu sich. Wie Prüflinge standen sie vor ihrem »Führer«: Strauß, Kluge, Hoth und Guderian. Einzeln erklärte ihnen Hitler sein nächstes Ziel. Das Ergeb-

Soldatenalltag in den Kampfpausen: Zeit für Badespaß, »Läusejagd«, »Waffenkunde«, Lesen, Spielen – und für Kontakte mit der Bevölkerung.

nis der Besprechung hielt Guderian kurz fest: »Zuerst Leningrad. Ob sodann Moskau oder die Ukraine erstrebt werden soll, wurde noch nicht endgültig entschieden. Hitler scheint der letzteren Lösung zuzuneigen. Er will die Halbinsel Krim als Flugzeugträger der Sowjetunion gegen die Ölfelder Rumäniens ausschalten.«

Immerhin, die Aufteilung der Heeresgruppe Mitte erfolgte nun doch nicht in dem ursprünglich geplanten Ausmaß. Einen kleinen Funken Hoffnung hatten die Generale noch, denn die endgültige Entscheidung »gegen Moskau« schien noch nicht gefallen zu sein. Für die Soldaten an der Front war die Sache ohnedies klar: »Nach Moskau« schrieben sie auf ihre Panzer – wohin sonst? Am 18. August überreichte Brauchitsch dem »Führer« eine Denkschrift des Oberkommandos des Heeres, in der das OKH für eine Wiederaufnahme des Angriffs auf Moskau plädierte. Seit dem 15. August war der Vormarsch auf ausdrücklichen Befehl Hitlers gestoppt worden. »Weitere Angriffe in Richtung Moskau sind zu unterlassen«, hieß es im Kriegstagebuch des OKW. Doch nun waren die deutschen Verbände nach kurzer Ruhepause angriffsbereit für den entscheidenden Vorstoß. Nur noch zweihundertachtundneunzig Kilometer mußten die vordersten Panzerspitzen bis zum Stadtrand von Moskau zurücklegen – ein Katzensprung im Vergleich zu der Distanz, die sie bislang überwunden hatten.

Halder und Brauchitsch hofften auf den entscheidenden Befehl zum Angriff. Doch Hitler hatte sich anders entschieden. Die lange verdeckten Differenzen zwischen ihm und seinen militärischen Beratern brachen nun neu auf und wurden obendrein auch schriftlich festgehalten. In der »Führerweisung« vom 21. August hieß es: »Der Vorschlag des Heeres für die Fortführung der Operationen stimmt mit meinen Absichten nicht überein. Das wichtigste, noch vor Einbruch des Winters zu erreichende Ziel ist nicht die Einnahme von Moskau, sondern die Wegnahme der Krim, des Industrie- und Kohlengebietes am Donez und die Abschnürung der russischen Ölzufuhr aus dem Kaukasusraum. Im Norden die Abschließung Leningrads und die Vereinigung mit den Finnen.«

Nicht nach Moskau sollte es gehen, sondern zur Krim und nach Leningrad! Halder und Brauchitsch waren empört, der Generalstabschef dachte an Rücktritt. Brauchitsch aber lehnte einen solchen Schritt ab. Nun sollte ein anderer die Kastanien aus dem Feuer holen: Guderian, legendärer General der Panzergruppe 2, dem die bislang größten Erfolge zu verdanken waren. Der »schnelle Heinz« sollte Hitler doch noch überreden, den Angriff auf Moskau zu befehlen.

Guderian war wie alle Generale der festen Überzeugung, daß der entscheidende Schlag jetzt gegen Moskau geführt werden müsse: »Wenn wir erst nach Kiew gehen, geraten wir zwangsweise in einen Winterfeldzug, ehe wir Moskau erreichen. Die Wege und Versorgungsschwierigkeiten sind dann nicht auszudenken.« Darin war sich die gesamte Führungsspitze der Heeresgruppe Mitte einig, als sie in ihrem Hauptquartier in Nowa Borissow von Halder selbst über Hitlers neue Zielvorgaben informiert wurde. Der Umweg über die Krim und das Donez-Becken im Süden würde für Guderians Panzer eine zusätzliche Strecke von fast neunhundert Kilometern bedeuten.

Am 23. August brach Guderian an Bord einer Ju 88 vom Flugplatz in Borissow auf, um Hitler im Auftrag der versammelten Generalität zu überzeugen, daß die Angriffspläne geändert werden müßten. Große Hoffnungen hatte Halder ihm nicht gemacht: »Hitlers Beschluß ist unabänderlich.«

Über den eigentlichen Grund für den Besuch seines

Bernd Freiherr Freytag von Loringhoven

Es bestanden zwei unterschiedliche Auffassungen im Generalstab des Heeres. Der damalige Generalstabschef Halder sah Moskau als wichtigstes strategisches Ziel. Denn Moskau war Hauptstadt des riesigen Landes, Regierungssitz, Rüstungszentrum, wirtschaftliche Metropole und vor allem auch ein Verkehrsknotenpunkt. Die Eisenbahnen, auf denen im wesentlichen das ganze Verkehrssystem im Lande basierte, gingen von Moskau aus. Hitler hatte eine andere Auffassung, aber die schwankte von Zeit zu Zeit. Anfangs setzte er sich dafür ein, daß man unabhängig von geographischen Zielen zunächst einmal die Kampfkraft der Roten Armee vernichten müsse. Später spielten für ihn immer mehr wirtschaftliche Ziele eine wichtige Rolle. Noch bis in die erste Phase des Krieges hinein galt für Hitler der Raum Leningrad als das Hauptziel, weil er unbedingt die Herrschaft über die Ostsee haben wollte. Denn über die Ostsee liefen die Erztransporte aus Schweden, die auch für die deutsche Rüstungsproduktion unabdingbar waren. Später hatte er andere Ziele vor Augen, zum einen die Ukraine als Kornkammer, ferner das wichtige Industriezentrum am Donez und letzten Endes die kaukasischen Erdölquellen.

Panzergeneral Guderian am 23. August '41 auf dem Weg in die »Wolfschanze«: Er will Hitler umstimmen.

erfolgreichsten Generals wurde der »Führer« im unklaren gelassen. Offiziell wollte Guderian Hitler über den Zustand der Panzertruppe informieren – schon das war ein Thema, das der Diktator nur ungern diskutierte. Bei früheren Gelegenheiten hatte er Forderungen Halders oder Brauchitschs nach notwendigen Reparaturarbeiten an Panzern zurückgewiesen. Für ihn waren das nur Ausflüchte, hinter denen er weit Schlimmeres vermutete: »Ungehorsam und Eigenwilligkeit.« Immerhin hörte er dem Vortrag Guderians zu. Als der General auf die Nachschubprobleme und die unerwartet starken sowjetischen Panzerreserven zu sprechen kam, gestand Hitler sogar: »Wenn ich gewußt hätte, daß die Panzerzahlen der Russen tatsächlich stimmen, dann hätte ich, glaube ich, den Krieg nicht angefangen.«

Hitler spielte auf einen Bericht Guderians an, der vor dem Angriff die Zahl der feindlichen Panzer auf rund zehntausend geschätzt hatte. Damals wurde er belächelt. Inzwischen hatte die Wehrmacht schon mehr als zehntausend sowjetische Tanks vernichtet oder erbeutet – und noch immer war kein Ende abzusehen. Es war einer der seltenen Augenblicke, in denen Hitler eine Fehleinschätzung zugab. Guderian schöpfte Hoffnung, vielleicht ließe sich Hitler doch noch überzeugen. Er ging aufs Ganze und trug dem »Führer« sein eigentliches Anliegen vor: »Wenn wir vor Moskau und in Moskau über die feindlichen Hauptkräfte gesiegt und den zentralen Verschiebebahnhof der Sowjetunion ausgeschaltet haben, dann fällt uns das Baltikum und das Wirtschaftsgebiet der Ukraine viel leichter zu als mit einem intakten Moskau vor unserer Front. Mein Führer, lassen Sie uns gegen Moskau marschieren, wir werden es nehmen.«

Hitler hatte, was selten genug vorkam, schweigend zugehört. Nachdem Guderian geendet hatte, stand Hitler auf und ging auf die große Rußlandkarte zu. Jodl, Chef des Führungsstabes im Oberkommando der Wehrmacht, hatte ebenfalls Guderians Vortrag zugehört. Er ahnte, was nun folgen würde: Hitler, der Gefreite aus dem Ersten Weltkrieg, erklärte dem Generalobersten des 2. Panzerkorps, wie ein moderner Krieg zu führen sei. Der »Führer« begann mit einem generellen Vorwurf: »Meine Generale verstehen nichts von Kriegswirtschaft.«

Es folgte eine lange Rede über die Notwendigkeit, Stalin das industrielle Potential am Donez, das Getreide der Ukraine und das Öl des Kaukasus zu entreißen. Abschließend legt er kategorisch und nun endgültig die Reihenfolge der nächsten Angriffsziele fest. Wie befürchtet waren das erst die Krim und danach Moskau.

Guderians Mission war gescheitert. Als er Halder, der an der Besprechung bezeichnenderweise nicht teilnehmen durfte, über das Ergebnis seiner Bemühungen unterrichtete, tröstete ihn der Generalstabschef: »Machen Sie sich doch keine Sorgen, Guderian. Die Eingebungen des Führers sind unfehlbar. Er hat immer recht.«

H. Ungermann, Artillerist.

... Am Tag bezogen wir weiter ostwärst, bei Kalinin, eine Unterkunft. Wir waren in einem sauberen Haus untergebracht, für russische Verhältnisse gut eingerichtet. Nach der Essensausgabe und Erledigung der Vorbereitungen für den nächsten Tag betraten wir die warme Stube des russischen Hauses und wollten unser Abendbrot einnehmen. Die Matka hinderte uns diesmal daran, das auf die übliche Weise zu tun. Diese Frau, die laut Propaganda zu unseren Feinden gehörte und demnach ein Untermensch gewesen sein sollte, deckte uns den Tisch mit einem sauberen Tischtuch, schönen Tellern, Tassen mit Untertassen und einem Festtagsbesteck. In einem Samowar, wohl das schönste Gerät das ich in all den Kriegsjahren im Osten gesehen habe, bereitete sie uns einen guten Tee. Warum tat diese Frau das? Ich glaube nicht aus Angst vor uns ...

»Und was wird mit Kiew?«

Im Zentrum der Ukraine lag Kiew, die alte Hauptstadt Rußlands mit einer Million Einwohnern, Handelsmetropole und religiöses Zentrum der russisch-orthodoxen Kirche. Kiew war eine traditionsreiche und schöne Stadt mit einem bedeutenden Judenviertel, dem Podol. Der Krieg nahm darauf keine Rücksicht, weder auf die Menschen noch auf die Schönheiten der Stadt. Die Einwohner Kiews mußten sich auf die Verteidigung vorbereiten.

Der Befehlshaber der sowjetischen Truppen um Kiew war Generaloberst Michail P. Kirponos, einer jener Generale, die früh auf die Gefahr eines deutschen Angriffs hingewiesen hatten. Er war auf den Überfall der Deutschen vorbereitet und hatte schon vor dem 22. Juni Verteidigungsstellungen am Stadtrand besetzen lassen. Auf Befehl Moskaus mußte er sie freilich wieder räumen. Kirponos' Truppen wurden dennoch weder überrascht noch überrannt wie etwa die Grenztruppen am Bug. Doch auch dieser umsichtige General konnte nicht verhindern, daß die Deutschen schon nach drei Wochen vor der ukrainischen Hauptstadt standen und die sowjetischen Verteidigungslinien an mehreren Stellen durchbrochen hatten. Für die Rote Armee zog eine tödliche Gefahr herauf, ein Umfassungsangriff, bei dem sieben Armeen im Dnjeprbogen östlich von Kiew der Rückzug abgeschnitten würde. Auch Generalstabschef Schukow erkannte Ende Juli diese Gefahr. Er warnte Stalin vor der drohenden Katastrophe und beschwor ihn, sofort den Truppen der Südwestfront zu befehlen, über den Dnjepr nach Osten abzuziehen, um dort eine neue Verteidigungslinie zu bilden.

»Und was wird mit Kiew?« wollte Stalin wissen.

»Kiew wird kapitulieren müssen,« erklärte Schukow folgerichtig. Ein Rückzug, die Aufgabe der Hauptstadt und damit der gesamten Ukraine kam für Stalin aber nicht in Betracht. Der sowjetische Diktator erwiderte barsch: »Was ist das für ein Blödsinn.«

Ähnlich wie die deutschen Generale wurden also auch die sowjetischen Militärs ständig mit Entscheidungen ihrer Führung konfrontiert, mit denen sie nicht einverstanden waren. Wie der deutsche »Führer« mischte sich der sowjetische »vozd« mit Vorliebe in militärische Fragen ein und setzte Richtlinien für die strategische Gefechtsführung fest. Wie im deutschen Oberkommando gab es auch bei den

Marschall Schukow wird nach den Niederlagen der ersten Wochen zum Befehlshaber einer Reservefront degradiert.

G. Nesterenko, Mitarbeiter in der Kommandatur in Moskau.

Gleich nach Kriegsbeginn gingen wir daran, einige Verteidigungsmaßnahmen in Angriff zu nehmen. Zunächst wurden die wichtigsten Kremlgebäude mit einer Tarnung versehen. Der Hauptplatz im Kreml war nicht mehr wiederzuerkennen: Attrappen von Gebäuden, Straßen und Fußwegen wurden errichtet. Eine Künstlerbrigade arbeitete einen Plan aus, wie die Konturen des Tajnitskij«-Gartens, der Kremlmauer, des Roten Platzes und des Mausoleums zur Tarnung verändert werden könnten. Sämtliche historischen Schätze aus dem großen Kremlpalast wurden ausgelagert. Die wichtigste Maßnahme bestand jedoch darin, den Sarkophag mir dem Leichnam Lenins in Sicherheit zu bringen. Unter strenger Geheimhaltung wurde er nach Tjumen transportiert, wo er später noch lange Zeit aufbewahrt wurde.

Sowjets selten Widerspruch gegen Stalins Befehle. Im Fall von Kiew schien Schukow Stalins Fehlentscheidung allerdings zu schwerwiegend: »Wenn Sie meinen, daß der Generalstabschef nur Blödsinn verzapfen kann, dann hat er hier nichts zu suchen. Ich bitte, mich von den Pflichten des Generalstabschefs zu befreien und an die Front zu schicken. Dort werde ich der Heimat wohl mehr nützen.«

Der seltene Fall von Courage gegenüber dem Befehlshaber hatte für Schukow Folgen: Innerhalb von nur vierzig Minuten wurde er als Stabschef abgesetzt und zum Befehlshaber einer Reservefront degradiert, also kurzerhand kaltgestellt. Zum Generalstabschef ernannte Stalin Marschall Schaposchnikow. Während Schukow in seiner neuen Funktion später wertvolle Erfolge erringen sollte, brachte seine Absetzung den sowjetischen Verbänden in und um Kiew wenig Nutzen. Stalins Befehl an den zuständigen Kommandeur dieses Frontabschnitts Marschall Budjonny, einen alten Kampfgefährten aus dem Bürgerkrieg, war unmißver-

ständlich: »Keinen Schritt zurück, halten und notfalls sterben.«

Zwar standen die deutschen Flügelspitzen bei Krementschug im Süden und Roslawl im Norden noch sechshundert Kilometer voneinander entfernt. Doch wenn es den deutschen Panzern in einer riesigen Zangenbewegung gelingen würde, diese Strecke zu überwinden, wäre das für die zwischen den Flügeln eingekeilten sowjetischen Truppen der Untergang. Und eben dazu setzte die deutsche Wehrmacht an: von Norden die Panzer mit dem weißen »G«, von Süden die Tanks mit einem weißen »K«. »G« und »K« – das stand für »Guderian« und »Kleist«. Die Panzergruppen I und II bewegten sich aufeinander zu, die Schlacht um Kiew trat am 10. September in ihre entscheidende Phase.

Auch Budjonny und Kirponos erkannten, welche Gefahr auf ihre Truppen zukam. Mehrmals baten sie um die Erlaubnis, der drohenden Einkesselung durch einen Rückzug zu begegnen, um dann einen Gegenangriff starten zu können: Am 9. September hatte Budjonny die Befehle für den Rückzug erteilt, die Truppen bereiteten sich auf ein

Linke Seite, oben: Schukows Nachfolger als Generalstabschef: Marschall Schaposchnikow.

Linke Seite, unten: Generaloberst Guderian mit seinem Stab in Roslawl.

Oben: Marschall Budjonny (links) berät mit Marschall Timoschenko (rechts) die bedrohliche Lage: Rückzug oder Halten?

Dimitrij Wolkogonow

Alle Diktatoren gleichen sich irgendwie. Siege erklären sie mit ihrem Genie und als eigenes Verdienst. Wenn Diktatoren jedoch Niederlagen erleben, dann suchen sie die Schuld bei denen, die ihre Befehle ausgeführt haben, zum Beispiel bei den Generalen. So war es bei Hitler, und so war es insbesondere bei Stalin. Man denke nur daran, daß Stalin nach den ersten Niederlagen an der Westfront Pawlow absetzte, und das nach einer Woche. Kurze Zeit später wurden Pawlow, außerdem der Stabschef für die Westfront Klimowskich, dann der Befehlshaber des Funkdienstes, einer der Armeekommandeure und eine Reihe weiterer Generale verhaftet. Bald darauf wurden sie zum Tode verurteilt und erschossen. Das waren keine Einzelfälle. Zur selben Zeit wurden auch Schukow, der Kommandeur für die Nordwestfront Kusnezow und eine Reihe anderer Generale abgesetzt. Allein im Jahr 1941 entließ Stalin etwa 100 Militärführer. Einige wurden einfach beseitigt, andere verhaftet. Mit solch hartem Vorgehen versuchte Stalin, die Militärs zu Erfolgen zu zwingen. Wie ähnlich sich die Diktatoren doch sind!

Linke Seite, oben: Vor dem Angriff auf Kiew: Infanteristen in Deckung.

Linke Seite, unten: Kampfpause im brennenden Witebsk.

Oben: Infanterie greift an.

Oben rechts: Vorbereitung für den Angriff auf ein Dorf.

Rechts: Stumme Zeugen der Verwüstung: die Kamine verbrannter Häuser.

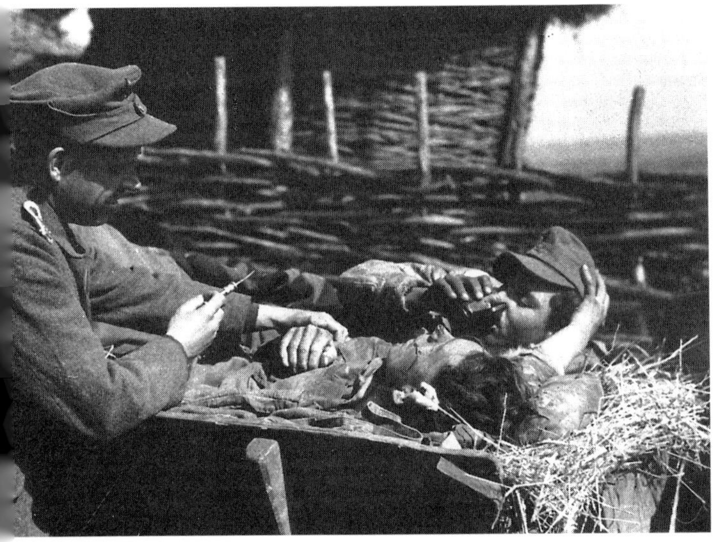

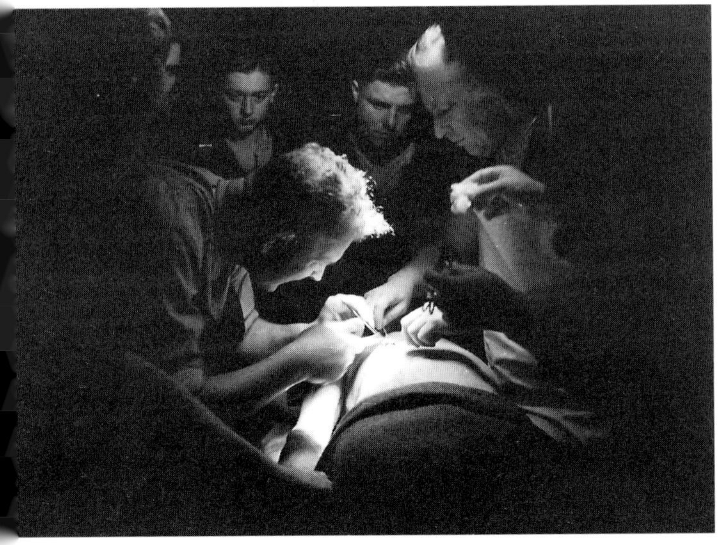

»geordnetes Zurückweichen« vor, da erreichte sie ein Befehl »von allerhöchster Stelle«, von Stalin selbst.

Der starrsinnige sowjetische Diktator konferierte regelmäßig mit den Befehlshabern in Kiew. Die Aufstellung einer eigenen Telegrafen-Maschine im Büro des »vozd« im Kreml machte deutlich, welchen Stellenwert Stalin der Verteidigung von Kiew beimaß. Fast jeden Abend wiederholte sich hier das gleiche Schauspiel. Kirponos und Budjonny, aber auch der politische Kommandant Nikita Chruschtschow berichteten Moskau von »heldenhaftem sowjetischen Widerstand« gegen die deutschen Angreifer, baten jedoch zugleich um Verstärkung und brachten immer wieder die Möglichkeit eines Rückzugs ins Gespräch. Die Reaktion Stalins schilderte Alexander M. Wassilewski, der stellvertretende Stabschef: »Bei der bloßen Erwähnung der bitteren Notwendigkeit, Kiew aufzugeben, bekam Stalin Wutanfälle.« Diese »bittere Notwendigkeit«, von allen militärischen Fachleuten erkannt, wollte Stalin nicht wahrhaben. Er befahl, den begonnenen Rückzug abzubrechen: »Ergreifen Sie alle möglichen und alle unmöglichen Maßnahmen, um Kiew zu verteidigen.«

Stalin hoffte, die sowjetischen Verteidigungslinien halten zu können, bis eine neue Armeegruppe aus den Resten zerschlagener Verbände östlich von Kiew zusammengestellt und zusätzliche Kräfte aus dem asiatischen Teil der Sowjetunion herangeführt werden konnten. Doch insgeheim schien auch er nicht mehr zu glauben, daß der deutsche Angriff auf Kiew noch abgeschlagen werden konnte, denn er gab Anweisung, um kriegswirtschaftlich wichtige Industrieanlagen nach Osten zu verlegen: Röhrenfabriken, Edelstahlwerke, ganze Industriezweige wurden aus den nicht besetzten westlichen Gebieten Rußlands weggeschafft – eine unglaubliche Kraftanstrengung mitten im Krieg! Zahllose Eisenbahntransporte brachten Güter aus dem reichen Südwesten der Sowjetunion in Sicherheit nach Norden und Osten. Das industrielle Herz Rußlands sollte nicht für Deutschland schlagen, Hitlers Rechnung, das Industriepotential der Ukraine zu vereinnahmen, nicht aufgehen. Die deutschen Soldaten fanden die »verbrannte Erde« häufig schon vor.

Linke Seite: Essenfassen in der Hetze des Vormarsches.

Linke Reihe: Auch auf deutscher Seite gibt es Hunderttausende von Verwundeten; oft können die Verletzungen nur notdürftig behandelt werden. Zelte dienen als »Operationssaal«.

Feldpost des Soldaten Johann Alois Meyer an seine Frau Klara und an seinen Sohn Horst.
Johann Alois Meyer war bei der 5. Kompanie, Infanterieregiment 476. Er fiel am 18. August 1942 bei einer Kesselschlacht in Rschew (Resch) und wurde in Marino, südöstlich von Moskau, beigesetzt.

»Mein liebes Frauchen, mein lieber kleiner Junge! Teile Euch mit, daß ...«

Im Osten, den 18. Mai 1941:
Ich denke manchmal, daß die Frauen unter diesen Umständen das vergessen werden, was Ihnen einmal lieb und teuer war, weil die Trennung zu lang ist. Es wäre allerdings ein Verbrechen für eine solche Frau. Ich könnte mir soetwas von Dir unter keinen Umständen vorstellen ... Dein Mann wird Dir bestimmt auch dankbar sein, wenn Du ihn nie vergessen hast ...

Im Osten, den 30. Juni 1941:
Meine Liebe, Du wirst Dich seit dem 22. ds. Mts. sehr geängstigt haben um mich. Ich habe aber bis jetzt sehr großes Glück gehabt, denn wenn es dem Allmächtigen gefallen hätte, wäre ich längst nicht mehr. Betet also weiter für Euren Papa, dann wird er mich schon wieder zu Euch zurückführen. Heute haben wir seit 3 Wochen unseren ersten Ruhetag. Wie es bis jetzt aussieht, hast Du ja sicher gestern am Radio erfahren, wie auch wir. Hoffentlich geht es auch so weiter, damit es bald ein Ende hat.

Im Osten, den 5. Juli 1941:
Gestern habe ich einen Brief von Dir vom 14. 6. 41 und ein Paket von meinen Eltern mit Schinken und einem Päckchen Zigaretten erhalten. Du hättest einmal sehen sollen, wie ich an das Fleisch herangegangen bin. Das Paket kam gerade in der größten Not, abends um 11 Uhr. Wir waren 15 Stunden unterwegs und hatten seit Mittag nichts mehr gegessen.

Im Osten, den 5. August 1941:
Zunächst möchte ich Dir schon jetzt zu Deinem Namenstag sowie zu unserem 2jährigen Bestehen unseres Ehekrieges gratulieren. Hoffen wir doch, daß wir in den nächsten 2 Jahren mehr zusammen sind als in den beiden vergangenen. Vor allen Dingen wollen wir dem Schicksal dankbar sein, wenn wir überhaupt wieder zusammen kommen.

Im Osten, den 13. August 1941:
Post habe ich nun schon wieder einige Tage mehr von Euch erhalten. Na, die wird ja auch bald wieder eintrudeln. Es sind eben sehr schlechte Verkehrsverbindungen hier in dem russischen Saustall.

Im Osten, den 17. September 1941:
Du schreibst, daß bei Dir alles in Unordnung wäre. Meine liebe Frau, das hat doch keinen Zweck. Die Nerven darfst du unter keinen Umständen verlieren. Bei uns sieht es nämlich ganz anders aus, aber wir dürfen alles tun, bloß nicht die Nerven verlieren. Also Kopf hoch und wenn die Trennung noch ein Jahr dauern sollte. Die Hauptsache ist doch, ich komme überhaupt wieder.

Im Osten, den 1. Oktober 1941:
Ich schließe mich Deiner Hoffnung an, nämlich, daß der bolschewistische Zusammenbruch bald kommen möge. Bitten wir aber den Allmächtigen, daß wir nicht noch in letzter Minute Pech haben werden ... Gebe Gott, daß der Kampf bald zu Ende ist ...

Im Osten, den 3. Oktober 1941:
... denn ich hatte sehr schwere Stunden hinter mir. Mein Schutzengel war aber auch diesmal treu an meiner Seite. Ach wäre doch nur einmal dieses Völkerringen zu unseren Gunsten entschieden.

Im Osten, den 4. Oktober 1941:
Meine Liebe, Du wirst wohl gestern auch die Rede des Führers gehört haben. Ich habe sie zwar nicht hören können, aber sie soll sehr zuversichtlich gewesen sein. Aus dem Aufruf an uns Soldaten geht hervor, daß die Entscheidungsschlacht bereits am 2. Oktober begonnen hat. Es soll noch vor Eintritt des Winters hier zu Ende gehen. Das würde also bedeuten, daß es bis Ende dieses Monats zu Ende sein muß. Gebe Gott, daß es so kommt und gebe Gott vor allem, daß wir gesund und heil davonkommen.

Im Osten, den 13. November 1941:
Meine Liebe, lasse dem Jungen nur nicht soviel durchgehen. Wenn er ungezogen ist, dann haue ihm ruhig einmal etwas auf sein Hinterteil. Das schadet ihm gar nichts.

Oben: Sowjetischer Gegenangriff.

Rechts und unten: Gefangennahme deutscher Soldaten.

Linke Seite, oben: Im Schutz der Dunkelheit wird eine Minensperre gegen deutsche Panzer errichtet.
Linke Seite, unten: Sowjetischer Granatwerfer im Einsatz.

Oben: Panzer als Bühne: Die russische Sängerin Alexandrovskaya tritt vor Frontsoldaten auf.

Während Industrieanlagen in Sicherheit gebracht wurden, spitzte sich die Lage bei den Truppen immer weiter zu. In höchster Not bat Kirponos am 11. September Stalin erneut, den Befehl zum geordneten Rückzug geben zu dürfen. Doch Stalin blieb hart: »Kiew nicht aufgeben und die Brücken nicht sprengen ohne Genehmigung der STAWKA. Kiew war, ist und wird sowjetisch sein. Ich erlaube keinen Rückzug. Stehen und halten und notfalls sterben. Ende.«

Kirponos resignierte und fügte sich: »Ihre Anweisungen sind klar. Ende. Auf Wiedersehen.«

Für Hunderttausende Soldaten der Roten Armee war dieser Befehl das Todesurteil. Die deutschen Panzerspitzen der Gruppen I und II waren nur noch wenige Kilometer voneinander entfernt. Bald würde sich die tödliche Umklammerung hinter den sowjetischen Verteidigern schließen. Die deutschen Spitzen aus Guderians Panzergruppe erhielten am Mittag des 14. September den Befehl: »Durch den Feind fahren und Verbindung mit den Vorausabteilungen der Panzergruppe Kleist herstellen.«

An diesem Sonntagnachmittag durchbrachen die ersten deutschen Panzer bei Lochwiza die sowjetischen Linien. Fast zweihundert Kilometer östlich von Kiew konnten Oberleutnant Rinschen und Oberleutnant Wartmann mit einem symbolischen Händedruck das Zusammentreffen der beiden Panzergruppen besiegeln. Ein einhundertfünfunddreißigtausend Quadratkilometer großer Kessel entstand; ein Gebiet, doppelt so groß wie Bayern, war eingeschlossen, sieben sowjetische Armeen saßen in der Falle. Kurz darauf traf in Guderians Stabsstelle ein kurzer Funkspruch ein: »14. September 1941, 18.20 Uhr. Zusammentreffen Panzergruppe 1 und 2.«

Aber noch war die Verbindung hauchdünn, eher symbolisch. Große Lücken klafften noch. Zwar waren zwei Panzerkompanien durch die zurückflutenden sowjetischen Verbände gestoßen. Doch nun kam es darauf an, den Ring zu verstärken, damit die Rote Armee sich nicht im letzten Moment aus dem Kessel von Kiew zurückziehen konnte. Guderian wußte, daß ein massiver Durchbruchsversuch die drohende Katastrophe für Stalins Armeen noch hätte abwehren können. Auf diese Möglichkeit setzte auch der Kiewer Kriegsrat, der am 17. September erneut bei Stalin und der STAWKA um Erlaubnis bat, sich »der drohenden Vernichtung durch Rückzug« entziehen zu dürfen. Doch Stalin ließ sich nicht dazu bewegen. Endlich rangen sich Budjonny, Kirponos und Chruschtschow dazu durch, gegen den ausdrücklichen Befehl Stalins den Durchbruch zu versuchen. Aufklärungsflugzeuge sollten die Bodentruppen durch die noch relativ schwache Ostumklammerung dirigieren. Doch es war schon zu spät. Die sowjetischen Einheiten mußten auf eigene Faust kämpfen, die Verbindungen untereinander waren abgerissen. Für einen massiven Durchbruchsversuch fehlte die Koordination, es blieb bei wenigen Angriffen, die von den Deutschen zurückgeschlagen werden konnten.

Ein Rettungsversuch, den die Truppen General Jeremenkos von Osten her begannen, konnte die eingeschlossenen Armeen nicht befreien, der deutsche Absperriegel war bereits zu stark. Am 18. September scheiterte ein letzter Befreiungsversuch Budjonnys, dann gelang es der 6. deutschen Armee, den Kessel zu teilen. Zwischen Borispol und dem Dnjepr war nun der größte Teil der sowjetischen Truppen hoffnungslos abgeschnürt. Fünf sowjetische Armeen waren im Dreieck Kiew-Tscherkassy-Priluki gefangen. Es folgte, wie der »Völkische Beobachter« wenig später verkündete, die »größte Vernichtungsschlacht aller Zeiten«. Schon am 14. September hatte General Tupikow, der Stabschef Kirponos', auf eigene Verantwortung den folgenden Funkspruch von Kiew nach Moskau an Stalin durchgegeben: »Der Beginn der Katastrophe, die Sie sich sehr wohl vorstellen können, ist nun in ein paar Tagen zu erwarten.«

An diesem Tag hatten die Deutschen ihre tödliche Falle um Kiew geschlossen, nun zogen sie den Ring um die sowjetischen Truppen enger und enger. Dennoch trafen die deutschen Angreifer auf hartnäckigen Widerstand. In vier Tagen verschoß eine Artillerieeinheit mehr Granaten als während des gesamten Frankreichfeldzugs. Die deutsche Luftwaffe flog pausenlos Angriffe und warf ihre vernichtende Fracht über der ukrainischen Hauptstadt und den sowjetischen Truppen im Kessel ab. Vom 14. bis zum 19. September, fünf Tage lang, tobte das Inferno. Dann eroberten zwei Infanteriedivisionen der 6. Armee die Hauptstadt der Ukraine.

Doch damit war der Widerstand noch lange nicht gebrochen. Kiew blieb für die Deutschen ein gefährliches Pflaster. Straßensperren, Hinterhalte, Häuserkämpfe warteten auf die Angreifer und forderten blutige Opfer auf beiden Seiten. Selbst in geräumten Häusern drohte eine tödliche Gefahr. Ständig rissen Explosionen deutsche Soldaten in den Tod. In Kiew und an anderen Abschnitten der Front machte den Deutschen eine neue sowjetische Geheimwaffe zu schaffen: ferngezündete Bomben, die nicht entschärft werden konnten und die auch nach Beendigung der Straßenkämpfe eine ständige Bedrohung darstellten.

Am 26. September, einen Monat, nachdem Hitler seine neuen Ziele vorgegeben hatte und der Schwenk der Panzergruppe Guderians den Angriff auf Kiew verstärkte, ging die bislang größte Kesselschlacht des Krieges zu Ende. Der Kampf um Kiew endete für die Rote Armee mit einem Debakel ohnegleichen. Fünf sowjetische Armeen waren vollständig zerschlagen, von zwei weiteren Armeen existier-

Norddeutsche Ausgabe
271. Ausg. / 54. Jahrg. / Einzelpreis 20 Pf.

„Freiheit und Brot"

Norddeutsche Ausgabe
Berlin, Sonntag, 28. September 1941

VÖLKISCHER BEOBACHTER

Kampfblatt der nationalsozialistischen Bewegung Großdeutschlands

Das Ende der Katastrophe von Kiew

Ein Millionenheer ausgelöscht

665000 Gefangene – 3718 Geschütze und 884 Panzer erbeutet oder vernichtet

Einmaliger Schlachtensieg

VB Berlin, 27. September

Das Schicksal der Sowjetarmeen zwischen Dnjepr und Djesna hat sich erfüllt: Sie sind ausgelöscht. 665 000 Bolschewisten wurden als Gefangene eingebracht. Überlebende eines Millionenheeres, das sich selbst mit schwachen Teilen nicht mehr aus der Umklammerung lösen konnte und sein gesamtes Kriegsmaterial einbüßte, darunter 884 Panzer und 3718 Geschütze.

Aus dem Führerhauptquartier, 27. September.

Das Oberkommando der Wehrmacht gibt bekannt:

Wie bereits durch Sondermeldung bekanntgegeben, ist die große Schlacht bei Kiew beendet. In doppelseitiger Umfassung auf gewaltigem Raum ist es gelungen, die Dnjepr-Verteidigung aus den Angeln zu heben und fünf sowjetische Armeen zu vernichten, ohne daß auch nur schwache Teile sich der Umklammerung entziehen konnten.

So fiel der eiserne Vorhang hinter Budennys Armeen

Von Kriegsberichter Günter Heysing

PK ..., 27. September.

Die Panzertruppen der Heeresgruppe v. Bock unter dem Oberbefehl des Generalobersten Guderian stießen für die Bolschewiken unvermutet aus dem mittleren Frontabschnitt in südlicher Richtung in die Ukraine vor. Der Feind versuchte diese Operation, deren weittragende Bedeutung er sogleich erkannte, durch erbitterte Verteidigung der Djesna- und Sejm-niederung zu verhindern. Beide Flüsse durch furchtbare, anhaltende Regenfälle, die sämtliche Straßen in knietiefe Sumpfstreifen verwandelten. Ein Fahrzeug mußte das andere ziehen. Selbst schwere Zugmaschinen blieben stecken, die sonst überhaupt kein Hindernis kennen. Die geplagten Kradschützen konnten sich schließlich nicht anders helfen, als Bauernpferde vor ihre Krader zu spannen und sich auf diese Weise durch die kilometerlangen Schlammlöcher durchschleifen zu lassen.

Linke Seite: Noch folgt Siegesmeldung auf Siegesmeldung.

Oben: Erinnerungsfoto nach der Einahme von Kiew. Deutsche Soldaten posieren vor einem Schilderwald.

Unten: Freundliche Begrüßung in Kiew. Nur kurz währt die Freude über den Einmarsch der Deutschen.

ten nur noch Bruchteile. Einer einzigen Kavallerieeinheit mit lediglich viertausend Mann unter Generalmajor Borisow gelang der Ausbruch aus dem Kessel. Diejenigen, die das Gemetzel überlebt hatten, traten den Weg in eine düstere Zukunft an. Sechshundertfünfundsechzigtausend Gefangene meldete das Oberkommando der Wehrmacht, selbst nach sowjetischen Angaben waren es immerhin vierhundertfünfzigtausend Mann. Der sowjetische Befehlshaber Generaloberst Kirponos wurde bei dem Versuch, sich mit seinem Stab in einer Kolonne von tausend Mann durch die deutschen Linien zu schlagen, getötet. Der Oberkommandierende Budjonny und der oberste Parteifunktionär Chruschtschow konnten im letzten Moment ausgeflogen werden. Stalin wollte seinen alten Kampfgefährten die Schmach der Gefangenschaft ersparen und zugleich den Deutschen den Triumph verwehren, einen Helden der Oktoberrevolution gefangenzusetzen.

Die siegreichen Deutschen machten nicht nur mehr als eine halbe Million Gefangene, sie erbeuteten nach offiziellen Angaben auch 3718 Geschütze und 884 Panzer. »Ein Millionenheer ausgelöscht«, berichtete der »Völkische Beobachter« und feierte einen »einmaligen Schlachtensieg«.

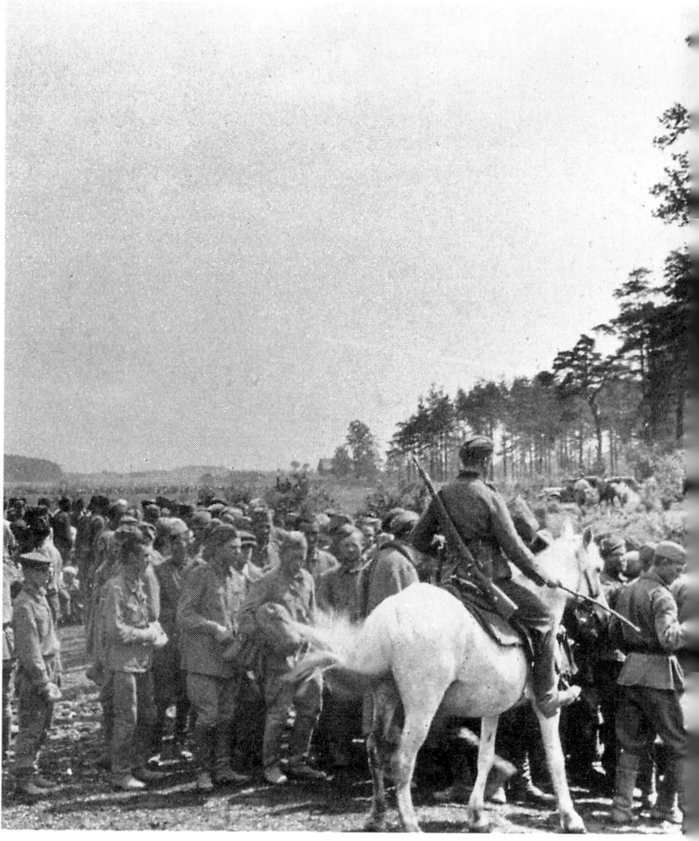

Bilder aus deutschen Kriegsgefangenenlagern. Tausende von Rotarmisten werden geprügelt, erschlagen oder erschossen. Tausende sterben an Seuchen oder verhungern.

»Gefallen für Führer und Vaterland«

In der Euphorie des Sieges gingen die Verlustmeldungen der Wehrmacht fast unter. Die offiziellen Berichte von der Front heroisierten den »Tod auf dem Felde der Ehre«. Vom Kriegsberichterstatter Fritz Lucke las sich das so: »Vor dem Wald, wo sie stürmten, siegten und starben, liegen die Gefallenen des I. Bataillons. Vier Offiziere, ein Unterarzt und mehrere Unteroffiziere und Mannschaften. Es ist der erste große Friedhof an der Straße des Sieges. Es sind harte Soldaten. Dieser Tag hat sie noch härter gemacht. Der Kampf gegen die Sowjetunion ist schwer. Aber jeder Soldat weiß, daß es durchgestanden werden muß, damit Deutschland leben kann.«

Da die zahlreichen Todesmeldungen in den Zeitungen zeigten, daß der Krieg gegen Rußland auch auf deutscher Seite große Opfer forderte, schuf die nationalsozialistische Propaganda den Mythos vom »Heldentod«. In den Traueranzeigen wurden die Soldaten als Verteidiger gegen den Bolschewismus gewürdigt: »Gefallen für Führer und Vaterland.« Doch in den Statistiken der Heeresführung addierten sich diese Einzelschicksale zu bedrückenden Zahlen: 116 908 Gefallene, 419 647 Verwundete, 24 484 Vermißte.

Das waren die Verlustmeldungen für den Zeitraum vom Beginn des Angriffs am 22. Juni bis zum 30. September 1941. Verglichen mit den hohen Verlusten der Roten Armee waren die Zahlen relativ niedrig. Doch angesichts der Aufgaben, die die deutschen Soldaten nach dem Willen ihres »Führers« noch zu erfüllen hatten, waren die Verluste für die deutsche Heeresführung alarmierend. Generalstabschef Halder notierte in sein Tagebuch: »Es fehlen zweihunderttausend Mann, die nicht ersetzt werden können, außer durch wiedergenesene.«

Vor allem der Verlust von 17 884 Offizieren war aus militärischer Sicht schwerwiegend. Er konnte nicht mehr ausgeglichen werden. Insgesamt bezifferte das Oberkommando der Wehrmacht den Ausfall auf 16,2 Prozent der Gesamtstärke des Ostheeres. Auch der Verlust an militärischem Material war nach drei Monaten Feldzug beträchtlich: Die Luftwaffe hatte eintausendzweihundert Maschinen verloren, die Panzergruppen verfügten nur noch über vierzig Prozent ihrer Sollstärke, die Heeresgruppe Mitte meldete den Verlust von zwei Dritteln ihrer Kraftfahrzeuge, die Kampfkraft mancher Infanteriedivision war um ein Drittel reduziert, die 20. Panzerdivision konnte nur noch vierundvierzig Panzer einsetzen. Reserven, um die Verluste auszugleichen, standen nirgends im notwendigen Ausmaß zur Verfügung. Offiziell erfuhr die Öffentlichkeit von diesen Problemen nichts. Aber in den Feldpostbriefen, die den Müttern und Frauen von der Front geschickt wurden, hatte die Begeisterung des Sommers spürbar nachgelassen,

Der Befehlshaber
der Panzergruppe 3 Gr.Gef.St., den 6. 8. 1941

Soldaten der Panzergruppe!

Sieben Wochen stärksten geschichtlichen Erlebens liegen hinter uns. Die Kernarmeen Stalins sind zersprengt, seine gewaltige Panzerarmee ist in ihrer Masse zerschlagen. Das Tor nach Moskau ist aufgestoßen, wenn die Roten sich auch noch verzweifelt dagegenstemmen: es wird Ihnen nicht gelingen, es wieder zuzuschlagen.
Der Rjemen-Merkine, Olita, Wilna, Smolewicze, Zeslaw, Pleszczenice; die Düna-Szisna, Olla und Beschenkowitschi; Witebsk, Gordodok, Newel und Wel.Luki, Senno, Dobromysl, Demidow, Welish, Jartzewo und Rattschino sind die Meilensteine Eures Sieges. Die Schließung des Kessels von Minsk im Norden, die Zersprengung der an der oberen Düna und bei Witebsk aufmarschierenden roten Armeen und die Abriegelung ihrer Reste bei Smolensk von Osten sind Euer Verdienst. Aus vollem Angriffsschwung heraus mußte ich Euch schließlich die Abwehr feindlicher Entlastungsstöße befehlen. Auch dieser Aufgabe wart ihr noch gewachsen. Als Sieger verlaßt Ihr Eure Stellungen am Wop und südwestlich Bjeloj. Der Führer hat unser ????? und kurze Ruhe befohlen. Als er mir am 4. 8. 41 im Hauptquartier der Heeresgruppe sagte, daß unser rascher Vorstoß über die Düna seine Erwartungen übertroffen habe und mit beiden Händen die Hand drückte, nahm ich diesen Händedruck als einen Dank für Euch, seine Soldaten. Auch ich danke Euch aus vollem Herzen für Eure Hingabe, Eure Ausdauer, Eure Tapferkeit und Euer Vertrauen in meine Führung. Mein Dank gilt auch allen Soldaten in der Tiefe der gewaltigen Kampffront.
In wohlverdienter Ruhe wollen wir neue Kräfte sammeln, seelische und körperliche, und Waffen und Gerät instandsetzen, um uns zu wappnen für die Beendigung des Krieges gegen die rote Kriegsmacht. Die Opfer unserer Toten und Verwundeten, derer wir in Ehrfurcht gedenken, soll nicht umsonst gewesen sein.

Es lebe der Führer!

gez.: Hoth
Generaloberst

Karl Schweiger, Leutnant

Allen reicht es. Denkt man an weitere Einsätze, so erscheint einem der Tod nicht mehr als »Pech« – als Zufall –, wie er überall passieren kann, sondern als äußerst wahrscheinliches Schicksal. Am erdrückend klaren Himmel erstrahlt nachts der Orion. In den ersten Nachtstunden sitzen die Kameraden vor ihren Hütten und hören Radio Belgrad – schweigend, ohne Witze zu reißen. Man sieht nur ihre Zigaretten glimmen … Gesundheitlich erhole ich mich langsam. Doch im Schlaf herrscht dauernd Krieg!

Ernüchterung machte sich breit: »Unsere Verluste sind hoch, mehr als in Frankreich. Solche zähen Hunde wie die Russen hab ich noch nicht gesehen. Außerdem haben sie ein unerschöpfliches Material an Panzern.

Auch von uns mußte mancher Kamerad tot oder verwundet auf dem Kampffeld bleiben. Es ist doch etwas Schreckliches, der Krieg.«

Solche Briefe ließen in der Heimat Skepsis aufkommen. Der Sicherheitsdienst, der regelmäßig die Stimmung der Bevölkerung untersuchte und dabei bislang überwiegend begeisterte Zustimmung registrieren konnte, mußte nun feststellen: »Die Berichte über die Kämpfe im Osten werden durch die Befürchtung hoher eigener Verluste überschattet. Eine gewisse Bedrückung ist insbesondere unter den Frauen anzutreffen.« Gebete, wie sie am 6. August 1941 im Berliner Lokalanzeiger erschienen, sollten Mut machen:

»Wenn einer von uns fallen sollt'
der andere steht für zwei
denn jedem Kämpfer gab ein Gott
den Kameraden bei.«

Das waren fromme Wünsche, die allerdings wenig über den Verlust des Vaters, des Sohnes, des Bruders hinwegtrösten konnten.

Die Sowjets schienen wirklich über unerschöpfliche Reserven zu verfügen. Schon am 11. August hatte Stabschef Halder in einer Mischung aus Verwunderung und Resignation in seinem Tagebuch zugegeben: »Unsere letzten Kräfte sind ausgegeben. Wir haben bei Kriegsbeginn mit etwa zweihundert feindlichen Divisionen gerechnet. Jetzt zählen wir bereits dreihundertsechzig. Und wenn ein Dutzend davon zerschlagen wird, dann stellt der Russe ein neues Dutzend hin.«

Hitler ignorierte das. Er empfand den Erfolg von Kiew als persönlichen Triumph. Hatte er nicht recht behalten? War nicht mit dem Sieg in Kiew der entscheidende Erfolg im Süden erzielt worden? Hatte sich der Stopp des Vormarsches auf Moskau nicht gelohnt? Hitlers Selbstbewußtsein stieg nun noch mehr. Der »Größte Feldherr aller Zeiten«, im Volksmund spöttisch GRÖFAZ genannt, hatte seinen militärischen Beratern wieder einmal gezeigt, wie der Krieg geführt werden mußte. Das Tor zum Kaukasus stand offen, der Weg nach Moskau schien frei – wo sollten die Sowjets noch ernsthaften Widerstand leisten können? Von einem solchen Schlag konnte sich keine Armee der Welt erholen! So dachte Hitler, so verkündete es die NS-Propaganda im »Völkische Beobachter«: »Stalins Armeen sind vom Erdboden verschwunden.«

Eine große logistische Herausforderung, der Nachschub für die Front: Treibstoff, Komißbrot, Zeitungen und – Zigaretten.

»Kurland ist mithin judenfrei...«

Bei ihrem Vormarsch auf Kiew stießen die deutschen Truppen auf Massengräber mit ukrainischen Nationalisten. Sie waren als politische Häftlinge auf Stalins Befehl inhaftiert und kurz vor dem Eintreffen der Deutschen von Wachmannschaften erschossen worden. Wer immer sich gewundert haben mag, warum insbesondere in der Ukraine deutsche Soldaten anfangs als »Befreier« begrüßt wurden, hier fand er die Antwort. Die Menschen litten unter der rücksichtslosen Enteignungspolitik der Moskauer Kommunisten, die jedes Streben nach Unabhängigkeit blutig unterdrückten. Die grausigen Leichenfunde wurden in der nationalsozialistischen Presse groß herausgestellt. Die deutsche Öffentlichkeit und die Welt sollten erfahren, was in Stalins Gefängnissen passierte. Hier fand Hitler eine willkommene Rechtfertigung für seinen Kampf gegen die »bolschewistischen Teufel in Moskau«. Allerdings verschwiegen die deutschen Zeitungen, was zur gleichen Zeit im Rücken der deutschen Front geschah.

Schon vor dem Angriff hatte Hitler klargestellt, daß er einen Krieg zur Vernichtung des Bolschewismus führen werde, mit dem er das Russische Reich zertrümmern und Kolonien für deutsche Siedler gewinnen wollte. Den Nationalsozialisten ging es nicht um die Befreiung der vom Kommunismus unterdrückten Menschen, sondern um einen Vernichtungs- und Eroberungskrieg. Alfred Rosenberg, frisch ernannter Reichsminister für die besetzten Ostgebiete, stellte fest: »Wir führen keinen Krieg, um die ›armen Russen‹ vor dem Bolschewismus zu erretten. Ein Krieg mit dem Ziel, ein ungeteiltes Rußland zu errichten und Stalin mit einem neuen Zaren zu vertauschen, scheidet deshalb aus.«

Wie die Nationalsozialisten sich Rußlands Zukunft vorstellten, dokumentierten sie im »Generalplan Ost«, einem detaillierten Programm zur »Germanisierung« des europäischen Teils der Sowjetunion bis zum Ural: ein Plan, der in dreißig Jahren vollendet werden sollte. Doch bevor Hitler die künftigen deutschen Ostkolonien als Rohstoffquelle und Absatzgebiet nutzen konnte, mußte dieses Gebiet von der sowjetischen Bevölkerung »freigemacht« werden. Hitler plante einen Völkermord von gigantischem Ausmaß, einen zweiten Holocaust, der dem des jüdischen Volkes gleichkam. Während die Wehrmacht die »rote Gefahr« in Richtung Osten abzudrängen hatte, fand im Rücken der deutschen Front ein gnadenloser Vernichtungskampf statt. Mit der gleichen Menschenverachtung, die Hitler mit der Maxime »der Rotarmist ist vorher kein Kamerad und nachher kein Kamerad« für den militärischen Kampf ausgegeben hatte, befahl er nun den Massenmord an der Zivilbevölkerung.

Dr. Paul Linke,
Truppenarzt.

Etwa 500 Meter nördlich des Ortsrandes war das Gelände etwas hügelig. Dort entdeckte ich bei meinem Rundritt einen toten russischen Soldaten, der in einer Mulde lag. Ich ritt ins Dorf zurück, um zu veranlassen, den Toten zu begraben. Doch zunächst fand ich einen dringenden Befehl zu einer Offiziersdienstbesprechung beim Bataillonskommandeur vor. Gerade noch pünktlich traf ich im Stabsquartier ein. Unser Major machte einen deprimierten Eindruck. Sein Gesicht wirkte wie versteinert. Die gewohnte Lagebesprechung bot eigentlich keinen Anlaß für die gedrückte Stimmung, von der offensichtlich auch der Adjutant betroffen war. Schließlich hatten wir in zügigem Vormarsch einen Angriff aus der Bewegung, wie das in der Fachsprache hieß, auf das Dorf Bogusslawez gemacht, hatten die Verteidiger in die Flucht geschlagen, uns nach vorn und an den Flanken abgesichert und beabsichtigten, am folgenden Tag in aller Frühe weiter vorzurücken. Doch es folgte das »dicke Ende«: Schon seit Wochen kursierten Gerüchte um einen angeblichen »Führerbefehl«, wonach gefangene sowjetische Kommissare zu erschießen seien. Als in preußischer Tradition erzogene, anständige Soldaten hatten wir diese Gerüchte stets als »Latrinenparolen« abgetan. Jetzt aber holte uns die Wirklichkeit schlagartig ein. Der Bataillonskommandeur eröffnete uns, daß man einen Kommissar gefangen genommen habe. Es herrschte eine gespannte Stille, in der man die berühmte Stecknadel hätte zu Boden fallen hören können. Dann ertönte in einem ungewohnt schnarrenden Ton die Stimme des Majors: »Bataillonsbefehl! Kommissar wird erschossen. Ausführung des Befehls: Leutnant Fuchs!« Leutnant Fuchs war zu diesem Zeitpunkt Ordonanzoffizier beim Bataillonsstab und gleichzeitig Gerichtsoffizier. Er war von Beruf Jurist. Er war mein Freund, fröhlich und immer zu Scherzen aufgelegt. »Aber Herr Major ...«, stotterte er und wurde von diesem barsch unterbrochen: »Leutnant Fuchs! Ich will jetzt kein Wort hören! Gehen Sie, und führen Sie sofort den Befehl aus!« Ich sprang sofort auf – noch ehe die Besprechung offiziell beendet war – und sagte zu meinem Freund Fuchs: »Otto, ich komme mit Dir!« Denn mir schoß ein Plan durch den Kopf, der nach der momentanen Lage ungeheuerlich schien. Auf dem Weg zum Stall, wo der Kommissar gefangen gehalten wurde, erzählte ich meinem Freund von dem Vorhaben: Ich führte Leutnant Fuchs und den russischen Kommisar zu der Schlucht, wo der tote Russe lag, den ich vor ein paar Stunden entdeckte. Dort angekommen, erläuterte ich Fuchs den wagemutigen Plan: Der russische Kommissar sollte die Uniform seines toten Kameraden anziehen und diesen in seiner eigenen Kommissarsuniform begraben. Vorher würden wir ein oder zwei Pistolenschüsse abfeuern. Dann solle er sich bis zum Einbruch der Dunkelheit in der Schlucht verborgen halten und anschließend versuchen, die eigenen Linien zu erreichen. Der Kommissar verzog keine Miene, erwiderte aber: »Spassiwo«, was so viel wie »Danke« bedeutet. Er wechselte schnell die Kleidung und griff zum Spaten, um den toten Russen zu begraben. Wir feuerten indessen zwei Pistolenschüsse in die Erde. Als der tote Soldat samt der Kommissarsuniform begraben war, sagte ich dem Kommissar: »Wir lassen Sie jetzt hier allein und wünschen Ihnen viel Glück. Es ist Ihnen hoffentlich klar, daß wir beide erschossen werden, sollte dieses Unternehmen jemals herauskommen. Aber unsere Offiziersehre ist uns dieses Risiko wert. Wir erschießen keine wehrlosen Gefangenen. Vielleicht denken Sie aber an diese Stunde, wenn Sie es je mit einem deutschen Kriegsgefangenen zu tun haben.« Da nahm der Kommissar Haltung an, legte die Hand an die Mütze und erwiderte in gebrochenem Deutsch: »Ich nicht werrde verrgessen!«
Wieder in unserer Befehlsstelle angekommen, meldete Leutnant Fuchs dem Kommandeur kurz: »Befehl ausgeführt!« Der Major antwortete: »Tut mir leid, Fuchs, ich wollte das auch nicht. Letztlich habe ich nur meinen eigenen Befehlsnotstand an Sie delegiert!«

Rechte Seite: Verbrechen an Juden. Entwürdigende Szene im Vernichtungslager Kaleva-Lijva.

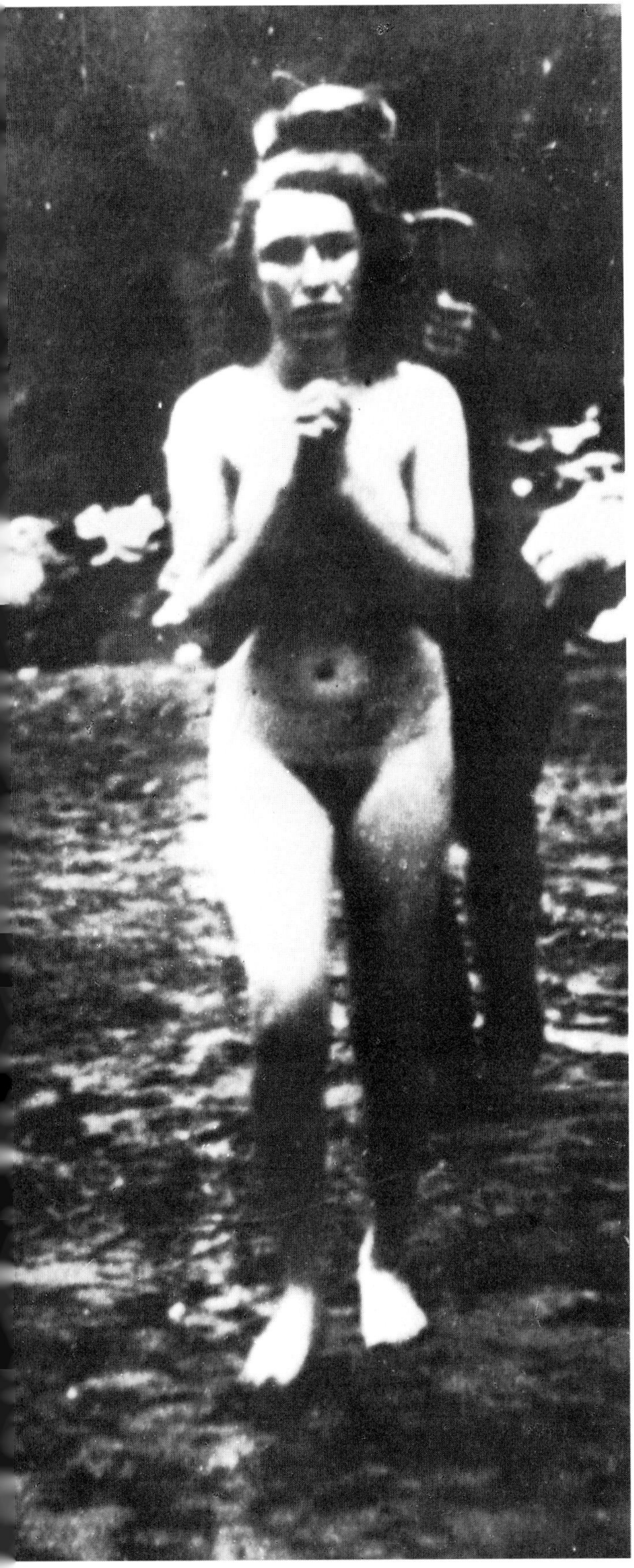

Gegenüber seinen Generalen begründete Hitler den Befehl zum Völkermord mit »militärischen Notwendigkeiten«: »Der Krieg ist nur weiterzuführen, wenn die gesamte Wehrmacht aus Rußland ernährt wird.«

Deshalb war es für die Nazis nur folgerichtig, daß alle »überflüssigen Esser« kurzerhand von der Versorgung abgeschnitten wurden. Über die Folgen dieses Tuns war sich Hitler bewußt: »Hierbei werden zweifellos zig Millionen Menschen verhungern.«

Doch die Menschen in den eroberten Gebieten waren nicht nur vom Hungertod bedroht. Wer die unmittelbaren Kampfhandlungen überlebt hatte, sah sich mit der Brutalität ideologisch begründeter Terrorakte konfrontiert, die der Sicherheitsdienst und die Gestapo in den besetzten Gebieten unternahmen. Ein akribisch geführtes Protokoll, das Fritz Dietrich, ein unbedeutender SS- und Polizeistandortführer im lettischen Libau angefertigt hatte, dokumentiert das Wüten der SS-Einsatzgruppen vor Ort:

»20. 9.41	Ankunft des SS- und Polizei-Standortführers in Libau
22. 9.	Exekutierung von 67 Juden in Windau
24. 9.	Exekutierung von 37 Juden in Libau
25. 9.	Exekutierung von 123 Juden in Windau. Inhaftierung von 80 politischen Häftlingen
30. 9.	Exekutierung von 21 Juden. Einlieferung von 83 Personen
3.10.	Exekutierung von 37 Juden
4.10.	Exekutierung von 18 Juden und 2 Kommunisten.«

Datum, Exekutierung, Anzahl – immer das gleiche Schema. Im Stil eines Buchhalters notierte Dietrich Tag für Tag die durchgeführten Exekutierungen und die Zahl der Opfer. Das Tagebuch reichte bis zum 17. Dezember 1941, dann hieß es lapidar: »Beendigung der Judenaktion. Insgesamt wurden 2746 Juden erschossen. Kurland ist mithin judenfrei. Munitionsverbrauch ist nur durch die Judenerschießungen eingetreten. 6000 Schuß.«

Viele Massenmorde dieser Art wurden hinter der Front durchgeführt. Zu den neuen Opfern zählten auch Kriegsgefangene, Kommunisten und Flüchtlinge aus den Konzentrationslagern. Zwischen Mensch und Tier wurde in den Meldungen nicht unterschieden: »In den letzten Tagen sind 47 Hunde und 42 Katzen zur Bekämpfung von Tollwut abgeschossen worden,« hieß es im Anschluß an eine Exekutions-Notiz. Nichts machte die Menschenverachtung der SS deutlicher. Listen dieser Art wurden nicht nur in Libau geführt. Hinter den vorrückenden regulären Truppen der Ostfront trieben spezielle Einsatzgruppen ihr Unwesen, um den Auftrag auszuführen, den Hitler am 3. März 1941

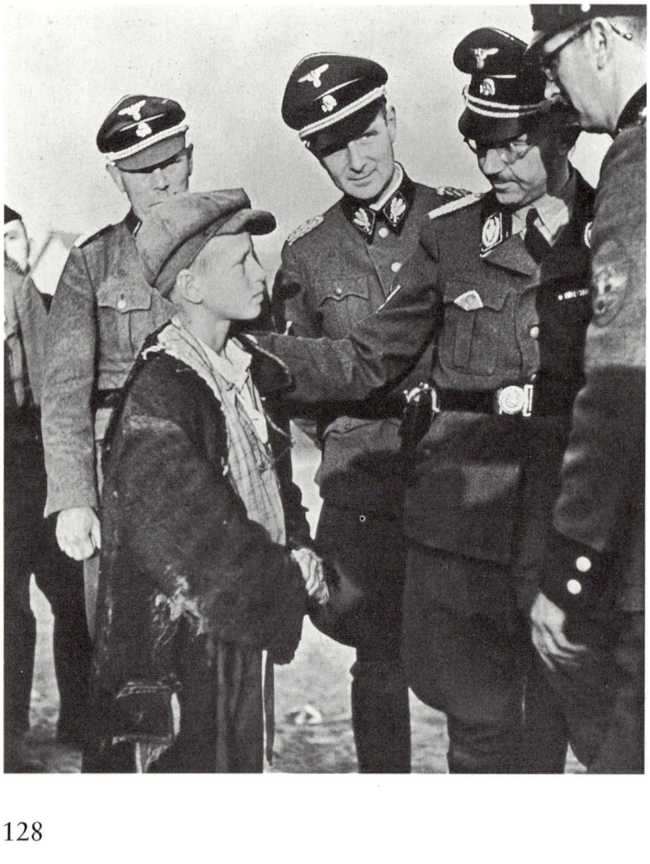

Oben: Nach stundenlanger »Treibjagd« stellen sich Männer einer SS-Einsatzgruppe hinter ihre jüdischen Opfer für ein Gruppenfoto auf.

Links: Der Schlächter gibt sich als »Kinderfreund«, der Reichsführer der SS Himmler bei Minsk.

Auszug

Aus einem Bericht des Beauftragten des Ministeriums für die besetzten Ostgebiete bei der Heeresgruppe Süd, Hauptmann Koch, über die Zerstörung Kiews

Kiew *5. Oktober 1941*
Geheim

...Der Brand von Kiew (24.–29. September 1941) hat genau die Mitte, d. h., den schönsten und repräsentativsten Teil der Stadt mit den beiden größten Hotels, der Hauptpost, dem Funkhaus, dem Telegrafenamt und einigen Warenhäusern zerstört. Betroffen ist ein Areal von rund 2 qkm, obdachlos sind etwa 50 000 Menschen; sie wurden notdürftig in verlassenen Quartieren untergebracht. Als Sühne für die offensichtliche Sabotage wurden am 29. und 30. September die Juden der Stadt liquidiert, insgesamt (nach Angabe der SS-Einsatzkommandos) rund 35 000 Menschen, zur Hälfte Frauen.

SZAOR der UdSSR, Fonds 7445,
Liste 2, Akte 138, Bl. 269.

gegeben hatte: »Die Ausrottung der jüdisch-bolschewistischen Intelligenz«.

Heinrich Himmler, Reichsführer-SS, beauftragte vier aus Sicherheitspolizei und SD gebildete Einsatzgruppen, im Rücken der Front »Sonderaufgaben« zu übernehmen. Was darunter zu verstehen war, hatte SD-Chef Heydrich den Führern dieser insgesamt dreitausend Mann starken Gruppen im Mai 1941 erläutert: »Ermordung aller Juden, aller Asiatisch-Minderwertigen, aller kommunistischen Funktionäre und Zigeuner.«

Die Leiter der Einsatzgruppen führten ihre »Sonderaufgaben« mit menschenverachtender Präzision durch. Otto Ohlendorf, einer von vier Gruppenkommandeuren, gab die Zahl der von seiner Einsatzgruppe durchgeführten Erschießungen bis zum Jahresende 1941 mit rund neunzigtausend an. Die Zahl der Opfer allein unter der jüdischen Bevölkerung während des ersten Jahres betrug eine halbe Million Menschen – fünfhunderttausend Männer, Frauen und Kinder.

Der Krieg gegen Rußland werde kein »normaler« Krieg sein, so hatte es Hitler angekündigt. Es gelte, den »jüdisch-bolschewistischen Pestherd« auszulöschen. Das blutige Wirken der Einsatzgruppen machte klar, daß Hitler seine Pläne in die Tat umsetzen ließ. Doch nicht nur Himmlers Sonderkommandos vollstreckten Hitlers Vernichtungswahn gegen »jüdische und slawische Untermenschen«. Hitler mißbrauchte auch aktive Soldaten. In der deutschen Generalität gab es dafür einige willfährige Handlanger. Die Einsatzgruppen waren um ihr Ansehen bei der Wehrmacht sichtlich bemüht: »Wir genießen hohes Ansehen vor allem bei den Stäben der Wehrmacht. Lediglich in der Judenfrage gab es kein restloses Verständnis.«

Befehlshaber der Wehrmacht duldeten nicht nur die Mordaktionen der Sonderkommandos, sie arbeiteten auch zeitweise mit den SD-Einheiten zusammen. Zivile Polit-Kommissare der Sowjets wurden den Einsatzkommandos zur Liquidierung übergeben. Jeder, der aktiven oder passiven Widerstand leistete, durfte sofort erschossen werden. Das OKW gab Richtlinien an die Truppen heraus, die sich von den Befehlen der Sonderkommandos kaum unterschieden. So hieß es etwa in einer Anweisung vom 8. September: »Der Bolschewismus ist der Todfeind des nationalsozialistischen Deutschland. Rücksichtsloses und energisches Durchgreifen bei den geringsten Anzeichen von Widersetzlichkeit, insbesondere gegenüber bolschewistischen Hetzern ist daher zu befehlen, Widersetzlichkeit, aktiver oder passiver Widerstand muß sofort mit der Waffe (Bajonett, Kolben, Schußwaffe) restlos beseitigt werden.«

Straftaten von Soldaten gegen die Zivilbevölkerung waren außer Strafe gestellt, Kriegs- und Standgerichtsbarkeit außer Kraft gesetzt. Den traurigen Höhepunkt bildete

General Walter v. Reichenau, Oberbefehlshaber der 10. Armee.

Auszug

**Aus dem Befehl
des Oberbefehlshabers der 6. Armee
Generalfeldmarschall von Reichenau,
über das Verhalten der Truppe im Ostraum**

Armeehauptquartier — *10. Oktober 1941*

Betr.: Verhalten der Truppe im Ostraum

Hinsichtlich des Verhaltens der Truppe gegenüber dem bolschewistischen System bestehen vielfach noch unklare Vorstellungen. Das wesentlichste Ziel des Feldzuges gegen das jüdisch-bolschewistische System ist die völlige Zerschlagung der Machtmittel und die Ausrottung des asiatischen Einflusses im europäischen Kulturkreis.
Hierdurch entstehen auch für die Truppe Aufgaben, die über das hergebrachte einseitige Soldatentum hinausgehen. Der Soldat ist im Ostraum nicht nur ein Kämpfer nach den Regeln der Kriegskunst, sondern auch Träger einer unerbittlichen völkischen Idee und der Rächer für alle Bestialitäten, die deutschem und artverwandtem Volkstum zugefügt wurden.
Deshalb muß der Soldat für die Notwendigkeit der harten, aber gerechten Sühne am jüdischen Untermenschentum volles Verständnis haben. Sie hat den weiteren Zweck, Erhebungen im Rücken der Wehrmacht, die erfahrungsgemäß stets von Juden angezettelt wurden, im Keime zu ersticken.
...
Fern von allen politischen Erwägungen der Zukunft hat der Soldat zweierlei zu erfüllen:
1.) *die völlige Vernichtung der bolschewistischen Irrlehre, des Sowjetstaates und seiner Wehrmacht,*
2.) *die erbarmungslose Ausrottung artfremder Heimtücke und Grausamkeit und damit die Sicherung des Lebens der deutschen Wehrmacht in Rußland.*

Nur so werden wir unserer geschichtlichen Aufgabe gerecht, das deutsche Volk von der *asiatisch-jüdischen Gefahr ein für allemal zu befreien.*

Der Oberbefehlshaber:
v. Reichenau
Generalfeldmarschall

Verteilt
bis zu den Kpn. usw.

der berüchtigte »Kommissarbefehl« Hitlers vom 6. Juni 1941. Danach waren politische Kommissare der Roten Armee »grundsätzlich sofort mit der Waffe zu erledigen«.

Aber es gab auch Widerstand gegen das von Hitler geforderte Vorgehen. Generalfeldmarschall von Reichenau sah sich deshalb in einem Tagesbefehl vom 10. Oktober 1941 zu einer »Klarstellung« gegenüber den Soldaten veranlaßt: »Hinsichtlich des Verhaltens der Truppe gegenüber dem bolschewistischen System bestehen immer noch unklare Vorstellungen. Das wesentliche Ziel des Feldzuges ist die Ausrottung des asiatischen Einflusses im europäischen Kulturkreis.«

Zu den Militärs, die gegen die unmenschliche Vorgehensweise im Osten protestierten, gehörte der Chef der Abwehr Admiral Canaris. In einem Schreiben vom 15. September 1941 wies er Hitler auf die menschenunwürdige Behandlung der sowjetischen Kriegsgefangenen hin – erfolglos. Zwei Tage später forderte General Schmidt, der Kommandeur des 39. Panzerkorps, die Aufhebung des Kommissarbefehls – er wurde abgewiesen. Praktischen Widerstand leisteten Soldaten der 17. Panzerdivision, die sich weigerten, gefangene Kommissare zu erschießen – letzlich erfolglos, denn die Gefangenen wurden von Himmlers Einsatzkommandos erschossen.

Derartige Proteste bestärkten Hitler in seiner Meinung, daß die Wehrmacht für solche Einsätze nicht geeignet sei. Seine stärkste Waffe im Vernichtungskrieg gegen die Zivilbevölkerung blieben die Einsatzgruppen. Sie führten jeden Befehl aus, töteten, ohne zu fragen, mordeten, ohne zu protestieren. Eines der schrecklichsten Massaker, beispielhaft für viele ähnliche Aktionen, verübten die Männer der Einsatzgruppe C, Sonderkommando 4. Der Name »Babi Yar« steht noch heute für eines der schändlichsten Verbrechen, das die deutschen Sonderkommandos in der Sowjetunion verübten.

Babi Yar ist der Name einer Schlucht bei Kiew. Am 29. September 1941, unmittelbar nach der Eroberung Kiews durch die deutschen Truppen, bewegte sich eine lange Menschenschlange in Richtung dieser Schlucht. Mütter mit ihren Babys, ältere Männer und Frauen, Jugendliche und Kinder – über dreißigtausend Menschen zogen in einer endlos anmutenden Prozession aus der Stadt. Sie folgten einem Aufruf, den die Deutschen am Vortag in einer Plakataktion überall in Kiew angebracht hatten: »Alle Juden der Stadt Kiew und ihrer Umgebung haben am 29. September 1941 um acht Uhr an der Kreuzung der Melnikow- und Doktorowstraße zu erscheinen.«

Wer dem Aufruf nicht nachkam, dem drohte die sofortige Erschießung. Was diejenigen erwartete, die dem Befehl folgten, ahnte keiner der Juden, die sich am angegebenen

Hans Kessel, Panzergrenadier.

In Slozow in Galizien töteten ukrainische Zivilisten vor dem Tor der Zitadelle die Juden, die aus dem ganzen Ort zusammengetrieben wurden. Mit einer Eisenstange schlug ein halbstarker Ukrainer den knieenden Juden, die vorher noch ein Gebet sprechen durften, ins Genick und brach ihnen die Nackenwirbel. Kopfüber stürzten die Menschen in die Grube, in der schon viele Leichen lagen. Angeblich war es ein Racheakt, weil jüdische Kommissare der Roten Armee Hunderte von ukrainischen Zivilisten, die die deutschen Befreier mit einem Triumphbogen aus Tannengrün begrüßen wollten, umgebracht hatten. Als ich meine Kamera unter dem Kradmantel hervorholte, um eine Aufnahme zu machen, stand plötzlich ein Feldgendarm neben mir und sagte, ich sollte mich schleunigst wegmachen, sonst würde er mir die Kamera wegnehmen und meine Personalien feststellen. Fotografieren sei hier verboten, und ein Eingreifen der deutschen Wehrmacht sei hier nicht geboten, weil es eine ukrainische Angelegenheit sei. Aber einmal konnte ich doch einige Aufnahmen machen, als ich in das kleine Dorf Kamionki Srumilowa bei Schitomir kam. Dort erschlug ein ukrainischer Halbstarker einen etwa 80jährigen Juden. Vorher stellte er ihm eine leere Blechbüchse als Krone auf den Kopf und legte ihm ein religiöses Buch auf die Knie …

Rechte Seite: Massenmord in Babij Yar: Vor ihrer Ermordung werden russische Juden gezwungen, sich auszuziehen (oben); die Mütter flehen um Gnade für ihre Kinder.

Ludmilla Sheila Polischtschuk,
Überlebende von Babi Yar.

Am 29. September wurden wir gefangengenommen. Mutter und ich wurden in ein Auto gezerrt und zu einem Sammelplatz gefahren. Als die Deutschen uns dort in die letzte Gruppe einteilten, war es schon Mitternacht. Die Reihe waren durch einen Draht voneinander getrennt, ringsum standen viele Soldaten mit Maschinengewehren. Viele Menschen schrien. Ich war erst viereinhalb Jahre alt. Wir mußten uns nackt ausziehen. Mutter hatte alte Wäsche an, die sie anbehalten durfte. Aber mir nahmen sie das Kleidchen ab. Sie führten uns zur Schlucht, wo Kisten standen, in denen sie die Dokumente und andere Sachen sammelten. Da hörte ich einen fürchterlichen Schrei von einem Mädchen. Meine Mutter meinte, sie sei 15 oder 16 Jahre alt gewesen. Sie hieß Sarah und war ein sehr schönes Mädchen. Die Deutschen versuchten, sie von ihrer Mutter wegzureißen, die aber wollte ihre Tochter nicht hergeben. Daraufhin schlugen sie der Mutter mit dem Gewehrkolben auf den Kopf und töteten sie. Fünf oder sechs Soldaten zogen das Mädchen aus und führten sie weg. Ein alter Jude mit einem Pferdefuhrwerk traf ein. Ein Deutscher ging zu ihm und wollte ihm mit einem geöffneten Klappmesser die Goldzähne herausbrechen. Der Jude wollte aber den Mund nicht öffnen. In diesem Moment packte ihn der Deutsche am Bart und warf ihn über den Zaun, den Bart noch in den Händen haltend. Ich fing an zu schreien. Mutter faßte mich bei den Händen und sagte: »Töchterchen, schrei nicht, sonst bringen sie uns um. Wenn du schweigst, überleben wir vielleicht.«
Dann baute sich ein Schießkommando auf. Mutter wartete aber nicht auf das Kommando, sondern warf sich mit mir in die Grube und fiel auf mich. Die Sondereinheiten begannen, uns mit Leichen zuzudekken. Danach erschossen sie eine weitere Gruppe. Mutter fühlte, daß ich unter ihr erstickte und legte mir zwei Fäuste unter den Hals, damit ich nicht im Blut ertrinke. Danach hörte ich, wie die Soldaten kamen und nach Überlebenden suchten. Glücklicherweise stellte sich ein Soldat auf Mutter und erstach den neben ihr liegenden Verwundeten. Als sie dann weitergingen, um die Sachen aufzuteilen, zog Mutter mich bewußtlos heraus und trug mich weg. In Podol, einem Ortsteil von Kiew, gab es eine Ziegelfabrik. Dort trug sie mich in den Keller. Wir versteckten uns vier Tage und vier Nächte in diesem Keller.

Ort, neben dem Friedhof, einfanden. Evakuierung? Internierung? Warum mußten sie dann ihre Kleider ablegen? Fürchterliche Ängste stiegen in den Menschen auf, als sie durch eine aus Polizisten gebildete Gasse gehen mußten und Knüppelschläge auf sie herunterprasselten. Doch das war erst der Anfang. Als sie nach der Prügeltortur die Schlucht erreichten, mußten sie sich, aufgeteilt in kleine Gruppen, reihenweise auf den Boden legen. Dann trat das Erschießungskommando in Aktion. Eine MG-Salve, ein paar Schaufeln Erde, die die Leichen nur notdürftig bedeckte, dann wurde die nächste Gruppe in die Schlucht getrieben. Die grausame Prozedur begann erneut, wiederholte sich, Stunde für Stunde. Erschöpft vom Massenmord mußten die deutschen Tötungskommandos im Schichtwechsel arbeiten, eine Stunde Morden, eine Stunde Pause, so ging es bis zum Einbruch der Dunkelheit. Ein Ende war nicht abzusehen. Die Nacht verbrachten die noch Lebenden zusammengepfercht in leeren Hallen, manche glaubten noch immer an ihre »Umsiedlung« – bis zum nächsten Morgen, als sie widerstandslos von den ausgeruhten Sonderheiten abgeschlachtet wurden. Sechsunddreißig Stunden dauerte das Massaker, dann versuchten die SS-Männer ihre Spuren zu verwischen: Sie sprengten die Schlucht mit Dynamit.

33 771 ermordete Juden lagen unter den Steinbrocken, die Mörder hatten mit deutscher Gründlichkeit Buch geführt. 33 771 Opfer, 150 Täter – Babi Yar wurde von nun an in der ganzen Sowjetunion zum Symbol deutscher Grausamkeit. Schätzungen zufolge wurden allein im Raum Kiew fast zweihunderttausend Menschen hingerichtet, erschossen, erschlagen, vergast. Babi Yar war nur eine von vielen Aktionen.

Die Hoffnung mancher Ukrainer, mit Hilfe der deutschen Eroberer die Freiheit von kommunistischer Unterdrückung zu erreichen, stellte sich als tödlicher Irrtum heraus. Hitler dachte gar nicht daran, einen Befreiungskrieg für die von Moskau bevormundeten Ukrainer oder gar Juden zu führen. Doch das barbarische Vorgehen der SS-Sonderkommandos hatte auch für die Wehrmacht fatale Folgen. In einigen Regionen hatten die Einheimischen die deutschen Soldaten zunächst mit Salz und Brot als Befreier vom stalinistischen Joch begrüßt. Jetzt folgten viele von ihnen einem Aufruf Stalins, Widerstand zu leisten.

»Kein gewöhnlicher Krieg«

Vor dem Angriff auf die Sowjetunion hatten die Generale über die Kampfkraft der Roten Armee gespottet. Mit einer »Schweinsblase« hatte sie Hitler verglichen, in die es nur hineinzustechen gelte, um sie zu zerstören. Wie »Fensterglas« werde der »tönerne Koloß ohne Kopf« zerbrechen, prahlte General Jodl, und Generalstabschef Halder prophezeite, »man braucht nur einmal mit der Faust hineinhauen, und das Ganze geht in Stücke.«

Doch schon nach wenigen Wochen schlug die Stimmung trotz der enormen Erfolge um. Von einer kopflosen Flucht der sowjetischen Truppen konnte keine Rede sein. Ob tönern oder nicht – der Koloß stand. Die Soldaten der Roten Armee kämpften mit einem Mut und einer Hartnäkkigkeit, die dem Gegner Respekt abrang.

Fritz Zimmermann, Kanonier.

In der Stabsbatterie gab es einen Wachtmeister namens Pache, der auf dem Vormarsch in die Häuser ging und hauptsächlich jüdischen Frauen die Goldzähne ausbrach.

Vor Kiew lagen wir längere Zeit. Danach marschierten wir um Kiew herum durch die Pripjetsümpfe weiter in Richtung Charkow. Wir hörten, daß bei Kiew in einem Steinbruch an die 30 000 Juden von der SS ermordet wurden. Ein Soldat trug ein russisches Mädchen auf seinem Arm. Der damalige Futtermeister kam angetrunken auf die beiden zu und erschoß dieses Mädchen. Er wurde nie dafür verurteilt.

... Danach kamen wir in ein kleines Dorf östlich von Bjelgorod. Eines Tages trafen dort einige russische Überläufer ein. Der Regimentsadjutant rief bei der Stabsbatterie an, ob nicht einige Freiwillige bereit wären, die Russen zu erschießen. Es meldeten sich wirklich welche. Den Russen wurden die Filzstiefel und die wattierten Jacken und Hosen ausgezogen. Dann wurden sie erschossen. Die russische Zivilbevölkerung erlebte das mit. Einige Kameraden sagten damals schon »Gnade uns Gott, wenn der Iwan nach Deutschland kommen sollte!«

Noch heute sage ich: Wenn manche Mütter und manche Frau wüßten, was ihre Söhne und Männer damals im Krieg verbrochen haben, schämten sie sich noch heute für sie!

Rechts: Aus dem Krieg der Partisanen: Ein Junge verabschiedet sich von seiner Mutter; Angriff auf einen deutschen Nachschubkonvoi; nach einem Einsatz werden die Verwundeten abtransportiert.

Aber nicht nur die russischen Armeen machten den Angreifern zu schaffen. Die deutschen Truppen bekamen die Auswirkungen der »verbrannten Erde« in den besetzten Gebieten zu spüren. Stalin hatte in seiner Rundfunkansprache am 3. Juli die Bevölkerung aufgerufen, alles zu vernichten, was der vorrückenden deutschen Wehrmacht nützen könnte. Doch damit nicht genug: Immer wieder mußten die Deutschen nun mit Partisanenangriffen in den schon eroberten Gebieten rechnen. Die sowjetische Führung ließ keine Gelegenheit aus, die Bevölkerung zu unbeugsamem Widerstand gegen die Besatzer aufzurufen. Stalin hatte am 3. Juli unmißverständlich erklärt: »Den Krieg gegen das faschistische Deutschland darf man nicht als einen gewöhnlichen Krieg betrachten.«

Am 3. August veröffentlichte die Nachrichtenagentur TASS einen Aufruf, den Nikita Chruschtschow, der ukrainische Parteisekretär, und Semjon Budjonny, der Oberkommandierende der Südwestfront, unterzeichnet hatten. In diesem gemeinsamen Appell von Partei und Militär »An die Partisanen« hieß es: »Wir wenden uns an alle, die fähig sind, Waffen zu tragen: Schließt euch den Partisanenabteilungen an. Baut neue Stellungen zur Vernichtung des Feindes. Unterbrecht seine Verkehrswege. Sprengt die Getreidespeicher, vernichtet die Ernte. Die Stunde des Sieges ist nahe.«

Viele sowjetische Bauern folgten diesem Aufruf. Wohin auch immer die deutschen Truppen kamen, sie trafen auf Ruinen: niedergebrannte Häuser, demontierte Fabriken, geplünderte Silos, zerstörte Brücken. Ernten waren vernichtet, Tiere getötet. Wenn Hitler gehofft hatte, das Ostheer könne sich zum Großteil aus den eroberten Gebieten versorgen, so machte die »verbrannte Erde« diese Hoffnungen zunichte. Damit nicht genug, auch die Nachschubverbindungen wurden immer wieder unterbrochen. Die wenigen befestigten Straßen blieben nicht unversehrt, Bombenkrater und zerstörte Brücken waren das Werk von Partisanen.

Paul T. K. Ponomarenko begann im Juli 1941 mit dem Aufbau einer zentralen Partisanenleitung. Doch zunächst blieb es bei Einzelaktionen, die von der sowjetischen Propaganda glorifiziert wurden. Verherrlicht und glorifiziert wurde unter anderem eine Gruppe junger Partisanen, die bei Krasnodon deutschen Soldaten aufgelauert und sie getötet hatte. Der Roman »Die junge Garde« des Schriftstellers Alexander Fadejew erzählt ihre Geschichte. Das Schicksal dieses Romans verdeutlicht die Probleme, mit denen die Partisanen anfangs zu kämpfen hatten: Nach dem Krieg mußte die Erstausgabe umgeschrieben werden, weil darin allzu deutlich wurde, daß die Partisanen zunächst völlig auf sich allein gestellt kämpfen mußten, ohne Unterstützung durch offizielle sowjetische Stellen.

Ponomarenko erhielt erst 1942 die offizielle Erlaubnis, mit dem Partisanenkampf zu beginnen. Die schon vorher aktiven Partisanengruppen stießen zunächst, vor allem in der Ukraine, bei der eigenen Bevölkerung auf wenig Unterstützung und mußten sich nach erfolgreichen Aktionen vor den deutschen Verfolgern in unzugänglichen Sumpf- oder

Walter Neustifter, Infanterist.

Ja, wir stießen einmal auf solche Flintenweiber. Wir durchkämmten gerade den Wald, und plötzlich saß dort eine Frau, die wohl eingeschlafen war. Sie bildete wahrscheinlich den Vorposten. Ein Kamerad hatte die Frau ergriffen, ihr die Waffe weggenommen und ca. 200 m weit weggeschleppt, damit sie nicht schreit. Wir sind dann vorsichtig weitergegangen und kamen auf eine Waldschneise, wo ein Holzbau stand. Hier waren lauter Frauen verschanzt – im Alter von 25 bis 30 Jahren vielleicht. Jede war mit einer Pistole oder sogar einer Maschinenpistole ausgerüstet. Unser Auftauchen überraschte sie natürlich völlig, weil wir ohne Vorankündigung durch den Vorposten dort erschienen. Die Frauen stürmten plötzlich auf uns los. Wir legten ein Maschinengewehr auf den Zaun und fuhren bloß noch durch mit dem Ding. Auf einen Schlag waren ca. 50–70 Frauen tot oder schwerverletzt. Den Rest haben wir in Gefangenschaft geführt. Die Russinnen haben sich allerdings nur sehr unwillig ergeben. Nun ja, wie die Weiber eben so sind. Die verhalten sich wie die Verrückten. Wir haben ungefähr drei bis vier Stunden auf sie hingehalten, bis die sich überhaupt ergeben haben. Die Frauen waren richtig fanatisch.

Linke Seite: Minenfalle – von Partisanen gelegt.

Rechts: Flugblatt der sowjetischen Propaganda.

Waldgebieten in Sicherheit bringen. Ihnen kam dabei zugute, daß die Deutschen zur Bekämpfung von Partisanen denkbar schlecht ausgerüstet waren. Nur vier Einsatzgruppen mit wenig mehr als viertausend Mann waren zur Abwehr von Partisanenaktionen abgestellt und sollten ein ungeheuer großes Gebiet kontrollieren. Die einzige Chance, diesen Kleinkrieg bald zu beenden, sahen die Deutschen darin, durch brutale Abschreckungsmaßnahmen die Bevölkerung von aktiver oder passiver Unterstützung der Partisanen abzuhalten.

Dieses Vorgehen schlug nicht nur fehl, sondern bewirkte sogar das Gegenteil: Je schärfer die deutschen Sondereinheiten auf Partisanenangriffe reagierten, desto härter schlugen die Partisanen zurück, desto mehr Unterstützung fanden sie bei der Bevölkerung. Kollektive Bestrafungen trieben viele erst in die Arme der Untergrundkämpfer.

Je länger der Krieg dauerte, desto mehr Erfolge erzielten die Partisanen. So wurden etwa speziell dressierte Hunde gegen deutsche Panzer eingesetzt. Diese Hunde trugen Sprengladungen auf ihren Rücken und krochen als lebende Minenleger unter die deutschen Panzer. Schon bald operierten zehntausend Partisanen im besetzten Gebiet. Im Rücken der Front konnten sich die deutschen Soldaten nicht mehr

Der Partisan Oleg Borkanjuk Ende September an seine Frau:

Meine Liebe!
Morgen fahren wir zur »Arbeit«. Die Zeit ist gekommen, von der wir gesprochen haben.
So einen Krieg, wie wir ihn jetzt erleben, hat die Geschichte nie gekannt. Dies wird ein schwerer und langwieriger Krieg. Er wird viele Menschenleben mit sich nehmen und viel Verwüstung mit sich bringen. Es ist schwer zu sagen, wie der Krieg geführt werden wird, aber eines kann man mit Sicherheit sagen: Der Sieg gehört uns und nur uns. Mein größter Wunsch ist jetzt, die Minute zu erleben, in der wir siegen werden. Und ich glaube fest daran, daß ich diese Minute erleben werde. Inzwischen aber paß auf Oletschka und auf Dich selbst auf. Gib Oletschka an keinen anderen, unter keinen Umständen! Ihr werdet miteinander glücklich sein! Erziehe sie möglichst gut! Bringe ihr bei, daß sie einen Vater hat, der auf einem verantwortungsvollen Posten gegen das größte Unheil der Menschheit kämpft – den deutschen Faschismus. Oh, sie läuft wahrscheinlich schon und plappert komische Wörter. Wie möchte ich sie sehen, hören, mit ihr nur eine Minute zusammen sein… Aber wir werden noch die Zeit erleben, in der ich immer mit ihr und mit Dir zusammen bin. Wir werden glücklich sein.

Zehn Tage später wird er gefaßt. Aus dem Gefängnis schreibt er an seine Familie:

Meine liebe, liebe Zika,
meine liebe Tochter Olenka!
Jeden Tag, jede Stunde habe ich an Euch gedacht. Ich hatte immer nur den grenzenlosen Wunsch, zu Euch zurückzukehren und unser wunderbares Familienleben weiterzuführen. Das wird mir nicht zuteil. Das Militärgericht hat mich zum Tode verurteilt. Ich bin gesund und munter und empfinde das grenzenlose Streben zu leben. Es gibt keine Rettung. Ich bin gezwungen zu sterben. Aber ich begegne dem Tod tapfer und mutig, wie es den Menschen unseres Schlages zusteht. Ich habe 41 Jahre gelebt, 20 davon waren der Sache des armen Volkes gewidmet. Ich habe nie gelogen. Mein ganzes Leben lang war ich ein ehrlicher, treuer und unermüdlicher Kämpfer ohne persönlichen Eigennutz. Und als solcher sterbe ich. Meine Lieben, weint nicht, trauert mir nicht nach! Heute sterben Tausende der besten Söhne unseres Volkes für eine bessere Zukunft der Menschheit. Der Krieg ist das größte Unglück. Hoffen wir, daß nach diesem Krieg ein Frieden wiederhergestellt sein wird, der für lange oder für immer dieses Unglück unmöglich macht. Ich wünsche Euch, daß Ihr diesen Frieden erlebt. Und dann erinnert Euch an mich mit einem guten, leisen Wort… Meine liebe Frau, vielen Dank Dir für die Zeit, die wir zusammengelebt haben. Du warst eine gute Frau und ein guter Kamerad. Ich möchte, daß Du heiratest und gegenüber dem neuen Mann genauso bleibst. Ich möchte, daß Du unsere Oletschka gut erziehst, zu einem guten Menschen, einer echten Nachfolgerin ihres Vaters. Meine liebe Tochter Oletschka, Du warst gerade ein Jahr alt, als der Krieg uns getrennt hat. Du warst mein Trost, mein Leben. Jetzt, da ich dem Tod begegne, bricht mir das Herz beim Gedanken, Dich nie wieder zu sehen… Sei glücklich. Hör auf die Mutter, sei gut, gerecht, lerne gut, und werde ein anständiger Mensch. Vergiß nie, daß Dein Vater für die Sache des Volkes am Galgen gestorben ist.
Lebt wohl, meine Lieben.
Olechsa Borkanjuk

sicher fühlen. Wer in einen Partisanenhinterhalt geriet und gefangengenommen wurde, mußte mit Folter und Tod rechnen. Umgekehrt mußte die russische Zivilbevölkerung für jeden von Partisanen getöteten deutschen Soldaten mit fürchterlichen Vergeltungsmaßnahmen büßen. Das Oberkommando der Wehrmacht erteilte im September 1941 neue Weisungen zur Partisanenbekämpfung. ›Abschrekkung durch Härte‹ lautete die Parole: »Als Sühne für ein deutsches Soldatenleben muß im allgemeinen die Todesstrafe für fünfzig bis hundert Kommunisten als angemessen gelten.«

Die Barbarei eskalierte – ein grausamer Kleinkrieg tobte im Rücken der Front.

Trotz der militärischen Erfolge, trotz des Sieges in der Schlacht um Kiew, der Krieg war auch für Hitler noch nicht gewonnen. Der »Führer« zweifelte allerdings nicht am baldigen Sieg der Wehrmacht. Ende August 1941 prophezeite er Mussolini, der ihn in der Wolfsschanze besuchte, den »Endsieg« für das Frühjahr 1942.

Rechte Seite, oben: Zivilisten werden als Geiseln abgeführt.

Rechte Seite, unten: Zur Abschreckung hingerichtet.

Nächste Seite: Verzweifelte Angehörige eines erschossenen Zivilisten.

Fotografieren
verboten!

Die Belagerung von Leningrad

»Keine Gefühlsduseleien ...«

Leningrad war das nächste große Ziel der deutschen Angriffe an der Nordfront. Deutsche Bomber flogen am 6. September 1941 in drei Wellen auf die Stadt zu. Die Einwohner hatten bei den bisherigen Luftalarmen nur kleine Punkte am Himmel gesehen. Detonationen blieben aus, es hatte sich um Aufklärungsflugzeuge gehandelt. Diesmal kündigten heulende Sirenen die Ankunft von massierten Fliegerstaffeln an. Dann mischte sich in das Brummen der Flugzeugmotoren das Donnern der Flak-Geschütze, schließlich waren die Einschläge der Bomben zu hören. Zwei Tage später, am 8. September, wiederholte sich das tödliche Schauspiel. Diesmal stiegen gewaltige Rauchwolken über dem Süden der Stadt auf, die Explosionen hatten die Badajew-Lagerhäuser zerstört. Wichtige Lebensmittel, vor allem Zucker und Getreide, verbrannten.

Es war ein ganz »normaler« Angriff mit geringen Schäden – für die Kriegsproduktion wichtige Fabriken, wertvolle Waffenlager oder gar strategisch bedeutende Verteidigungsanlagen waren nicht zerstört worden. Nur die Lebensmitteldepots wurden ein Opfer der Bomben. Jewgeni Sergejewitsch Ljapin, ein Mathematiker, berichtete später: »Damals kannten wir noch keinen Hunger, dachten gar nicht daran. Die Versorgung auf Lebensmittelkarten war ausreichend. Brot bekamen wir so viel, daß wir es absolut nicht aufessen konnten. So schenkte man diesem Problem überhaupt keine Beachtung.« Kaum jemand konnte sich Anfang September 1941 vorstellen, welche Katastrophe sich hier anbahnte.

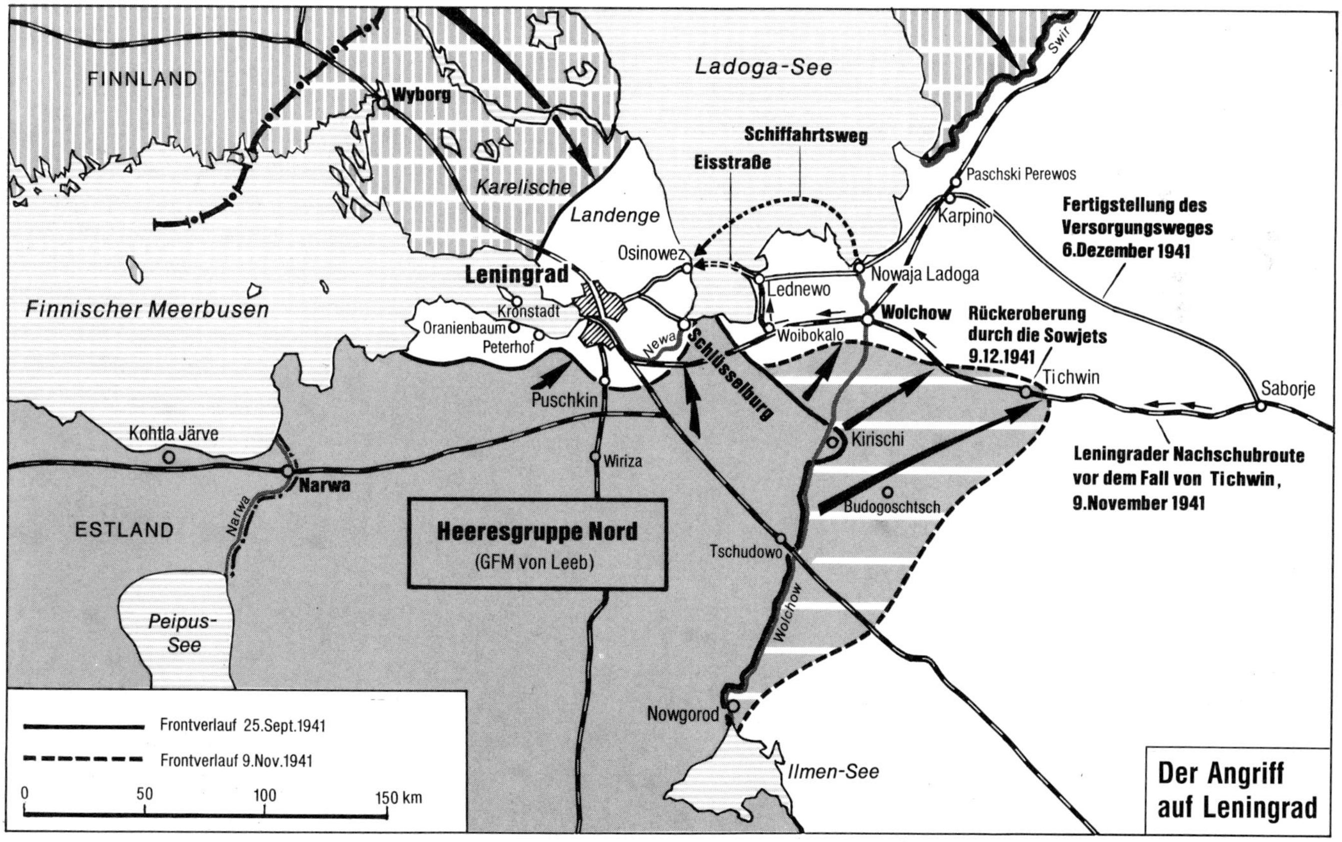

Oben: Deutsche Soldaten amüsieren sich über einen Schilderwald bei Wolossowa.

Links: Die Deutschen hoffen auf ein »leichtes Spiel« vor Leningrad.

Unten: Wegweiser zur Front: Schilderwald zur Orientierung der nachrückenden Truppen.

Leningrad, das »Venedig des Nordens«, das ehemalige Petersburg mit der barocken Pracht seiner Zarenschlösser, war die Kulturmetropole und immer noch heimliche Hauptstadt der Sowjetunion. Wenn auch das Riesenreich von Moskau aus regiert wurde – für Stalin hatte Leningrad symbolische Bedeutung: Hier stand die Wiege der Oktoberrevolution; hier hatte 1917 der bolschewistische Aufstand gegen das Zarenregime begonnen; von hier aus hatte Lenins Kommunistische Partei ihre Macht in blutigen Kämpfen auf das ganze Rußland ausgedehnt. Diese Stadt wollte Stalin nicht in die Hände der verhaßten »Faschisten« fallen lassen. Während Hitler entschlossen war, die Stadt dem Erdboden gleichzumachen, war Stalin bereit, Leningrad um beinahe jeden Preis zu verteidigen.

Die Skrupellosigkeit, mit der auf beiden Seiten diese Schlacht geschlagen wurde, wird in einem Meldungsaustausch zwischen den Kommandozentralen in Leningrad und Moskau deutlich. Ratlos und entsetzt hatten die Verteidiger Stalin gemeldet, daß die Deutschen russische Frauen und Kinder als Schutzschilde vor sich hertrieben, um vor den Kugeln der sowjetischen Scharfschützen sicher zu sein. Stalins Antwort lautete nur: »Mein Rat: Keine Gefühlsduseleien, sondern dem Feind und seinen Handlangern, freiwilligen oder unfreiwilligen, die Zähne einschlagen. Schlagt mit aller Kraft auf die Deutschen, ganz gleich, wer sie sind, fegt die Feinde hinweg, ganz gleich, ob sie freiwillige oder unfreiwillige Feinde sind.« Schon hier zeichnete sich ab, wie sehr die Zivilbevölkerung unter den Kampfhandlungen würde leiden müssen. Doch das war erst der Anfang.

Leningrad wurde nun unmittelbar durch die deutschen Truppen bedroht. Schon im Juli hatten die Spitzen der Panzergruppe Hoepner das schwerste Hindernis, die Verteidigungsanlagen der Stalinlinie, durchbrochen und zum Stoß auf die weiße Stadt an der Newa angesetzt. Sie lag damals nur noch hundertachtzig Kilometer von der Front entfernt. Das letzte Wasserhindernis, die Luga, überquerten die Angreifer am 14. Juli.

Die eigentliche Offensive begann schließlich am 8. August. Durch riesige Wälder und tiefe Moore kämpften sich fünfundvierzig deutsche Divisionen der Heeresgruppe Nord in Richtung Leningrad vor. Die Front zog sich vom Ladogasee bei Schlüsselburg den Wolchow entlang um den Ilmensee über die Waldaihöhen bis hin nach Cholm an der Lowat. Dieser Ring sollte sich nun immer enger um Leningrad schließen. Verstärkt durch Teile der Panzergruppe III, begann der Sturm auf die Stadt.

Während die Deutschen von Süden und Osten auf Leningrad vorrückten, näherten sich finnische Truppen von Norden her und stießen bis Wyborg und Swir vor. Als einziger Landzugang von Osten blieb der Roten Armee der Weg über Schlüsselburg am Ladogasee. Am 8. September

Lew Besymenski
Testament eines Überlebenden

Ein Kuriosum: 1963 wurde im Dorf Hislawitschi ein zusammengerolltes vergilbtes Blatt in einer alten verrotteten Munitionshülse entdeckt. Die fast unleserlichen Zeilen des kleinen Schriftstücks waren das Testament eines jungen russischen Soldaten, Stepan Kzutow. Er wurde in der Schlacht um Smolensk verwundet und gefangengenommen, die Zeilen wurden am 10. 10. 1941 verfaßt:

»Teure russische Menschen, Landsleute, vergeßt uns nicht. Wir kämpften nach Kräften gegen die faschistische Bestie. Doch nun ist das Ende gekommen, man hat uns verwundet gefangengenommen, wir verbluten und verhungern, sie mißhandeln uns, jagen uns gewaltsam nach Potschinki. Was weiter sein wird, wissen wir nicht, viele Menschen sind bereits durch Hunger und bei Fluchtversuchen umgekommen. Wer diese Notiz findet, möge sie an die beliebige Dienststelle, an einen Dorfsowjet oder an einen Kolchos oder an ein Archiv weitergeben, vielleicht bleiben irgendwelche Menschen auf russischem Boden am Leben. Es kann doch nicht sein, daß diese Halunken alle umbringen. Wer nach uns leben wird, möge sich erinnern, daß die Menschen für ihre Heimat gekämpft und sie wie die eigene Mutter geliebt haben. Wir sind unbesiegbar.«

Glaube eines kleinen Soldaten an die Unbesiegbarkeit. Es scheint, als hätte dieser Glaube später Berge versetzt. Auf dem kleinen Brief stand auch eine Adresse, schwer zu entziffern. Doch man fand heraus, daß es sich bei dem angegebenen Heimatort des jungen Rotarmisten um das Dorf Galamino handelte. Und tatsächlich, Stepan Kzutow war dort bekannt. Er ist bei Smolensk doch nicht umgekommen. Kzutow war zwar in deutscher Gefangenschaft, flüchtete dann aber nach Frankreich und ging dort in den Widerstand. Er kämpfte bei der Befreiung Frankreichs 1944/45 mit. Nach Kriegsende kehrte er nach Hause zurück und starb dort 1968. Dieses Soldatenschicksal mutet wie ein kleines Wunder an. Doch Wunder passieren gerade in Kriegszeiten immer wieder.

Linke Seite, oben: Sturmangriff: Der Blockadering um Leningrad wird immer enger.

Linke Seite, unten: Eine 8,8-cm-Flak zielt auf die Stadt.

Oben: Ein Bunker der »Stalin-Linie« ist in deutsche Hände gefallen, der Stab wird benachrichtigt.

Walter Broschei

Mitte September erreichten wir auf einem Höhenzug, acht Kilometer vor dem Finnischen Meerbusen und 20 Kilometer südwestlich der Stadtmitte, Leningrad. In der Ferne pulsierte das Leben in der Stadt. Es war verblüffend. Züge fuhren, Schlote rauchten und auf der Newa herrschte reger Schiffsverkehr. Mit den verbliebenen 28 von 120 Soldaten in der Kompanie waren wir nun in sogenannten Kampfbataillonen zusammengefaßt – unfähig, Leningrad anzugreifen.

Oben: Deutsche Soldaten in Wartestellung während der Belagerung von Leningrad.

Rechte Seite: Lektüre während einer Kampfpause.

Rolf Dahm

So wie ich das heute sehe und beurteilen kann, hätten wir praktisch kampflos nach Leningrad reinmarschieren können. Die berühmten Kirow-Werke, die von uns aus, also von Uritsk, vielleicht drei oder vier Kilometer entfernt lagen, hätten wir ohne weiteres einnehmen können. Aber es war wohl die Furcht unserer Führung, eine Millionenstadt im Winter verpflegen zu müssen. Dann lieber davor bleiben und versuchen, die Stadt auszuhungern.

gelang es jedoch den deutschen Truppen, auch diese letzte Verbindungslinie nach Osten zu unterbrechen. Die letzte Verteidigungsstellung war gefallen, der Weg nach Leningrad war frei. Die deutschen Truppen blickten auf die Stadt an der Newa, sie konnten schon die Panzerwerke von Kolpino, die Kuppel der Isaakskathedrale, die Turmspitzen der Admiralität und die Peter-Pauls-Festung erkennen und machten sich zum entscheidenden Sturmangriff bereit. Die nationalsozialistische Presse feierte bereits den Sieg, der Berliner Rundfunk meldete: »Nur Stunden trennen uns vom Fall Leningrads.«

Da kam jedoch der Befehl zum Halt. Hitler hatte seine Taktik geändert. Die Stadt, deren Eroberung in den ursprünglichen Plänen für das »Unternehmen Barbarossa« das erklärte Ziel der Heeresgruppe Nord war, sollte nun doch nicht erstürmt, sondern eingeschlossen, beschossen

und ausgehungert werden. Er ließ über das Oberkommando der Wehrmacht verkünden: »Wir schließen Leningrad hermetisch ab und schlagen die Stadt, soweit mit Artillerie und Fliegern möglich, zusammen.«

Diese neue Taktik wurde schon bei den Luftangriffen am 6. und 8. September deutlich. Der Befehl, die Eroberung Leningrads abzubrechen, bedeutete also keineswegs den Rückzug der Deutschen, er bedeutete auch nicht Rettung oder Schonung für die Stadt. Vielmehr benötigte Hitler die Panzer, die bislang auf Leningrad vorgerückt waren, an anderer Stelle. Nach dem Sieg im Süden hieß das neue Ziel nun endgültig Moskau. Für Leningrad, so dachte Hitler, gab es ohnehin keine Rettung mehr: Der Winter und der Hunger würden der Stadt mit Sicherheit den Todesstoß geben. Er wollte daher keine weiteren Verzögerungen für seine übergeordneten Ziele in Kauf nehmen. Die sowjetische Hauptstadt sollte noch vor dem Wintereinbruch fallen, und dafür brauchte er die Panzer der Panzergruppen III und IV. Was Hitler außerdem abhielt, den Befehl zum Sturm der Stadt zu geben, waren nicht zuletzt die Erfahrungen der bisherigen Kämpfe, vor allem die blutigen Lehren, die die Deutschen bei der Besetzung Kiews machen mußten. Erläuternd hieß es in der Weisung des OKW: »Ebenso wie in Kiew durch Sprengungen mit Zeitzündern die schwersten Gefahren für die Truppen entstanden sind, muß damit in Moskau und Leningrad in noch stärkerem Maße gerechnet werden. Kein deutscher Soldat hat daher diese Städte zu betreten.«

Für Hitler würde sich Leningrad sowieso bald geschlagen geben. Die deutschen Soldaten sollten nicht durch Anschläge gefährdet werden, und General Hunger würde schon dafür sorgen, daß Leningrad ohne größere Verluste in die Hand der Wehrmacht falle. Folgender Befehl hatte jedoch in seiner Substanz weiterhin Bestand: »Feststehender Entschluß des Führers ist es, Moskau und Leningrad dem Erdboden gleichzumachen, um zu verhindern, daß Menschen drin bleiben, die wir dann im Winter ernähren müßten.« Diese Anweisung Hitlers, notiert von seinem Generalstabschef Halder, wurde im Falle Leningrads nur in der Reihenfolge umgekehrt: Zunächst sollte die Bevölkerung ausgehungert werden, dann würde die Stadt endgültig zerstört. So oder so: Hitler hatte zwei Millionen Leningrader zum Tode verurteilt!

Am 30. August war der Ring um Leningrad geschlossen worden. Zusammen mit der Zivilbevölkerung waren damit auch dreißig Divisionen der Roten Armee umzingelt, verstärkt durch dreihunderttausend Milizionäre und Arbeiter, die nach dem Fabrikdienst mit der Straßenbahn an die Front

Linke Seite: Deutsche vor Leningrad: Was machen die Russen?

Oben: Vermessungen vor einem Bombenangriff auf Leningrad.

fuhren. Bei der Verteidigung der Stadt halfen auch Frauen mit, die entweder für die Männer den Dienst in den Fabriken antraten oder sogar selbst den Bau von Verteidigungsstellungen, Barrikaden und Panzersperren unterstützten.

Die sowjetischen Verteidiger befehligte General Schukow, der am 9. September das Kommando im Smolny antrat. Er setzte darauf, daß die Marineeinheiten der Ostsee mit ihrer Schiffsartillerie im Landkampf wertvolle Unterstützung leisten konnten. Mit ihnen hoffte er, den Riegel am Ladogasee wieder aufbrechen und Schlüsselburg sowie die strategisch wichtigen Eisenbahnlinien zurückerobern zu können. Ihn stimmte optimistisch, daß mittlerweile die britische Hilfe angelaufen war. London lieferte nun nicht mehr nur Schuhe, sondern auch Kampfgerät: Am 11. September trafen zwei Fliegerstaffeln mit den gefürchteten Hurricane-Jägern ein. Doch auch Schukow wußte, daß man Hunger nicht mit Jagdflugzeugen bekämpfen konnte.

Das Staatsverteidigungskomitee hatte in einer Bestandsaufnahme am 27. August festgestellt, welche Nahrungsreserven Leningrad noch besaß. Die Liste war wenig ermutigend. Sie umfaßte Mehl für 17 Tage, Hülsenfrüchte für 29 Tage, Fisch für 16 Tage, Fleisch für 25 Tage, Butter für 28 Tage. Die Vorräte mußten schnell aufgefüllt werden. Doch

Johannes Haferkamp, Infanterist.

Man muß sich vorstellen: Der Russe wußte, daß die Deutschen einen undurchdringlichen Ring um Leningrad gezogen hatten, daß alle Einwohner zum Tode durch Verhungern und Seuchen verurteilt waren. Welche Anstrengungen würde die russische Armee also unternehmen, um diese Stadt wieder zu befreien? Welche sonstigen Anstrengungen könnte sie unternehmen, um die Bevölkerung mit Lebensmitteln zu versorgen? Ansonsten hätte die Bevölkerung doch wohl unweigerlich den Hungertod sterben müssen. Das war die eigentliche Absicht unserer Kriegsführung.

Linke Seite, oben: Gebündelte Maschinengewehre im Nachteinsatz gegen anfliegende deutsche Bomber.

Linke Seite, unten: Matrosen der baltischen Flotte an einer Vierlingsflak.

Oben: Sowjetische Jagdflugzeuge sichern den Luftraum über Leningrad.

für Eisenbahntransporte war es schon zu spät. Die Deutschen hatten die letzte Verbindung unterbrochen. Bürgermeister Popkow blieb keine andere Wahl als die Lebensmittel zu rationieren. Zu Beginn der Blockade erhielt ein Arbeiter pro Tag auf Lebensmittelkarten vierhundertfünfzig Gramm Brot, für Kinder und Nichtwerktätige gab es die Hälfte. Fast ein Pfund Brot am Tag, das schien zunächst für viele ausreichend. Kein Wunder also, daß auch nach der Zerstörung der Badajew-Lagerhäuser ein Durchschnittsbürger wie Jewgeni Sergejewitsch Ljapin keine besorgniserregenden Anzeichen für eine drohende Hungersnot erkennen konnte.

Da aber die zerstörten oder mittlerweile geleerten Lebensmittellager nicht aufgefüllt werden konnten, war den verantwortlichen Funktionären klar, welche Gefahr auf die Stadt zukam. Der Mann, der die Hungersnot aufhalten sollte, kam aus dem Moskauer Ernährungsministerium: Dimitri W. Pawlow. Eine seiner ersten Amtshandlungen bestand darin, die Lebensmittelrationen noch mehr einzuschränken.

»Es ist so einfach zu sterben …«

Die Deutschen hatten sich vor dem letzten sowjetischen Verteidigungsring verschanzt und nahmen mit ihrer Artillerie und mit der Luftwaffe die Stadt unter Beschuß. In der Stadt herrschten große Unruhe und Unsicherheit, täglich erwartete man den Sturmangriff der Deutschen. Nur langsam wurde den Leningradern bewußt, daß die tödliche Gefahr nicht von den Granaten und Bomben ausging. Ein anderer, unsichtbarer Gegner forderte seine Opfer, leise und fast unmerklich: der Hunger.

Die ersten Tage der Blockade verstrichen mit der Bestandsaufnahme und Rationierung von Lebensmitteln. Anfang Oktober legte Pawlow, der bald in den Ruf eines »Lebensmitteldiktators« geriet, monatliche Rationen fest, danach erhielten Nichtwerktätige und Kinder:

450 g	Fleisch
675 g	Hülsenfrüchte
337,5 g	Sonnenblumenöl
1350 g	Kuchen oder Süßwaren.

Doch schon bald waren die entsprechenden Vorräte aufgebraucht. Nach Rindern, Schweinen und Hühnern wurden nun auch Pferde geschlachtet, selbst Katzen und Hunde dienten als Nahrung, die anfangs mit Ekel, dann aus purer Verzweiflung hinuntergeschlungen wurde. »Der Mensch fühlt sich besonders unbehaglich, ihm ist unheimlich, und er hat den eigenen Tod, das eigene Verschwinden vor Augen, weil Katzen, Hunde, sogar Vögel verschwunden sind«, lautete ein Tagebucheintrag während der Blockade.

Schließlich bestand die Hauptnahrungsquelle nur noch aus Brot. Das biblische Wort vom »täglichen Brot« erfuhr eine elementare Bedeutung. Und die Tagesrationen mußten

Unten: Frauen stehen Schlange für ihre tägliche Brotration.

Rechte Seite: Versuche, die Hungersnot zu lindern: Gemüseanbau vor der Isaak-Kathedrale in Leningrad.

Oben: Vor allem Kinder und alte Menschen sind vom Hunger betroffen.

Rechte Seite: Bauern sammeln Geld für den Verteidigungsfonds.

Nikolai Jepichin,
Marineoffizier.

Der Blockadering um Leningrad schloß sich. In der Stadt gab es nur noch Mehl für 14 Tage, Benzin für 10 Tage und Flugbenzin für fünf Tage. Feldmarschall von Leeb, der deutsche Befehlshaber der Nordarmee, soll in seiner Ansprache an seine Soldaten gesagt haben: »Seit heute, seit der Errichtung der Blockade, kommt kein Vogel mehr, geschweige denn ein Mensch durch die deutschen Linien!« Aber nicht nur Vögel, auch Menschen kamen noch durch. An den unbewohnten Ufern des Ladogasees kämpften wir, ungefähr 3000 Marinesoldaten der Ladogasee-Kriegsflottille und Matrosen der Nordwest-Binnenschiffahrt, um jedes Kilo Graupen und Mehl. Denn ein Kilo Mehl rettete in Leningrad acht Menschenleben. Wir kämpften um jede Granate, um jeden Liter Benzin. Der Gegner wußte sehr wohl, daß den Verteidigern Leningrads nur noch der schmale, 29 Kilometer lange Wasserstreifen zwischen Osenowez und Kabona als Transportweg geblieben war. Das war die »Straße des Lebens«. Deshalb bombardierte die deutsche Luftwaffe unsere Schiffe, Umschlagbasen und Anlegekais, um diese letzte Ader, die Leningrad mit dem übrigen Land verband, abzuschirmen. Aber es gelang ihr nicht.

weiter verringert werden. Erhielt ein Arbeiter bis zum 15. Oktober noch vierhundert Gramm Brot, mußte die Ration erst auf dreihundert, schließlich auf zweihundertfünfzig Gramm gesenkt werden. Trotzdem reichten die Vorräte Anfang November nur noch für ungefähr zwei Wochen.

Die Lage verschlimmerte sich zusätzlich dadurch, daß die Qualität des Brotes ständig abnahm. Zunächst konnte noch das Getreide aus der neuen Ernte benutzt werden, dann fegten die Großbäckereien die Lagerhallen leer und benutzten verschimmeltes Getreide und immer mehr Zusatz- oder Ersatzstoffe. Wurden dem Brot vorerst nur zehn Prozent Baumwolle zugesetzt, so kamen später auch Zellulose, Stroh, Fichtenholz und Knochenmehl hinzu. Arbeiter mußten Rinde sammeln, Fabriken lieferten eßbares Sägemehl, das Leningrader Brot bestand letztlich aus dreißig Prozent genießbarer Zellulose. Die Rationen sanken weiter, trotz

Lebensmittelkarten gab es immer weniger Nahrungsmittel zu kaufen.

Der Hunger schwächte vor allem die, die schwere körperliche Arbeit zu verrichten hatten: in den Munitionsfabriken, bei der Behebung von Schäden, die durch den andauernden deutschen Beschuß und die Luftangriffe entstanden, in den Versorgungseinrichtungen. Zwar erhielten die Arbeiter höhere Rationen als die Nichtwerktätigen, doch bald zeigte sich, daß dies bei weitem nicht ausreichte, um ihren Kalorienbedarf zu decken. Die Arbeitsleistung sank, das Arbeitstempo verringerte sich, die Menschen arbeiteten langsamer. Mattigkeit machte sich breit: »Du gehst zur Arbeit und kannst kaum die Füße voreinandersetzen. Man glaubt, das Bein nicht heben zu können. Wenn man den Fuß auf eine Stufe setzen soll, ist es wie Watte. Du bist drauf und dran zu laufen, aber deine Beine wollen nicht reagieren, nicht gehorchen, so daß man fast hinfiel.«

So beschrieben die Menschen in Leningrad die Mühsal täglicher Fortbewegung. Und doch mußte gearbeitet werden und wurde gearbeitet, zumindest solange es in den Fabriken Strom gab. In der Shdanow-Werft, in der Minen produziert wurden, reichte der Strom bis Dezember, dann mußte die Arbeit eingestellt werden. Der eisige Frost während der Wintermonate tat ein übriges. Die Maschinen waren eingefroren, selbst heißes Wasser, soweit es noch verfügbar war, gefror sofort zu Eis. Die Wände der Fabrikhallen waren mit Schnee bedeckt, die wenigen intakten Scheiben überzog eine dicke Eisschicht.

Die Menschen versuchten sich abzulenken. Tagebuchschreiben war eine der Möglichkeiten, die Situation psychisch zu bewältigen. Die Hungernden schrieben vom alltäglichen Grauen, und sie schrieben nicht zuletzt auch deshalb, um ihr Leid der Nachwelt mitzuteilen: »Meine Hauptabsicht war es, das einmal, wenn all das vorbei sein würde, selbst zu lesen, und natürlich sollten es auch diejenigen, die das alles nicht miterlebt haben.«

Viele Tagebücher sind bewegende, beredte Zeugen einer menschenverachtenden Zeit, in der Angst und Not den Alltag bestimmten. Der schmale Grat zwischen Leben und Tod war täglich spürbar, auch für die Kinder. Am 25. Dezember, dem Tag, an dem zum ersten Mal die Brotration erhöht werden konnte, notierte ein junges Mädchen: »Kuska ist vom Tod errettet.« Kuska war ihre Katze, von der sich das Mädchen später dann doch trennen mußte. In scheinbar nebensächlichen Details werden tragische Einzelschicksale lebendig. Sie legen Zeugnis ab vom Leid der Betroffenen, von ihrem Widerstand gegen den Hunger, vom täglichen Kampf um ein Stück Brot, von ihrer Verzweiflung, aber auch von ihrem Optimismus, doch noch überleben zu können.

Tagebuchschreiben war nur eine der Beschäftigungen, mit denen sich die Menschen ablenkten. Wer nicht schreiben wollte, konnte ins Kino gehen, zum Beispiel ins Filmtheater Molodjashny, wo »Die Schweinepflegerin und der Hirt« gespielt wurde... Andere besuchten Konzerte der Leningrader Philharmoniker oder Dichterlesungen, viele stöberten bei Buchhändlern, die ihre Läden offen ließen. Das öffentliche Leben ging in vielen Bereichen weiter, als ob nichts geschehen sei.

Kinder saßen da und zerschnitten oder zerrissen Papier in kleine Stückchen, die aussahen wie Lebensmittelmarken. Eine Beschäftigung, die sinnlos erschien, aber half, vorübergehend den Hunger zu vergessen. Einige gingen spazieren, um sich abzulenken. Den Menschen, die ermattet über den Newski-Prospekt schlurften, waren die Entbehrungen deutlich anzusehen. Junge Mädchen sahen aus wie alte Frauen.

Am 9. November 1941 war Leningrad von deutschen Truppen eingeschlossen. Die Stadt wurde ununterbrochen bombardiert. Dennoch spielte an diesem Abend das Radiosinfonieorchester unter Leitung von Dirigent Eliasberg in der Philharmonie Beethovens Neunte Sinfonie. Das Konzert wurde nach London übertragen. Der Dirigent berichtet: »Die Musiker, die nicht schon geraume Zeit vor Konzertbeginn eingetroffen waren, mußten sich unter Lebensgefahr bis zu uns durchschlagen. Das Konzert begann pünktlich. Als der dritte Satz begann, hörten wir das Heulen der Sirenen, unmittelbar darauf das Fallen von Bomben in der Nähe und das Krachen der Flak. Das ganze Gebäude bebte. Zu dieser Begleitung spielte das Orchester die Sinfonie zu Ende. Dann wünschte der Ansager unseren Hörern in England eine gute Nacht.«

Der Winter überrascht die deutschen Soldaten auch vor Leningrad.

Ihre Körper waren ausgemergelt. Manchmal waren die Bäuche der Hungernden angeschwollen und aufgedunsen – die Folge von Mangelerscheinungen. Bei vielen quollen Muskelfasern und Gefäße hervor, sie hatten die welke, faltige Haut von Greisen. Wer in die Gesichter blickte, konnte braungrüne Flecken entdecken, die von Skorbut herrührten, dazu starre Augen, ohne jeden Ausdruck, zu keiner Regung mehr fähig. Schon bald wagten sich die Menschen nur noch auf die Straße, um die tägliche Brotration abzuholen. Jede weitere Bewegung wurde zur Qual, auch wenn die Ärzte als Therapie gegen Lähmungserscheinungen und zunehmende Bewegungsunfähigkeit kleine Spaziergänge verordneten, zu denen vielen aber einfach die Kraft fehlte.

Die Zahl der Todesopfer nahm zu. Ärzte machten keine Hausbesuche mehr – was hätten sie gegen Hunger auch verschreiben können? Wenn der Arzt kam, dann meist nur, um einen Totenschein auszustellen. Häufig meldeten aber die Überlebenden den Tod eines Angehörigen nicht, um mit den ihm zustehenden wertvollen Lebensmittelkarten eine zusätzliche Ration zu erhalten.

Einzelne schreckten dabei auch vor Gewalt nicht zurück. Halbwüchsige schlossen sich zu Banden zusammen und

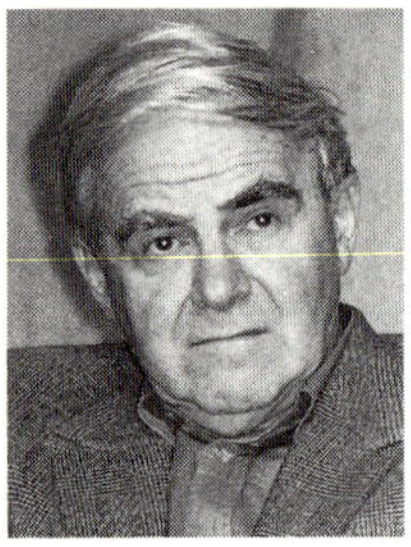

Daniil Granin, Schriftsteller, damals Kriegsfreiwilliger.

Wer konnte in Leningrad überleben? Ein Einwohner bekam erst 200 Gramm, dann nur noch 125 Gramm Brot pro Tag – es war eine Sterbensration. Wie wir das überlebt haben, begreife ich bis heute nicht. Es hat sich nachträglich herausgestellt, daß vor allem die Menschen überlebt haben, die sich für andere aufopferten, die sich bewegten, Angehörige und Kinder pflegten, Wasser und Nahrung besorgten oder Holz für die Öfen auftrieben. Von diesen Menschen starben zwar auch viele, aber seltener als jene, die unbeweglich in ihren Betten blieben und Kräfte sparten. Das Wichtigste war damals, den Willen nicht zu verlieren. Und das war das Schwierigste. Eine Mutter hat uns erzählt, wie sie ihr Kind vorm Tod gerettet hat. Es war nichts mehr zu essen da. Ihr Kind weinte vor Hunger. Da schnitt sie sich die Venen auf und tränkte das Kind mit ihrem Blut. Es blieb am Leben. Es passierte noch Schrecklicheres. Eine Mutter hatte zwei Kinder. Beide konnte sie aber nicht durchbringen. Sie mußte sich für eines von ihnen entscheiden. Das andere mußte den Hungertod sterben. Eine andere Mutter hatte zwei Kinder. Eines von ihnen starb, und sie kochte dessen Fleisch, um das andere Kind zu retten. Sie erzählte uns davon erst, nachdem wir ihr geschworen hatten, dem zweiten Kind, das heute erwachsen ist, nichts davon zu erzählen!

überfielen Lieferwagen mit Brot oder – nachdem die Transporte besser geschützt wurden – einzelne Passanten, um sich Nahrung zu verschaffen. Nach anderen Berichten kam es vor, daß Wartende in einer Schlange dem Vordermann die eben ausgehändigte Ration entrissen, um sie blitzschnell an Ort und Stelle zu verschlingen. Lebensmittelkarten wurden gestohlen oder von organisierten Banden gefälscht, und selbst in vielen Familien herrschte Mißtrauen. G. A. Knjasew, ein Historiker, der die Blockade überlebte, berichtete später: »Man beobachtet einander, zankt sich wie hungrige Hunde. Wie schnell kann der Mensch doch von den Gipfeln der Kultur auf seinen tierischen Urzustand zurücksinken.« Das darf angesichts der brutalen Qualen, die der Hunger verursachte, aber nicht verwundern. Betroffene schilderten, daß man sich vor Hunger krümmte, vor Schmerzen wie ein Schwerverletzter schrie und der Magen das Gehirn aufzufressen schien.

Mangelerscheinungen konnten nicht mehr behandelt werden. Daher wurden Ersatzlösungen gesucht. Wissenschaftler fanden in alten Urkunden Hinweise auf ein Wundermittel: Vor zweihundert Jahren hatten die Russen Fichtennadeln gegen Skorbut eingesetzt. Am 18. November 1941 faßte deshalb das Stadtexekutivkomitee den Beschluß, durch industrielle Großproduktion von Fichtennadelextrakt den durch Vitaminmangel ausgelösten Krankheiten in der Bevölkerung vorzubeugen. Doch damit konnte nur ein Symptom kuriert werden, die eigentliche Ursache blieb bestehen: Die Vorräte an Lebensmitteln gingen unweigerlich zu Ende.

Was noch vorhanden war, wurde gestreckt: Dünner Brei wurde mit heißem Wasser noch weiter verdünnt, um den Eindruck zu vermitteln, man habe mehr gegessen. Die Menschen suchten nicht mehr nur nach Speisen, sie aßen alles, was irgendwie verwertbar schien: Lederriemen, technische Öle, Leinölfirnis, Pflanzenabfälle, Vaseline, Holzspäne. Sie rissen Tapeten von den Wänden und kratzten den Klebstoff ab, weil das Gerücht kursierte, der Leim sei aus Kartoffelmehl hergestellt. Schließlich wurde sogar Erde zum begehrten Lebensmittel, allerdings nur die »Erde«, die im Badajew-Lagerhaus lag. Als nämlich das Lagerhaus im deutschen Bombenhagel vom 8. September 1941 in Flammen aufgegangen war, verbrannte hier Zucker, der zum großen Teil schmolz und in das Erdreich einsickerte. Aus diesen schwarzen Klumpen gewannen sowjetische Chemiker während der Blockade Süßwaren. Wer keinen großen Aufwand betreiben konnte, lutschte die Erde pur, die süß und etwas sandig geschmeckt haben soll. Je größer der Hunger wurde, desto mehr stieg die Bereitschaft, auch Ungenießbares zu essen. Viele Menschen starben bei dem Versuch, aus unbehandelten Senfkörnern Plinsen zu bakken. Die scharfen Körner zerfraßen förmlich die ausgelaugten Därme der Hungrigen, die unter schrecklichen Krämpfen starben.

Es sollte noch schlimmer kommen. Der Winter brach herein, zum Hunger gesellte sich die Kälte. Dem Organismus fehlten die physiologischen Voraussetzungen, den Fortbestand der Körperfunktionen bei diesen Temperaturen zu gewährleisten: »Wenn der Magen leer ist, kann man anziehen, was man will – man wird nicht warm«, klagte ein junges Mädchen.

Rechte Seite, oben: Vor Schwäche auf dem Weg nach Hause zusammengebrochen.

Rechte Seite, unten: Todesalltag in Leningrad: Ein Begräbniszug überquert die Kirowski-Brücke.

Die Petroleumölration, die im September noch sieben Liter betragen hatte, wurde im Oktober gestrichen. Das Elektrizitätswerk stellte seinen Betrieb ein – die Kohlen waren ausgegangen. Damit gab es auch keinen Strom, kein Licht, keine Energie mehr. Geheizt wurde dann mit den Burshuikas, meist selbstgebauten kleinen Öfen, in denen alles Verwendung als Brennstoff fand: Lumpen, altes Schuhwerk, Parkett, Matratzen und natürlich auch Bücher.

Hauptlieferant für Brennmaterial waren aber alte Holzhäuser, die von den deutschen Bombern zerstört worden waren. Viele Bewohner Leningrads hatten allerdings nicht mehr die Kraft, das notwendige Brennmaterial zu besorgen, und erfroren in ihren Betten, in denen sie schutzlos dem Frost ausgeliefert waren, der durch die zerstörten Fenster in die ungeheizten Zimmer drang. Diese »Paralyse« durch Hunger und Kälte umschrieb Jelena Skrajabina in ihrem Tagebuch: »Heute ist es so einfach zu sterben. Man beginnt einfach das Interesse zu verlieren, dann liegt man im Bett und steht nicht mehr wieder auf.« Der stille Hungertod in der alltäglichen Umgebung gehörte zu den beklemmendsten Erfahrungen, die von vielen Leningradern aufgezeichnet wurden.

Sie berichteten von Menschen, die am Tisch saßen, unbemerkt einschliefen und nicht mehr aufwachten; von Menschen, die im Gespräch plötzlich innehielten, verstummten und leblos vornüber fielen. Sie erzählten von Menschen, die eben noch zögernd über die Straße gingen, kurz stehen blieben, um sich scheinbar auszuruhen, und dann tot umfielen.

Die Zahl der Verhungerten stieg ständig: Elftausend zählten die Behörden im November, dreiundfünfzigtausend waren es bereits im Dezember. Weitere Tote gab es durch Bombenangriffe und Kampfhandlungen an der Verteidigungslinie. Von September bis November kamen allein zwölftausendfünfhundert Menschen im deutschen Bombenhagel ums Leben. Berge von Leichen wurden in den Straßen und in den großen Waschhäusern angetürmt. Seuchen gefährdeten die Lebenden. Der Frost, der die Lage der Menschen sonst so verschlimmerte, hatte hier sein Gutes: Die Temperaturen von vierzig Grad unter Null verhinderten das Verwesen der Toten. Das bedeutete aber auch, daß sie vor dem Frühjahr bestattet werden mußten. Es begann eine gespenstische Prozedur, die sich regelmäßig wiederholte. Särge gab es schon lange nicht mehr in ausreichender Zahl und nur wenige Tücher, um die Toten zu verhüllen. Längst

Jewgenija Demidowa, Krankenschwester

Ich ging zum Dienst ins Metschnikow-Krankenhaus. Wir halfen, die Bahren zu tragen, verbanden Verwundete und gaben ihnen Wasser. Doch für mich war diese Tätigkeit sehr anstrengend, weil ich schwanger war. Eine schwere Winterzeit begann. Auf die Badaew-Lebensmittellager fielen Bomben. Von nun an regierte der Hunger. Wir liefen in die zerstörten Lager, sammelten die verbrannten Lebensmittel auf und aßen sie. Es wurde schlimmer und schlimmer. Man verteilte täglich nur noch 125 Gramm Brot. Ich kam im November mit meinem Neugeborenen aus dem Krankenhaus und begann, die Möbel zu zerschlagen, um in der Küche den Ofen anheizen zu können, die Dampfheizung funktionierte nicht mehr. Wegen der eingefrorenen Wasserleitung gab es kein Wasser. Man mußte mit dem Krug irgendwohin gehen, wo es aus einem Hahn tröpfelte. Ich kochte mir eine Brotsuppe. Mein Kind konnte aber noch keine feste Nahrung zu sich nehmen, weil es sehr klein war. Solange ich etwas essen konnte, hatte ich auch etwas in den Brüsten. Später aber blieb die Milch weg, und ich hatte nichts, um das Kind zu füttern.
Eines Tages standen wir um sechs Uhr morgens in der Schlange und warteten darauf, daß die Bäckerei öffnete. Manchmal öffnete sie gar nicht erst, weil kein Brot da war. Einmal wollte ich mein Brot gerade einpacken, da kam ein Mädchen und riß mir das Brot aus der Hand. Fassungslos stand ich da, mit aufgerissener Hand. Jeder in der Schlange gab mir ein paar Krümel, und so sammelte ich 25 Gramm zusammen. Als ich dann auf die Straße ging, sah ich das Mädchen, das mir das Brot weggenommen hatte. Ich folgte ihr. Sie ging in ein Vorderhaus und dann in eine Wohnung. Dort lagen zwei Leichen, ihre Mutter und ihr Bruder, wie ich dann von ihr erfuhr. Die Mutter hielt die Brotkarten zusammengepreßt in ihren Händen. Die Karten hätte man vor drei Tagen einlösen können. Das bedeutete, daß die Mutter wahrscheinlich schon drei Tage tot war. Das Mädchen wußte wahrscheinlich nicht, daß man mit den Karten Brot einlösen konnte. In dieser Nacht starb mein Sohn. Ich hatte nichts, um ihn zu füttern. So verlor ich meinen Erstgeborenen.

Linke Seite, oben: Eine Sperre mitten in der Großstadt: Hier beginnt das Frontgebiet.

Linke Seite, unten: Während der Belagerung: Tote werden an den Stadtrand gebracht.

Linke Seite: Die Wasserversorgung ist zusammengebrochen. Das Wasser muß mühsam aus Löchern im tiefgefrorenen Boden geschöpft werden.

Oben: Marinesoldaten auf dem Marsch zur Front vor Leningrad.

war es nicht mehr möglich, die Leichen einzeln abzuholen. Täglich fuhren Lastwagen durch die Stadt, die die Toten einsammelten und zu Friedhöfen brachten, wo sich die Leichenberge zunächst auftürmten. Ein schauriges Bild bot sich selbst dem abgestumpften Auge: Tote aller Altersgruppen, auch zahlreiche Kinder, in den Positionen, in denen sie gestorben waren: im Sitzen, im Liegen, mit erhobenen Armen oder gebeugten Beinen. Bei dem tiefgefrorenen Boden konnten die Massengräber häufig nur durch Sprengung ausgehoben werden. Tausende von Toten wurden in lange Gräben gelegt und dann mit Erde bedeckt. Jeder Stadtbezirk hatte einen Friedhof zugewiesen bekommen, für den ein Exekutivkomitee zuständig war. Das Komitee erstattete täglich Meldung an die Partei, wie viele Gräber ausgehoben, wie viele Tote begraben wurden. Auf dem Friedhof Piskarjowskoje waren es in den ersten Wintermonaten 1941/42 durchschnittlich zweitausend Tote pro Tag. Der Tod wurde etwas Alltägliches.

Je länger das Leiden andauerte, je mehr Opfer die Belagerung kostete, desto häufiger kamen Zweifel auf. Wozu das alles? Wozu noch länger hungern, frieren, sterben? Wäre es nicht besser, aufzugeben und den Forderungen der Deutschen nachzukommen, die auf der anderen Seite der Schützengräben den Verhungernden Brötchen anboten, die sie auf ihre Bajonette spießten, und voller Zynismus in ihren Propagandablättern schrieben: »Aufgefressen sind die Linsen – Leningrad geht in die Binsen«?

Die Leningrader wußten nicht, daß auch eine Aufgabe keine Rettung gebracht hätte. Hitler hatte mehrmals strikte Anweisung gegeben, die Stadt in enger Umklammerung zu halten und die Bevölkerung auszuhungern. Letztmals und endgültig hatte er am 7. Oktober 1941 entschieden: »Leningrad muß ausgehungert werden. Wenn die Übergabe der Stadt angeboten wird, so sollte dieses Angebot abgelehnt werden.« So gab es für die Stadt und ihre Einwohner nur eine Hoffnung: die Blockade zu brechen. Auf dem Landweg oder auf dem Seeweg mußten Lebensmittel in die Stadt gebracht werden.

»Nur Tanja bleibt übrig«

Die Deutschen hatten, unterstützt von den im Norden kämpfenden Finnen, den schmalen Korridor zwischen Leningrad und dem Ladogasee geschlossen und die letzte Eisenbahnverbindung nach Moskau bei Tichwin unterbrochen. Stalin befahl daraufhin der militärischen Führung in der belagerten Stadt: »Konzentrieren Sie acht bis zehn Divisionen und brechen Sie nach Osten durch. Uns ist die Armee wichtig.«

Mit frisch herangeführten Kräften aus Sibirien und der sowjetischen Panzer-»Wunderwaffe«, dem T 34, begann der neue Befehlshaber der 4. Armee General Meretskow am 5. Dezember die erfolgreiche Gegenoffensive. Bereits am 8. Dezember konnte die für den Winterkampf sehr viel besser ausgestattete Rote Armee den wichtigen Eisenbahnknotenpunkt Tichwin zurückerobern. Leningrad selbst war damit aber noch nicht befreit.

Der Winter, der die Lage der Menschen in der Stadt so katastrophal verschärft hatte, bot aber auch eine Chance: Nachschubverbindungen über zugefrorene Wasserwege. Der Ladogasee gefror bei Temperaturen unter vierzig Grad minus. Seit Anfang November warteten Vermessungstrupps darauf, daß das Eis eine ausreichende Stärke erreichen würde. Am 17. November war es endlich soweit: Die Arbeiten für den Straßenbau auf dem Eis konnten beginnen. Drei Tage später rollte der erste Transport über die riesige Eisfläche. Zunächst waren es nur leichte Pferdefuhrwerke,

Jewgenija Demidowa, Krankenschwester.

Eine fürchterliche Hungerzeit begann. Vor allem die jungen und älteren Menschen starben. Kinder wurden mit Flugzeugen und über den Ladogasee evakuiert. Ich sollte die Kinder aus den Kinderhäusern und Kindergärten abholen und über das Eis führen. Ich kann das nicht erzählen, ohne zu weinen. Eine junge Frau, die eine Fackel in der Hand hielt, um den Autos mit den Kindern auf dem Eis den Weg zu leuchten, starb dort vor Erschöpfung. Die »Straße des Lebens« war nicht nur eine des Lebens, sondern auch eine Straße des Todes. Ständig war der Feind in Aktion, bombardierte und beschoß uns. Der Ladogasee war jedoch die einzige Hoffnung, um zu überleben. Wie viele Menschen dort starben, kann ich nicht sagen. Viele sind verhungert. Als wir die Evakuierten zum Ladogasee transportierten, mußten wir an vielen Leichen vorbei, die man nicht wegräumen konnte. Die Frauen leisteten eine Arbeit, die weit über ihre Kräfte ging. Leningrad überlebte nur durch die Opferbereitschaft der Frauen. Die »Straße des Lebens«, wurde durch sie erst zum Leben erweckt.

Linke Seite: Fast unaufhörlich rollen die Konvois über die »Straße des Lebens«; an manchen Stellen steht Wasser auf dem Eis.

Links: »Straße des Lebens«: Tausende können versorgt, Tausende evakuiert werden.

die die gefährliche Reise antraten, doch schon bald konnten Lastwagen eingesetzt werden, um Mehl vom anderen Ufer des Sees in das belagerte Leningrad zu transportieren. Mochten die Deutschen nun die Landwege weiterhin versperren, die »Straße des Lebens«, wie die Leningrader den Weg über den See nannten, sorgte dafür, daß die Blockade durchbrochen werden konnte. Diese Möglichkeit hatte die deutsche Seite nicht berücksichtigt. Über den zugefrorenen Seeweg konnte die Versorgung der Stadt aufrechterhalten werden. Natürlich konnte nur das Allernötigste auf diesem Weg herbeigeschafft werden, und der Hunger war keineswegs besiegt, aber zumindest konnte so der totale Untergang verhindert werden.

Zwanzigtausend Soldaten und Zivilisten betreuten diesen Transportweg. Nach Leningrad hinein fuhren die Pferdegespanne, Lastwagen und Schlitten Lebensmittel, aus Leningrad heraus brachten sie auf dem Rückweg Schwerverletzte, Kinder und Kranke in Sicherheit. Es war eine kurze, aber gefährliche Reise. Die Eisfläche war keineswegs völlig eben. Die geschwächten Frauen und Kinder konnten sich kaum auf den Wagen festhalten. Schnee- und Eisstürme ließen die Motoren auf freier Fläche oft einfrieren, deutsche Flugzeuge bombardierten die Transporte. Ständig bestand für die Fahrzeuge die Gefahr, in eines der Eislöcher einzubrechen, die deutsche Bomben geschlagen hatten. Doch das Risiko lohnte sich. Als im Frühjahr der See wieder auftaute und die Transporte eingestellt werden mußten, waren über eine halbe Million Menschen aus der Stadt evakuiert worden.

Linke Seite: Rotarmisten versuchen den Belagerungsring um Leningrad zu sprengen: Sturmangriff auf den Sinyavski-Höhen.

Oben: Auch die Belagerer leiden unter der strengen Kälte.

Links: Warten in den Schlammgräben vor Leningrad.

In der Stadt selbst konnten die ärmlichen Rationen etwas heraufgesetzt werden. Seit dem 25. Dezember 1941 erhielt ein Arbeiter dreihundertfünfzig Gramm Brot täglich, hundert Gramm mehr als zuvor. Auch die übrigen Bewohner Leningrads erhielten zusätzlich fünfundsiebzig Gramm mehr. Zweihundert Gramm Brot – ein besonderes Weihnachtsgeschenk – war möglich, weil durch die Transporte erstmals mehr Nahrungsmittel geliefert werden konnten, als die tägliche Zuteilung vorsah. Dennoch starben an diesem Tag noch dreitausendsiebenhundert Leningrader den Hungertod. Die Hilfe kam für sie zu spät, aber die Überlebenden konnten wieder Hoffnung schöpfen.

Mahnmal auf dem Leningrader Friedhof, Ruhestätte für Hunderttausende von Opfern.

Die Belagerung dauerte weiter an. Noch zwei Jahre lang riegelten die deutschen Truppen Leningrad ab. Erst am 18. Januar 1943 konnte die Stadt endgültig befreit werden. Mehr als fünfhunderttausend Hungertote zählten die Behörden damals insgesamt. Heutige Schätzungen liegen weitaus höher: Mehr als eine Million Menschen kostete die Belagerung Leningrads das Leben. Aber Hitler hatte sein Ziel nicht erreicht. Er konnte den Widerstand der Bevölkerung nicht brechen, und seine Truppen konnten Leningrad nicht dem Erdboden gleichmachen. Die Menschen überlebten, obwohl die deutschen Truppen sechzehn Monate lang die Versorgung der Stadt verhindert hatten.

Der Piskarew-Friedhof, die letzte Ruhestätte Hunderttausender verhungerter Leningrader, ist heute eine Gedächtnisstätte. Hier findet sich eine Inschrift: »Möge keiner vergessen; möge nichts vergessen werden.« Auch die vielen Tagebücher sorgen dafür, daß nichts vergessen wird. Archiviert im Leningrader Stadtmuseum, erinnern sie an die dunkelste Zeit der Stadtgeschichte. Hier sind auch neunzig Notizbuchseiten aufbewahrt, die ein elfjähriges Mädchen während der Belagerung beschrieben hat. Tanja Sawitschewa führte wie Anne Frank Buch über Erlebnisse, die sich ein kleines Mädchen eigentlich nicht erklären kann. Am Ende reichte ihre Kraft nur noch für kurze Notizen:

»Shneja ist gestorben 28. Dezember um 12.30 Uhr 1941
Großmutter ist gestorben 25. Januar 3 Uhr mittags 1942
Leka ist gestorben 17. März um 5 Uhr morgens 1942
Onkel Wasja ist gestorben am 13. April 2 Uhr morgens 1942
Onkel Lescha ist gestorben 10. Mai um 4 Uhr nachmittags 1942
Mama am 13. Mai um 7.30 Uhr morgens 1942
Sawitschews sind gestorben. Alle sind gestorben
Tanja ist allein.«

Im Sommer 1942 starb auch Tanja. Todesursache: Dysentrie. Sie starb an den Folgen des Hungers. Ihr Tagebuch ist übrig geblieben – eine Mahnung an die Überlebenden.

Das Tagebuch der Tanja Sawitschewa

Die Elfjährige schrieb das Schicksal ihrer Familie auf.

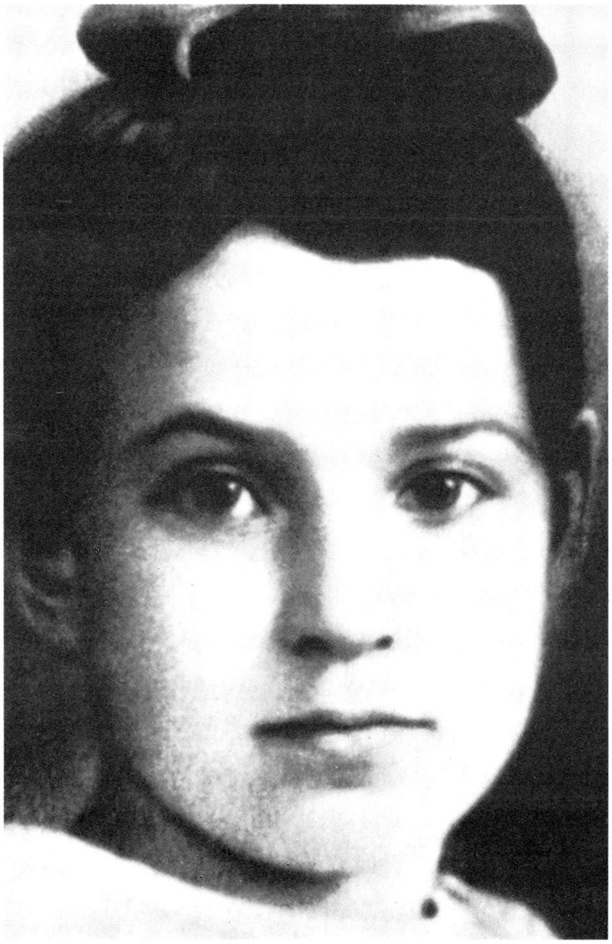

Tanja Sawitschewa

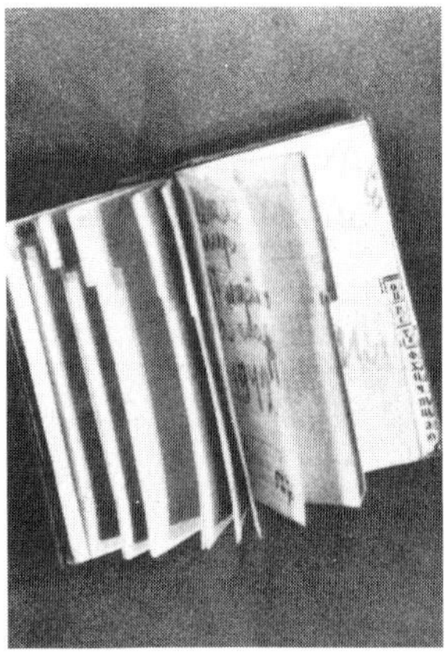

Das Tagebuch der Schülerin Tanja.

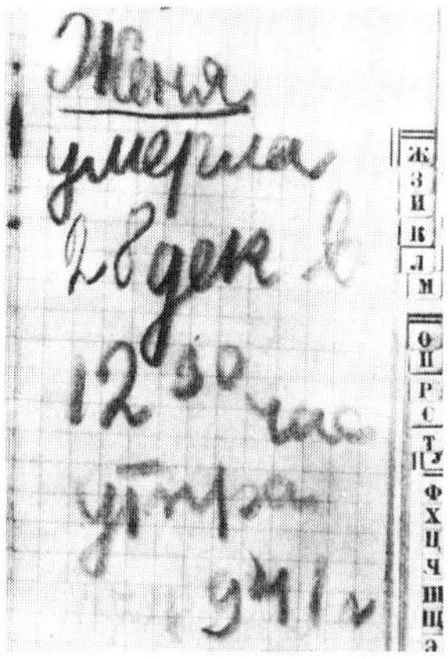

»Shneja ist gestorben 28. Dezember um 12.30 Uhr 1941«

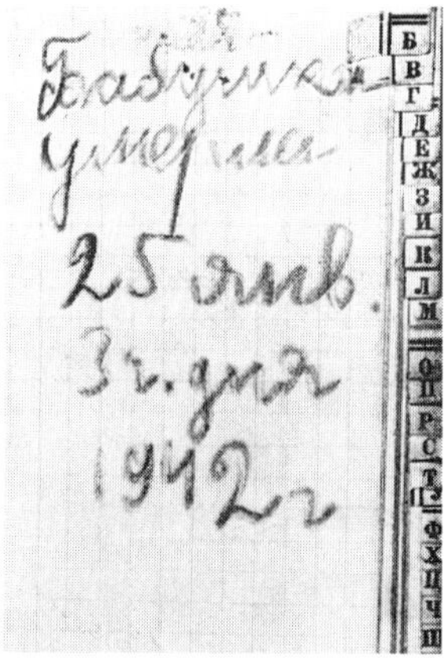

»Großmutter ist gestorben 25. Januar 3 Uhr mittags 1942«

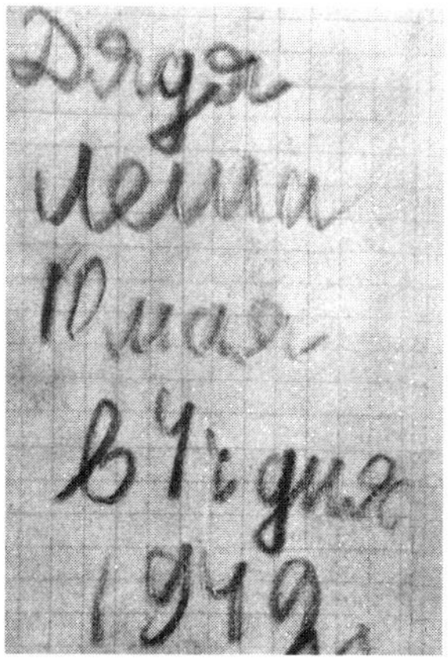

»Onkel Lescha ist gestorben 10. Mai um 4 Uhr nachmittags 1942«

»Mama am 13. Mai um 7.30 Uhr morgens 1942«

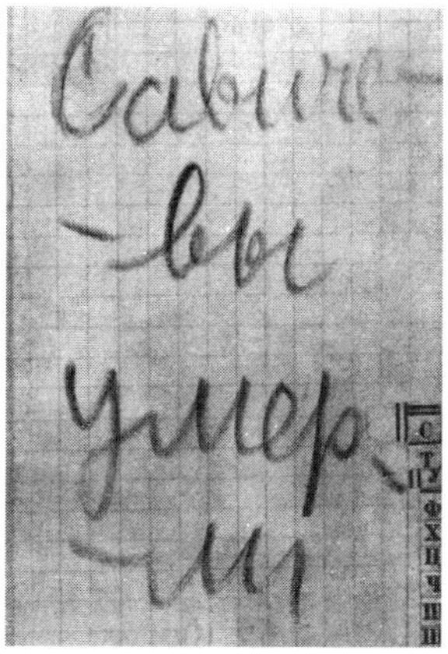

»Sawitschews sind gestorben«

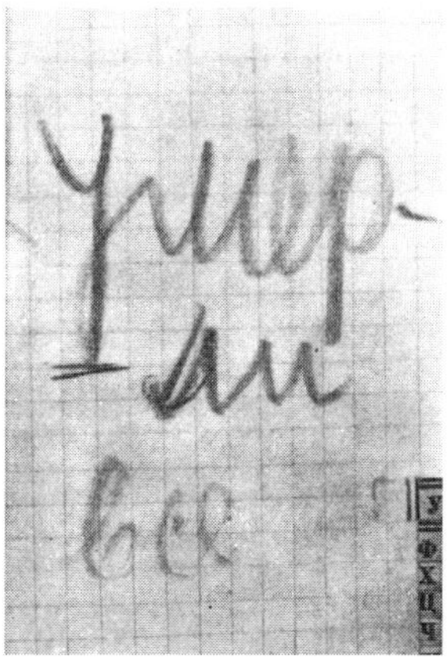

»Alle sind gestorben«

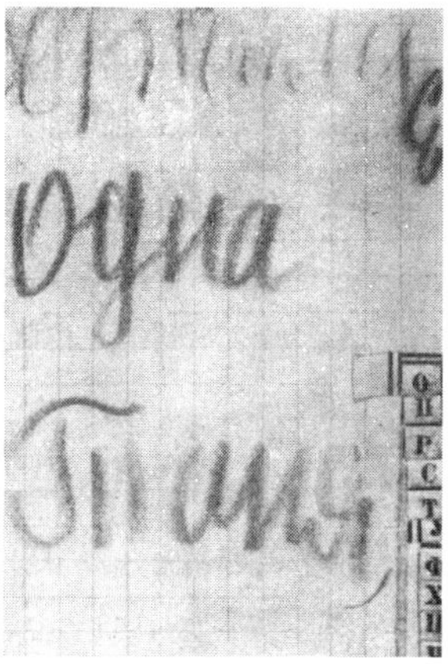

»Tanja ist allein«

Zur
Autobahn nach
Moskau
Smolensk
Umleitung 200 m
18

Den Kreml im Visier

»Der letzte gewaltige Hieb«

In der sowjetischen Hauptstadt war es dunkel, kalt und still. Die Straßen waren verlassen, von Mitternacht bis fünf Uhr morgens herrschte Ausgangssperre. Die »Maskirowka«, die Verdunkelung, wurde strikt befolgt. Kein Lichtzeichen sollte den feindlichen Flugzeugen den Weg zu ihren Zielen weisen. Aus den Fensterluken, den Fortitschkas, zog der Rauch. Im Kampf gegen die Kälte hatten die Zentralheizungen längst kapituliert. Wer nicht erfrieren wollte, hatte sich einen Kanonenofen besorgt und sammelte Holz und alles, was brennbar war, vom Lattenzaun bis zur Birke im Hinterhof. Lebensmittel waren rationiert, vierhundert Gramm Brot gab es für einen Arbeiter auf Lebensmittelmarken. Die Stadt sah aus wie eine riesige Baustelle: Überall lagen Sandsäcke aufeinandergeschichtet, waren die Straßen aufgerissen, türmten sich Behelfshindernisse aus Straßenbahnschienen. Die Stille wurde nur durchbrochen von einem leisen Grollen, das aus der Ferne schon seit Monaten zu hören war und nun immer näher rückte: Geschützdonner. November in Moskau. Kriegsalltag. Nur wenige Kilometer entfernt stand ein Gegner, der den Befehl hatte, die Stadt zu vernichten.

»Deutscher Herbststurm über den Bolschewiken«, hatte der Völkische Beobachter am 2. Oktober 1941 in seiner Schlagzeile gemeldet. An diesem Tag begann der Angriff auf Moskau, die letzte »Entscheidungsschlacht«, mit der der »Führer« das »Unternehmen Barbarossa« erfolgreich abschließen wollte. Ein beziehungsreiches Codewort hatte Hitler für die Angriffsaktion ausgesucht: »Operation Taifun«.

Linke Seite, oben: Wegweiser zum schnellsten Weg nach Moskau: Die Rollbahn.

Linke Seite, unten: Leuchtraketen machen die Nacht für Sekunden zum Tag. Deutscher Stoßtrupp beim Angriff auf eine sowjetische Stellung.

Während im Kessel um Kiew noch erbitterte Kämpfe tobten und die Belagerung von Leningrad gerade erst begonnen hatte, beschäftigte sich die Heeresführung schon mit den nächsten Zielen. Die Zeit drängte. Der russische September hatte einen Vorgeschmack auf die Herbstgewitter geliefert. Erste Regenstürme behinderten die deutschen Operationen. Der Angriff auf Moskau durfte nicht länger hinausgezögert werden.

Valentin Bereschkow

Am 16. Oktober kam die Weisung, Moskau zu evakuieren. Später erfuhren wir dann, daß alle Brücken, viele öffentliche Gebäude im Zentrum Moskaus und der Kreml vermint worden waren. Wenn die Deutschen in die Stadt einmarschiert wären, hätten sie viele Überraschungen erlebt. Die Minen sollten bei Betreten der Einrichtungen explodieren und große Verluste, vor allem bei der militärischen Führung, die als erste die Gebäude bezogen hätte, herbeiführen. Die Evakuierung schritt unvermindert fort. Die gesamte Verwaltung, außer Stalin und seinem unmittelbaren Apparat, wurde verlegt. Sogar Molotow war abgereist, doch nicht für lange Zeit.
Anfang November waren die schwersten Tage in Moskau, die Stadt war weitgehend geräumt. Es wurde nicht mehr geheizt, nur im Kreml gab es noch warmes Wasser und warme Räume. Daher verbrachte ich den ganzen Tag im Kreml und die meiste Zeit der Nacht, wenn kein Fliegeralarm war. Erst Anfang Dezember, nach den ersten Niederlagen der Deutschen vor Moskau, konnten wir aufatmen. Wir wußten, daß der Blitzkrieg der Deutschen fehlgeschlagen war, aber auch, daß der Krieg noch lange dauern würde.

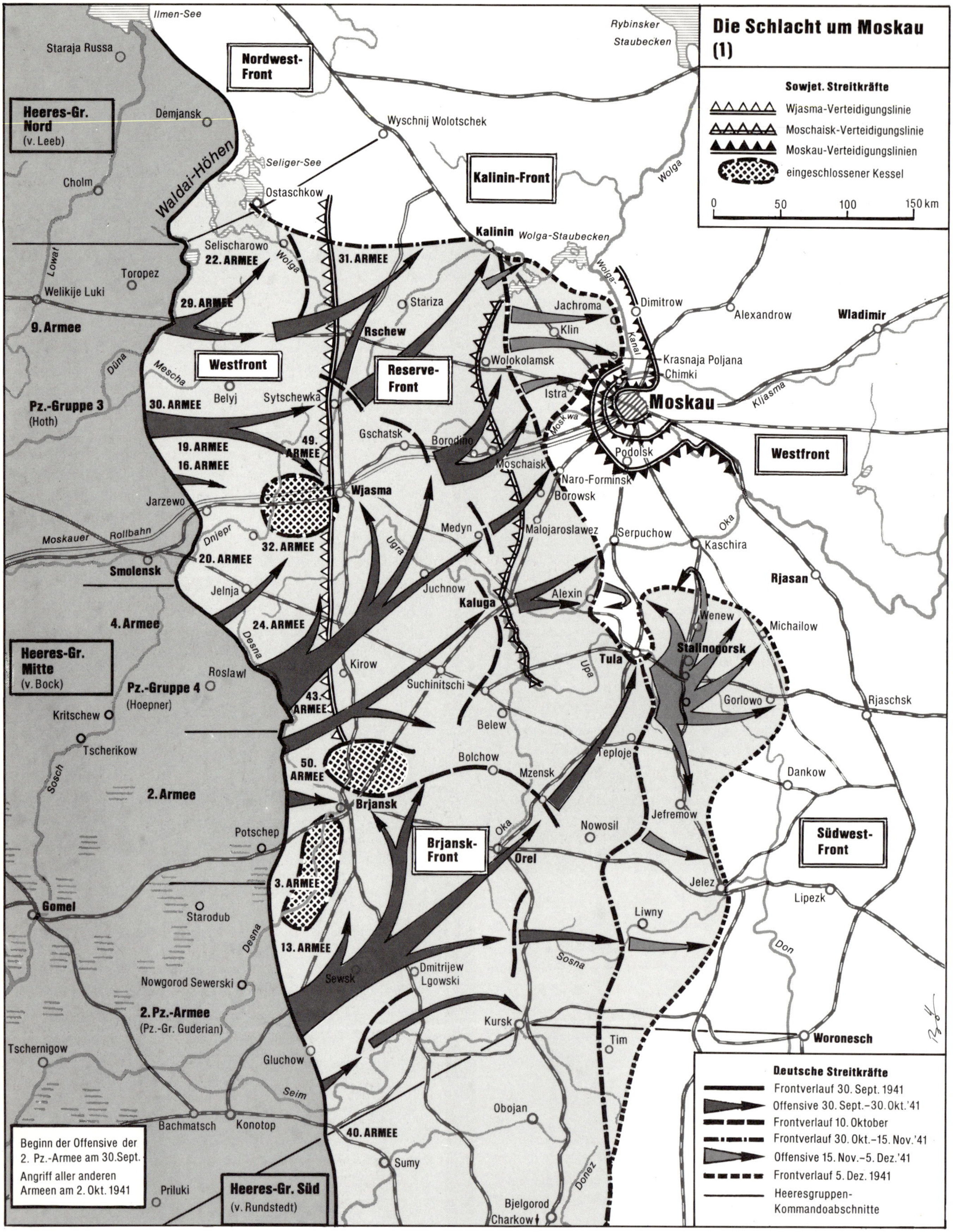

Die Schlacht um Moskau (1)
Sowjet. Streitkräfte
Wjasma-Verteidigungslinie
Moschaisk-Verteidigungslinie
Moskau-Verteidigungslinien
eingeschlossener Kessel
0 50 100 150 km
Deutsche Streitkräfte
Frontverlauf 30. Sept. 1941
Offensive 30. Sept.–30. Okt.'41
Frontverlauf 10. Oktober
Frontverlauf 30. Okt.–15. Nov.'41
Offensive 15. Nov.–5. Dez.'41
Frontverlauf 5. Dez. 1941
Heeresgruppen-Kommandoabschnitte
Beginn der Offensive der 2. Pz.-Armee am 30. Sept. Angriff aller anderen Armeen am 2. Okt. 1941
Heeres-Gr. Nord (v. Leeb)
Heeres-Gr. Mitte (v. Bock)
Heeres-Gr. Süd (v. Rundstedt)
Nordwest-Front
Kalinin-Front
Westfront
Reserve-Front
Brjansk-Front
Südwest-Front
9. Armee
Pz.-Gruppe 3 (Hoth)
4. Armee
Pz.-Gruppe 4 (Hoepner)
2. Armee
2. Pz.-Armee (Pz.-Gr. Guderian)
22. ARMEE
29. ARMEE
31. ARMEE
30. ARMEE
19. ARMEE
16. ARMEE
49. ARMEE
32. ARMEE
20. ARMEE
24. ARMEE
43. ARMEE
50. ARMEE
3. ARMEE
13. ARMEE
40. ARMEE
Moskau
Ilmen-See
Rybinsker Staubecken
Staraja Russa
Demjansk
Waldai-Höhen
Seliger-See
Ostaschkow
Wyschnij Wolotschek
Cholm
Selischarowo
Toropez
Welikije Luki
Lowat
Wolga
Kalinin
Wolga-Staubecken
Stariza
Rschew
Düna
Mescha
Belyj
Sytschewka
Gschatsk
Borodino
Moschaisk
Wolokolamsk
Klin
Jachroma
Dimitrow
Wolga-Kanal
Krasnaja Poljana
Chimki
Istra
Moskwa
Podolsk
Naro-Forminsk
Borowsk
Alexandrow
Wladimir
Kljasma
Jarzewo
Wjasma
Moskauer Rollbahn
Dnjepr
Smolensk
Jelnja
Ugra
Medyn
Malojaroslawez
Serpuchow
Kaschira
Oka
Rjasan
Juchnow
Kaluga
Alexin
Wenew
Stalinogorsk
Michailow
Desna
Roslawl
Kirow
Suchinitschi
Tula
Upa
Gorlowo
Rjaschsk
Kritschew
Tscherikow
Sosch
Belew
Bolchow
Mzensk
Teploje
Dankow
Brjansk
Jefremow
Potschep
Nowosil
Orel
Jelez
Lipezk
Gomel
Starodub
Liwny
Don
Sewsk
Sosna
Dmitrijew Lgowski
Nowgorod Sewerski
Kursk
Woronesch
Tim
Tschernigow
Gluchow
Seim
Obojan
Bachmatsch
Konotop
Sumy
Donez
Priluki
Bjelgorod
Charkow

Am 24. September 1941 besprachen die Generäle im Gefechtsstand der Heeresgruppe Mitte bei Smolensk die detaillierte Umsetzung der »Führer-Weisung Nr. 35«. In ihr hatte Hitler am 6. September seine Ziele in groben Zügen festgelegt: »In der Heeresmitte ist die Operation gegen die Heeresgruppe Timoschenko derart vorzubereiten, daß möglichst frühzeitig (Ende September) zum Angriff angetreten werden kann mit dem Ziel, den Gegner in allgemeiner Richtung Wjasma angesetzter Umfassung zu vernichten ... Erst wenn die Masse der Heeresgruppe Timoschenko geschlagen ist, wird die Heeresmitte zur Verfolgung Richtung Moskau anzutreten haben.« Ergänzend hieß es am 19. September: »Der bevorstehende Angriff gegen die Heeresgruppe Timoschenko erhält den Decknamen ›Taifun‹.«

Am 2. Oktober sollte der »Taifun« losbrechen. In seinem Tagesbefehl an die deutschen Soldaten rief der »Führer« zu einer erneuten Kraftanstrengung, zum entscheidenden Angriff auf: »In diesen dreieinhalb Monaten, meine Soldaten, ist nun endlich die Voraussetzung geschaffen worden zu dem letzten gewaltigen Hieb, der noch vor Einbruch des Winters diesen Gegner zerschmettern soll. Heute ist nun der

A. Maluchin, Journalist.

Der 16. Oktober war ein furchtbarer Tag für Moskau. Auf dem Gartenring und den übrigen Straßen sah man überfüllte Straßenbahnen, Lastwagen, Pferdefuhrwerke, beladen mit Menschen und Gepäck. Sie bewegten sich auf den Bahnhof zu. Daneben rollte eine Lkw-Kolonne mit Kriegsfreiwilligen. 25 kommunistische Bataillone und einige Kompanien waren eben erst neu formiert worden. Auf dem Kasaner Bahnhof waren die Bahnsteige mit Menschen überfüllt. Sie warteten auf die Bereitstellung der Züge und stürmten, als sie zum Stehen gekommen waren, in die Abteile. Die Züge bestanden damals nicht nur aus Passagierwaggons, sondern auch aus Güterwagen und sogar U-Bahn-Waggons. Sämtliche Gleise wurden nur in einer Richtung befahren – in Richtung Osten. Die Züge fuhren oft ohne Sicherheitsautomatik und in dichter Reihe, nur auf Sichtweite voneinander entfernt.

Rechts oben: Auf einer Moskauer Hauptstraße werden Panzersperren errichtet.

Rechts unten: Moskauer Bürger lesen die neuesten Informationen von der Front.

Oben: Schanzarbeiten für den Verteidigungsring.

Unten: Die Befestigungsanlagen werden mit Artillerie verstärkt.

Beginn der letzten großen Entscheidungsschlacht dieses Jahres. Sie wird diesen Feind vernichtend treffen. Vom Deutschen Reich nehmen wir damit eine Gefahr hinweg, wie sie seit den Zeiten der Hunnen und später der Mongolenstürme entsetzlicher nicht mehr über dem Kontinent schwebte.« Welch eine Heuchelei war dieser beschwörende Appell an die Leistungsbereitschaft der deutschen Soldaten! Zur Abwehr einer angeblich drohenden Gefahr wollte Hitler ihnen »zum letzten Mal« eine gewaltige Kraftanstrengung abverlangen. Diese Offensive sollte die gesamte Front voranschieben. Drei Schwerpunkte waren in den deutschen Planungen vorgesehen:

Im Norden sollte die 9. Armee unter General Strauss mit der Panzergruppe III den Angriff über Kalinin und den Moskwa-Wolga-Kanal nach Moskau führen. Von Süden her war es die Aufgabe der Panzergruppe II, über Tula an Moskau vorbeizustoßen. Hoths und Guderians Panzerspitzen sollten sich dann östlich der sowjetischen Hauptstadt treffen und den Ring um Moskau schließen. Zur gleichen Zeit mußte von Kluges 4. Armee, unterstützt von der Panzergruppe IV unter General Hoepner, versuchen, die sowjetische Front im direkten Stoß auf Moskau einzudrükken. Für diesen ausgeklügelten Plan, der die Erfolgsgeschichte deutscher Kesselschlachten krönen sollte, standen in der Heeresgruppe Mitte insgesamt achtundsiebzig Divisionen bereit. Feldmarschall von Bock befehligte damit drei deutsche Infanteriearmeen, die von drei Panzergruppen unterstützt wurden.

Auf sowjetischer Seite standen seinen Gegenspielern, den Generälen Konjew, Schukow und Timoschenko, allerdings insgesamt neunzehn Armeen zur Verfügung. Die deutschen Planer im Oberkommando der Wehrmacht waren bei der Vorbereitung von »Taifun« von einem ungefähren Gleichgewicht ausgegangen. Allerdings unterschlugen sie bei ihrer Rechnung, daß die deutschen Armeen bei weitem nicht ihre Sollstärke hatten. Als Hitler den Befehl für »Taifun« gab, standen seine Truppen schon seit zehn Wochen in heftigen und verlustreichen Schlachten. Über achthundert Kilometer hatten sie sich in feindliches Gebiet vorgekämpft – fast ohne Pause, vor allem aber ohne Möglichkeit, die Ausfälle an Soldaten und Material zu ersetzen. Die einzelnen Verbände waren dezimiert, erschöpft, einige fast »ausgebrannt«. Leo Freiherr Geyr von Schweppenburg, der Kommandierende General des XXIV. Panzerkorps, wies seinen Vorgesetzten Generaloberst Guderian wiederholt auf den Zustand der Soldaten hin: »Bei den unterstellten Divisionen handelte es sich personell und materiell nur noch um Verbände von der Zusammensetzung und Kampfkraft verstärkter Regimenter.«

M. Mironowa, Schauspielerin.

Alle hörten Stalin zu, wenn er im Radio sprach, denn er sprach nur selten und kurz. Deswegen waren seine Worte für uns alle Gold wert. Wir gehörten nicht zu denjenigen, die ihn vergötterten, aber wir saßen dann immer ganz still. Wir wußten, daß unser Land immer kleiner wurde. Egal was Stalin sagte, die Deutschen rückten immer weiter vor. Aber die ganze Zeit hörten wir Radio und lauschten den Berichten. Nur dadurch lebten wir. Die Menschen lebten überhaupt nur für den Sieg. Aber es war eine Zeit voller Angst, und niemand konnte ihr entrinnen, auch nicht ein berühmter Künstler.

Hans-Jürgen Hartmann, Panzergrenadier.

Es war im Spätherbst. Bei einem Marsch begegneten uns zahlreiche Trüppchen von Zivilisten, meist Frauen, Kinder und alte Männer mit Säcken und Körben. Zuerst wußten wir nicht, was diese Leute auf den leeren Schneefeldern wollten. Aber dann gelangten wir an die Stelle, an der wir sehen konnten, was die Menschen aus der Stadt oder aus den Dörfern hierher getrieben hatte: Da lag eine ganze Reihe toter Pferde, aufgetrieben und bis zur Hälfte im Schlamm versackt. An diesen wochenalten Kadavern standen sie nun mit Beilen und Spaten und schlugen sich Stücke aus dem gefrorenen Fleisch. Kunstvoll ließen sie die steife, dick verkrustete Haut der Tiere wie ein Gewölbe stehen und brachen für sich nur das Innere heraus. Nicht weit von dieser Stelle gingen Frauen und Kinder gebückt über die beschneiten Stoppeln und stocherten mit allerlei Stöcken die letzten Ähren unter der vereisten Schneedecke hervor. Und wieder ein Stück weiter versuchten ganze Scharen von Menschen die Erde der Felder aufzubrechen, um längst erforene Kartoffeln zu finden.

Beim Infanterieregiment »Großdeutschland« war die Kompaniestärke auf fünfunddreißig Mann gesunken. Ein Panzerregiment der 3. Panzerdivision verfügte nur noch über vierzig einsatzbereite Kampfwagen. Die spärliche Versorgung mit Brennstoff, Munition und Verpflegung stand in keinem Verhältnis zum tatsächlichen Bedarf. Der Nachschub funktionierte nicht im erforderlichen Umfang.

Natürlich wußte auch Guderian, welche Schwierigkeiten die Panzertruppe hatte. Doch seine wiederholten Warnungen an Hitlers Hauptquartier verhallten. Immer wieder hatte er seit Ende September angesichts des drohenden Kälteeinbruchs um Winterausrüstung gebeten, stets vergeblich. So begegnete er den Warnungen seiner Generale mit hilflosem Sarkasmus: »Aber Herr von Geyr, Sie werden die Infanterie doch nicht allein vorne sterben lassen wollen.« Wie aber sollte Geyr mit den geschwächten Panzertruppen die Infanterie so unterstützen, wie es der Doktrin des »Blitzkrieges« entsprach? Wie konnte da noch die Maxime des Generalfeldmarschalls von Manstein erfüllt gelten: »Die Sicherheit eines Panzerverbandes im Rücken des Feindes beruht darauf, daß er in Bewegung bleibt«?

Die Beweglichkeit der Panzer hing nicht nur vom Nachschub ab. Viel wichtiger war, daß das Gelände befahrbar

Dietrich Mock, Stabsdienstsoldat.

Aus einem Feldpostbrief

Wir lagen gegen Abend nach einem Angriff am Lagerfeuer. Einer versuchte auf der Harmonika zu spielen, aber es gelang nicht so recht. Plötzlich steht da ein kleiner Schwabe aus unserem Infanterieregiment, sieht uns zu, blickt mit glänzenden Augen zur Harmonika. Wir sagen ihm, er solle sich zu uns setzen – er tut es und fragt, ob er einmal spielen dürfe. Dann spielt er: spielt wie ein vollendeter Meister – es kommt uns wenigstens so vor. Er spielt mit Vorliebe Lieder von Willy Richards. »Am Abend auf dem Niederrhein« spielt er und »Bayerische Geschichten« – meine Lieblingsmelodie. Er spielt, und alle sind wir mit unseren Gedanken daheim, keiner sagt ein Wort. Es wird spät, und einer nach dem anderen verkrümelt sich, bis nur noch ich mit ihm bei einem Restchen Glut sitze. Michel heißt er und ist aus Heilbronn. Ich bitte ihn, mir noch einmal die »Bayerischen Geschichten« zu spielen. Ganz leise und wunderschön klingt das, ich möchte am liebsten mittendrin auch gehen, aber bleibe, lasse die Melodie ausklingen. Dann nehme ich ihm die Harmonika aus den Händen, der Wind bläst noch einmal in die Glut – sein Gesicht ist verklärt, und er hat Tränen in den Augen. Ich gebe ihm die Hand und wünsche ihm eine gute Nacht. »Nacht« sagt er leise und schleicht sich hinweg. Ich suche mein Quartier auf. In der Nacht greifen die Russen an, die Infanterie wehrt ab, wir starten einen Gegenangriff. Als wir im Morgengrauen zurückkommen, liegen im Schnee tote Russen und ein paar von uns. Wir gehen zu den unsrigen. Da liegt vor mir der kleine Schwabe von gestern abend. Ich sehe ein bleiches Gesicht mit eingefallenen Wangen, zwei starre Augen seltsam verändert. Vor seinem Mund steht geronnenes Blut, eine Lache neben ihm im Schnee. Die Arme sind steif, die Hände starr, die Finger krampfhaft im Schnee verkrallt. Ich will etwas denken, aber komme nicht dazu. Ich möchte ihn begraben, ein Kreuz setzen – andere müssen es tun, wir müssen weiter.

Links: Feindbild-Propaganda: Stalin als »Bestie«.

Rechts: Das deutsche Heer scheint »unbesiegbar«.

sein mußte, und dafür gab es noch ein weiteres, schwer abzuschätzendes Risiko in Hitlers Plan: das Wetter. Wann würde »kapustiza« beginnen – die gefürchtete Schlammperiode, hervorgerufen durch wolkenbruchartige Regenfälle, die jeden unbefestigten Weg in grundlosen Morast verwandelten? Wann würde der Winter kommen, mit seinen Schneestürmen und seiner Kälte, die das Thermometer auf fünfzig Grad minus fallen ließ?

»Auf die Witterung kann man keine Operationen bauen, wohl aber auf die Jahreszeit«, wußte schon der preußische General Moltke. Fragen dieser Art wurden im gut geheizten Hauptquartier des »Führers« ignoriert. Das Drängen nach ausreichender Winterkleidung wischte Goebbels mit der ihm eigenen Großspurigkeit vom Tisch: »Im Winter? Da sitzen wir in warmen Quartieren von Leningrad und Moskau.«

Hitlers Paladine sahen also keinen Handlungsbedarf. »Der schlechteste deutsche Infanterist ist dem besten sowjetischen überlegen.« Dieser siegestrunkene Satz wischte jeden Hinweis auf die eigene Unterzahl, die Unterlegenheit der deutschen Truppen vom Tisch. Hitler stand hier nicht allein. Hatte es nicht gerade einen überwältigenden Sieg bei Kiew gegeben? Waren nicht sieben sowjetische Armeen vernichtet worden? Hatte Hitler hier nicht gegen den Rat seiner Generale gehandelt und dennoch gesiegt?

»Den Gegner im Osten zerschmettern«

Ein wunderschöner Herbsttag brach am 2. Oktober des Jahres 1941 an. »Wetter: Klar und sonnig« notierte das Kriegstagebuch des OKH. »Das trockene Wetter erlaubt vielfach Marschbewegungen abseits der Straße.« Doch so schön das Wetter an diesem Morgen auch war, um fünf Uhr dreißig brach ein tödlicher Sturm los: Drei Armeen, die 2., die 4. und die 9. Armee der Heeresgruppe Mitte, traten zu ihrem entscheidenden Angriff auf Moskau an. Ihr erstes Ziel war Brjansk, das Guderians Panzer bei ihrem Vorstoß nach Kiew hatten »links liegen lassen« und das die deutsche Flanke seitdem gefährlich bedrohte. Dieses Widerstandsnest zu zerstören und anschließend die massierten sowjetischen Kräfte bei Wjasma zu vernichten, war das erste Hauptziel von »Taifun«. Der Vormarsch verlief planmäßig. Die Desna wurde ohne größere Probleme überquert. Zur Überraschung der Deutschen waren die Sowjets auf den Angriff schlecht vorbereitet. Am Mittag des 3. Oktober eroberte die Wehrmacht Orel, hundert Kilometer östlich von Brjansk. Ein weiterer Kessel zeichnete sich ab. Selbst die größten Optimisten waren erstaunt, wie problemlos die deutschen Panzer am feindlichen Südflügel durchbrechen konnten. Guderian notierte ungläubig: »Die Eroberung der Stadt vollzog sich so überraschend für den Gegner, daß die

Norddeutsche Ausgabe
286. Ausg. / 54. Jahrg. / Einzelpreis 20 Pf.
„Freiheit und Brot"
Norddeutsche Ausgabe
Berlin, Montag, 13. Oktober 1941

VÖLKISCHER BEOBACHTER

Kampfblatt der nationalsozialistischen Bewegung Großdeutschlands

Auf 1200 Kilometer Breite vorwärts!

Die Kessel von Brjansk und Wjasma bereits weit hinter der Front

Über 200000 Gefangene aus den Kesseln gemeldet

Aus dem Führerhauptquartier, 12. Oktober.

Das Oberkommando der Wehrmacht gibt bekannt:

Wie die gestrige Sondermeldung bekanntgab, ist die Schlacht nördlich des Asowschen Meeres abgeschlossen. Im Zusammenwirken mit der Luftflotte des Generaloberst Löhr hat die Armee des General der Infanterie von Manstein, die rumänische Armee des Korpsgeneral Dumitrescu und die Panzerarmee des Generaloberst von Kleist die Masse der 9. und 18. sowjetischen Armee geschlagen und vernichtet. Bei schwersten blutigen Verlusten hat de. Gegner

64 325 Gefangene,
126 Panzerkampfwagen und
519 Geschütze

verloren.

Fast die ganze Front rollt nach Osten

VB. Berlin, 12. Oktober.

Der Ostfeldzug ist in einen neuen, höchst bedeutsamen Abschnitt eingetreten: Die Einkesselung der Hauptkräfte Timoschenkos und Budjennys hat die ganze bolschewistische Verteidigungsfront zwischen den Waldaihöhen und dem Asowschen Meere zum Einsturz gebracht, und auf der riesigen Frontbreite von 1200 Kilometern rollen und marschieren nun die deutschen Angriffsarmeen gegen Osten. Es gibt kein beredteres militärisches Anzeichen für das Ausmaß der sowjetischen Niederlage!

Nun vermag sich auch das militärisch ungeschulte Auge wieder ein Bild von den Vorgängen an der Ostfront zu machen, die bisher für den Laien nur schwer zu durchschauen waren. Denn die komplizierten Zangenbewegungen der deutschen Führung, die die großen Einkreisungsschlach-

Walther Funk:

Deutsche Ostraumwirtschaft

Königsberg, 12. Oktober

Reichswirtschaftsminister und Reichsbankpräsident Walther Funk nahm die Eröffnungsfeier der Deutschen Ostmesse zum Anlaß, um die neuen Aufgaben zu entwickeln, die der deutschen Ostraumwirtschaft durch die im Zuge befindliche Vernichtung des bisherigen Staats- und Wirtschaftssystems in der Sowjetunion gestellt worden sind.

Mit dem beispiellosen Siegeslauf der deutschen Wehrmacht und ihrer Verbündeten, so führte Reichsminister Funk aus, ist der Weg für eine politische und wirtschaftliche Neugestaltung des osteuropäischen Raumes freigemacht. Eine Aufgabe tritt damit an uns heran, wie sie in dieser Größe nur von einem Volk vollbracht werden kann, das so wie das deutsche kraft seiner Weltanschauung mit Aufbauenergien geladen ist und die Pionierarbeit im europäischen Osten seit jeher als seine geschichtliche Sendung betrachtet. Der Reichsminister wies dabei auf den seit Jahrhunderten großen Anteil

Links oben: Nach dem Sturm auf Smolensk: Auszeichnung mit dem Eisernen Kreuz.

Links unten: Flußüberquerung während des Vormarsches.

Oben: Ein russischer Kriegsgefangener zeigt den Weg.

Unten: Schwerverwundeter Rotarmist in einem Feldlazarett.

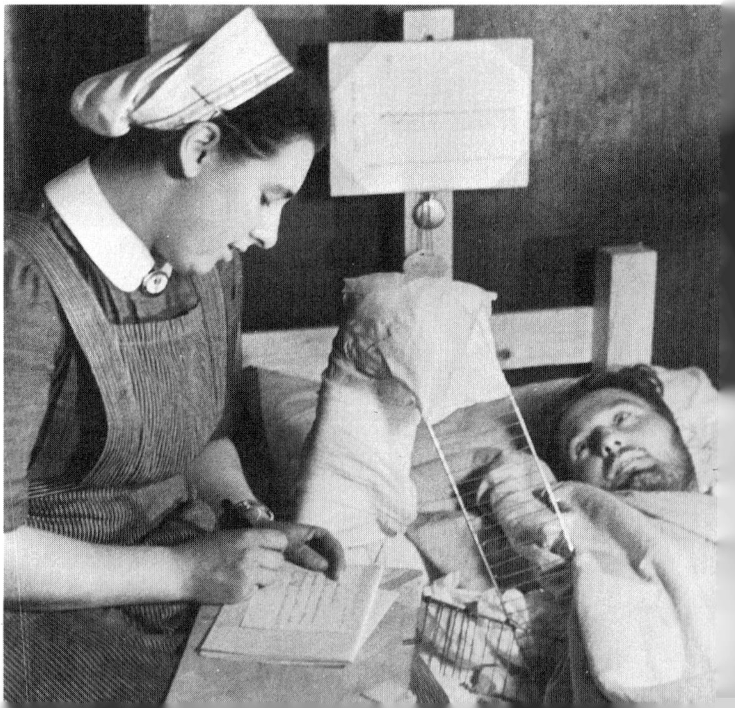

elektrischen Bahnen noch fuhren, als unsere Panzer eindrangen.«

Einen Tag später erreichte die 2. Panzerdivision die strategisch wichtige Bahnlinie Kirow-Wjasma, während die 10. Panzerdivision auf Moshaisk vorstieß. Überall war der Widerstand der Sowjets ungewöhnlich schwach. Nur Hitler hatte dafür eine Erklärung parat, die er seinen aufgepeitschten Zuhörern im Berliner Sportpalast mit entrücktem Blick präsentierte: »Seit achtundvierzig Stunden ist eine Offensive in gigantischem Ausmaß im Gange. Sie wird mithelfen, den Gegner im Osten zu zerschmettern. Dieser Gegner ist bereits gebrochen und wird sich nie mehr erheben.«

Es war einer jener sorgsam inszenierten Auftritte, bei denen Hitler in exaltierter Hysterie die fanatisierten Zuhörer zu minutenlangen Beifallsstürmen hinzureißen wußte. »Die breite Masse ist das dankbarste Publikum, das in seinem primitiven Gefühl wirklich mitgeht«, erklärte er im Kreis seiner Paladine. Und Hitler war ein Meister, wenn es darum ging, die primitiven Gefühle dieser »Masse« zu wecken und nach außen hin den Eindruck zu erwecken, als stünde das deutsche Volk geschlossen hinter ihm. So wurde auch diese Rede im Sportpalast immer wieder von begeisterten Ovationen und »Sieg-Heil«-Geschrei unterbrochen. Minutenlanger Beifall war Hitler sicher, wenn er die Leistungen der deutschen Landser lobte und gleichzeitig Kaskaden voller Spott über den Gegner ausschüttete: »Wenn man vom Blitzkrieg redet, dann verdienen es die deutschen Soldaten, daß man ihre Leistungen als blitzartig bezeichnet, denn in der Geschichte sind sie im Vorwärtsmarschieren noch nie übertroffen worden. Höchstens im Rückzug von einigen englischen Regimentern.«

Keiner trieb so perfekt Schindluder mit den militärischen Leistungen der Wehrmacht, keiner mißbrauchte die deutschen Soldaten für seine menschenverachtenden Ziele so zynisch wie Hitler. Betrachtet man die Leistungen der deutschen Verbände allein unter militärischen Gesichtspunkten, so waren sie freilich beeindruckend.

Am 6. Oktober zogen Vorausabteilungen des Panzerregiments 39 in Brjansk ein. Nur vier Tage nach dem Beginn der neuen Offensive war das erste Etappenziel erreicht. Und die Erfolgsmeldungen hielten an. Der 10. Panzerdivision gelang ein Husarenritt über zweihundertfünfzig Kilometer durch feindliches Gebiet. Am 7. Oktober vereinigten sich die Spitzen der Panzergruppe IV mit den Kampfwagen der Panzergruppe III. Die Zange der beiden Panzerkeile hatte sich um die sowjetischen Verbände geschlossen. Das Geheimnis des Erfolgs bestand erneut darin, daß die Deutschen die gegnerischen Linien an einigen Stellen durchbrochen, den Schwerpunkt der feindlichen Verbände zunächst umgangen und sich dann im Rücken des Gegners vereinigt hatten. Bevor die Einkesselung endgültig abgeschlossen wurde, konnte in diesem Fall eine weitere Bresche geschlagen werden: Die Kessel von Wjasma und Brjansk wurden geteilt. Eine taktische Meisterleistung war gelungen. General Jodl konnte am 8. Oktober notieren: »Mit der gelungenen Bildung der drei Kessel nördlich Mariupol, östlich Brjansk und westlich Wjasma haben wir endgültig und ohne Übertreibung diesen Krieg gewonnen.«

Auch den nüchternen Beobachter mußten die Zahlen beeindrucken: Fünfundfünfzig Divisionen waren im Kessel von Wjasma eingeschlossen, diese sechs Armeen hätten die sowjetische Hauptstadt verteidigen sollen. Die Doppel-

Alois Kellner, Infanterist.

Ich war als Meldefahrer zwischen mehreren Divisionen eingesetzt und fuhr mit dem Krad geheime Einsatzpapiere hin und her. Unser Vormarsch ging über Budjanka, Dorobusch, Kutino und Wjasma weiter in Richtung Moskau. Im Herbst wurden die Straßen sehr schlecht. Wir schafften am Tag oft nur noch 5 Kilometer. Die Autos versanken bis zur Achse im Schlamm. Danach kam die große Kälte mit anfänglich minus 20 Grad. Als der Kampf um Moskau begann, war unsere Einheit in Medin. Wir hatten zwar als Nachschubkompanie kaum Feindberührung, mußten jedoch hohe Verluste durch Erfrierungen hinnehmen. Wir hatten keinerlei Winterbekleidung. Diese kam erst im März. Im Dezember standen wir bei Maroforminsk, ca. 70 Kilometer vor Moskau. Das Thermometer zeigte zu dieser Zeit zwischen 30 und 35 Grad Kälte. Bei den Meldefahrten zwischen den Linien bemerkte ich, daß die erfrorenen Landser neben der Straße wie Holzstämme klafterweise aufgeschichtet waren. Ein solcher Haufen umfaßte meist zwischen 60 und 70 steifgefrorener Leichen ...

schlacht von Wjasma und Brjansk begann: Es sollte die letzte erfolgreiche Kesseloperation der Deutschen im Zweiten Weltkrieg werden. Nach dem Willen des OKH hatte die Wehrmacht gleichzeitig zwei Aufgaben zu erfüllen: Es galt, die Truppen in den Kesseln zu vernichten und parallel dazu auf Moskau vorzustoßen.

Die erneute Katastrophe für die Rote Armee endete am 13. und 14. Oktober. Die in Wjasma und Brjansk eingeschlossenen Verbände kapitulierten. Das Kampfgebiet war übersät mit Kriegsgerät. In endlos scheinenden Kolonnen zogen die sowjetischen Gefangenen nach Westen – einem düsteren Schicksal entgegen. Der Wehrmachtsbericht meldete knapp: »663 000 Gefangene, 1242 Panzer und 5412 Geschütze erbeutet.«

Angesichts der immer wiederkehrenden Erfolgsmeldungen machte sich fast überhebliche Gelassenheit breit, zog fast schon Gewöhnung ein. Die nationalsozialistische Presse sorgte dafür, daß die deutschen Siege gebührend gefeiert wurden: »Unerbittlich vollzieht sich das Schicksal der Sowjetheere«, meldete der Völkische Beobachter und verkündete »das militärische Ende des Bolschewismus«. Der Feldzug im Osten, so behauptete die Propaganda, war gewonnen. Die Tagesparole des Reichspressechefs am 13. Oktober lautete dementsprechend: »Die militärische Entscheidung dieses Krieges ist gefallen. Was nun noch zu tun bleibt, trägt vorwiegend politischen Charakter nach innen und außen.«

Otto Dietrich, der »Reichspressechef«, geruhte der internationalen Presse mitzuteilen, daß die UdSSR geschlagen, der Rußlandfeldzug gewonnen sei. Die Deutschen hatten eine weitere große Schlacht siegreich beendet und feierten wieder einmal den Erfolg als Entscheidung des Feldzugs. War die Euphorie verfrüht? Immerhin hatte die Rote Armee, das Desaster von Kiew hinzugerechnet, in nur drei Wochen über eine Million Soldaten verloren. War ihr Widerstand nun endgültig gebrochen? Die deutschen Verbände stießen weiter vor. Am 14. Oktober erreichte die 9. Armee Borodino, einen weiteren historischen Schlach-

Unten: Vor dem Aufbruch in ein ungewisses Schicksal: Warten auf den Abmarsch ins Gefangenenlager.

Rechte Seite, oben: Sowjetische Kriegsgefangene auf dem Grubenhof eines schlesischen Bergwerks.

Rechte Seite, unten links: Endlos waren die Gefangenenkolonnen nach den Kesselschlachten von Wjasma und Brjansk.

Rechte Seite, unten rechts: Frauen der Roten Armee in Gefangenschaft.

tenort. Hier hatte Napoleon 1812 die Zarenarmee geschlagen. Nun standen sich dort zwei »Eliteeinheiten« gegenüber: die Waffen-SS-Division »Das Reich« und die 32. Schützendivision der Roten Armee. Den SS-Verbänden gelang es, die aus Wladiwostok frisch herangeführten russischen Truppen vernichtend zu schlagen. Die Zahl der Gefangenen stieg auf 673 098 Mann, acht sowjetische Armeen waren seit Beginn der neuen Offensive »aufgerieben« worden.

Fünf Tage später, am 19. Oktober, standen deutsche Truppen in Moshaisk, hundert Kilometer vor Moskau. Der vorletzte Verteidigungsriegel zum Schutz der sowjetischen Hauptstadt war gebrochen. Am gleichen Tag, einhundertneunundzwanzig Jahre zuvor, hatte die Grande Armee Napoleons ihren Rückzug aus dem brennenden Moskau antreten müssen. Diesmal deutete alles darauf hin, daß die Hauptstadt samt ihren Verteidigern in die Hand der Angreifer fallen würde.

Die erste Phase der Operation »Taifun« war erfolgreich abgeschlossen. Der Oberbefehlshaber der 4. Armee, Generalfeldmarschall von Kluge, verkündete am 15. Oktober seinen Soldaten: »Die Armeen Timoschenkos sind vernichtet. Unsere Divisionen befinden sich in ungebrochener Kraft auf ganzer Front im Angriff gegen unser Ziel – Moskau.« Zur gleichen Zeit mußte das Oberkommando der Roten Armee einräumen: »An der westlichen Front hat sich die Lage verschlechtert.« Die deutschen Zeitungen erhielten Anweisung, auf der Titelseite Platz für eine Sondermeldung freizuhalten. Die 4. Armee hatte gerade Kaluga erobert, Hitler rechnete mit dem baldigen Einmarsch seiner Truppen in Moskau.

Natalie Shirowa, Fabrikarbeiterin.

Im Oktober starb mein Vater. Ich war 16 Jahre alt und begann, in einer Lampenfabrik zu arbeiten. Kinder und Rentner lernten dort schnell, Teile für die »Katjuschas« (Stalinorgeln) anzufertigen. Es waren auch Kinder dabei, die so klein waren, daß sie nicht an die Maschinen heranreichten. Sie stellten sich auf Holzkisten. Wir waren sehr hungrig und teilten alles, sogar das letzte Stück Brot und die letzte Kartoffel. Wir pflanzten überall um das Fabrikgebäude Kartoffeln und Mohrrüben an. Denn der Krieg war so plötzlich über uns hereingebrochen, daß wir keine Lebensmittel mehr horten konnten. Wir arbeiteten 12 Stunden am Tag. Oft dachten wir daran, daß Moskau eingekreist war, und gingen von der Arbeit gar nicht erst nach Hause. Wir schliefen dann in einer Reihe und wärmten einander. Die, die außen lagen, wurden später in die Mitte genommen. Es herrschte eine ungewöhnliche Freundschaft. Der Wunsch, gute Arbeit zu leisten, ging über das Menschenmögliche hinaus. Ausschuß wurde nicht zugelassen. Wir Kinder erfüllten die Vorgaben zu 200 Prozent. Zur Belohnung gingen wir zusammen ins Kino.

Die fünfzehnjährige Katja Susanina wurde im Herbst 1941 zur Zwangsarbeit gezwungen. Als die Rote Armee 1944 die weißrussische Stadt Liosno zurückeroberte, fanden Soldaten diesen Brief, versteckt in einem Ziegelsteinofen:

Mein lieber Papa!
Ich schreibe diesen Brief an Dich von den deutschen Zwangsarbeiten. Wenn Du ihn lesen wirst, werde ich nicht mehr am Leben sein. Ich habe eine Bitte an Dich: Bestrafe die deutschen Unterdrücker. Dies ist das Vermächtnis Deiner sterbenden Tochter.
Einige Worte über die Mutter. Wenn Du zurückkehrst, suche nicht nach ihr. Die Faschisten haben sie erschossen. Als sie nach Dir gefragt haben, schlug ihr ein Offizier mit einer Peitsche ins Gesicht. Die Mutter konnte das nicht dulden und sagte stolz: »Sie werden mir mit Schlägen keine Angst einjagen. Ich bin überzeugt, mein Mann kommt zurück und schmeißt Euch niederträchtige Besetzer raus.« Der Offizier hat der Mutter in den Mund geschossen …
Papa, ich bin heute 15 Jahre alt geworden. Wenn Du mich jetzt gesehen hättest, würdest Du Deine Tochter nicht wiedererkennen. Ich bin sehr mager geworden, meine Augen sind eingefalllen, man hat mir die Zöpfe abgeschnitten, man hat mich kahlgeschoren, meine Hände und Arme sind ausgetrocknet und ähneln einem Harken. Wenn ich huste, kommt Blut aus dem Mund, weil man mir auf die Brust geschlagen hat.
Papa, kannst Du Dich an meinen Geburtstag vor zwei Jahren erinnern, als ich 13 wurde? Wie wunderbar war dieser Geburtstag! Du hast damals zu mir gesagt: »Tochter, werde groß und bereite uns Freude!« Das Grammophon war an, die Freundinnen gratulierten mir zum Geburtstag, wir sangen unser Lieblingslied …
Und jetzt, wenn ich mich im Spiegel sehe – das zerrissene Kleid, lauter Fetzen, eine Nummer am Hals, wie bei einer Kriminellen, dünn wie eine Leiche, in den Augen salzene Tränen. Was habe ich davon, daß ich 15 geworden bin? Mich braucht niemand. Hier sind viele gleichgültige Menschen. Sie sind hungrig und von Schäferhunden eingeschüchtert. Jeden Tag werden welche abgeführt und ermordet.
Ja, Vater, ich bin auch die Sklavin eines deutschen Barons, ich arbeite bei einem Deutschen namens Scharlen als Wäscherin, ich wasche und scheuere den Fußboden. Ich arbeite sehr viel und esse zweimal am Tag aus einem Trog zusammen mit Rosa und Klara – das sind die Schweine des Wirtes. So hat es der Baron befohlen. Ich habe Angst vor Klara. Das ist ein großes und gieriges Schwein. Einmal hätte es mir beinahe einen Finger abgebissen, als ich eine Kartoffel aus dem Trog holen wollte.
Zweimal habe ich versucht zu fliehen, aber der Hausmeister hat mich gefunden. Dann hat der Baron selbst mein Kleid abgerissen und mich mit den Füßen getreten. Ich wurde ohnmächtig. Dann hat man mich mit Wasser begossen und in den Keller geworfen.
Die Herren fahren nach Deutschland. Sie nehmen mich mit. Aber ich habe beschlossen lieber auf dem Heimatboden zu sterben. Nur der Tod erlöst mich von den grausamen Schlägen.
Ich will mich nicht mehr als Sklavin bei den verfluchten, grausamen Deutschen abquälen, die mich nicht leben lassen! …
Papa, räche Dich für mich und die Mutter. Leb wohl, Papa, ich gehe sterben.

Deine Tochter Katja Susanina …

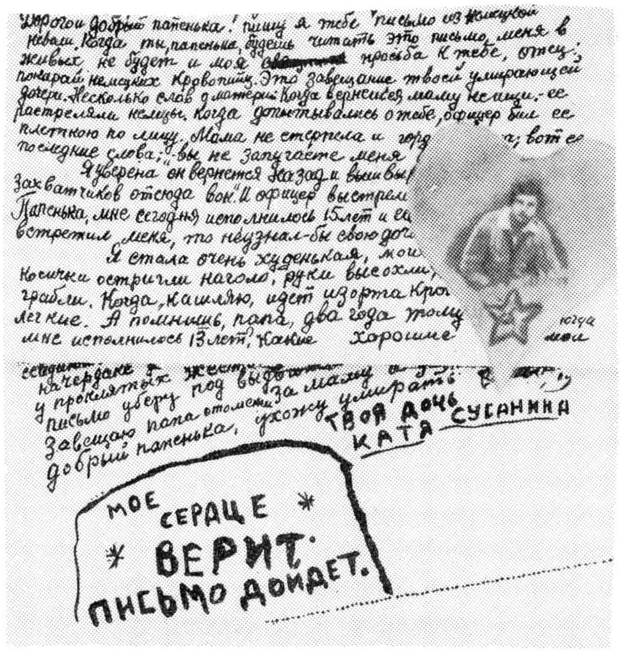
Дорогой добрый папенька! пишу я тебе письмо из немецкой неволи. Когда ты, папенька, будешь читать это письмо, меня в живых не будет и моя просьба к тебе, отец; покарай немецких кровопийц. Это завещание твоей умирающей дочери. Несколько слов о матери: Когда вернешься, маму не ищи, – ее расстреляли немцы. Когда допытывались о тебе, офицер бил ее плеткою по лицу. Мама не стерпела и гор… ; вот ее последние слова: „вы не запугаете меня
Я уверена он вернется назад и вышвы…
захватчиков отсюда вон." И офицер выстрел…
Папенька, мне сегодня исполнилось 15 лет и ес…
встретил меня, то не узнал-бы свою доч…
Я стала очень худенькая, мои
косички остригли наголо, руки высохли,
грабли. Когда кашляю, идет из орта кро…
легкие. А помнишь, папа, два года тому … когда
мне исполнилось 13 лет? Какие хорошие … мои
…
на чердаке …
у проклятых … под … за маму …
письмо уберу … умирать …
Завещаю папа отомсти … ухожу
добрый папенька,
ТВОЯ ДОЧЬ КАТЯ СУСАНИНА
МОЕ СЕРДЦЕ ВЕРИТ: ПИСЬМО ДОЙДЕТ.

Linke Seite: Als Zwangsarbeiterin registriert.

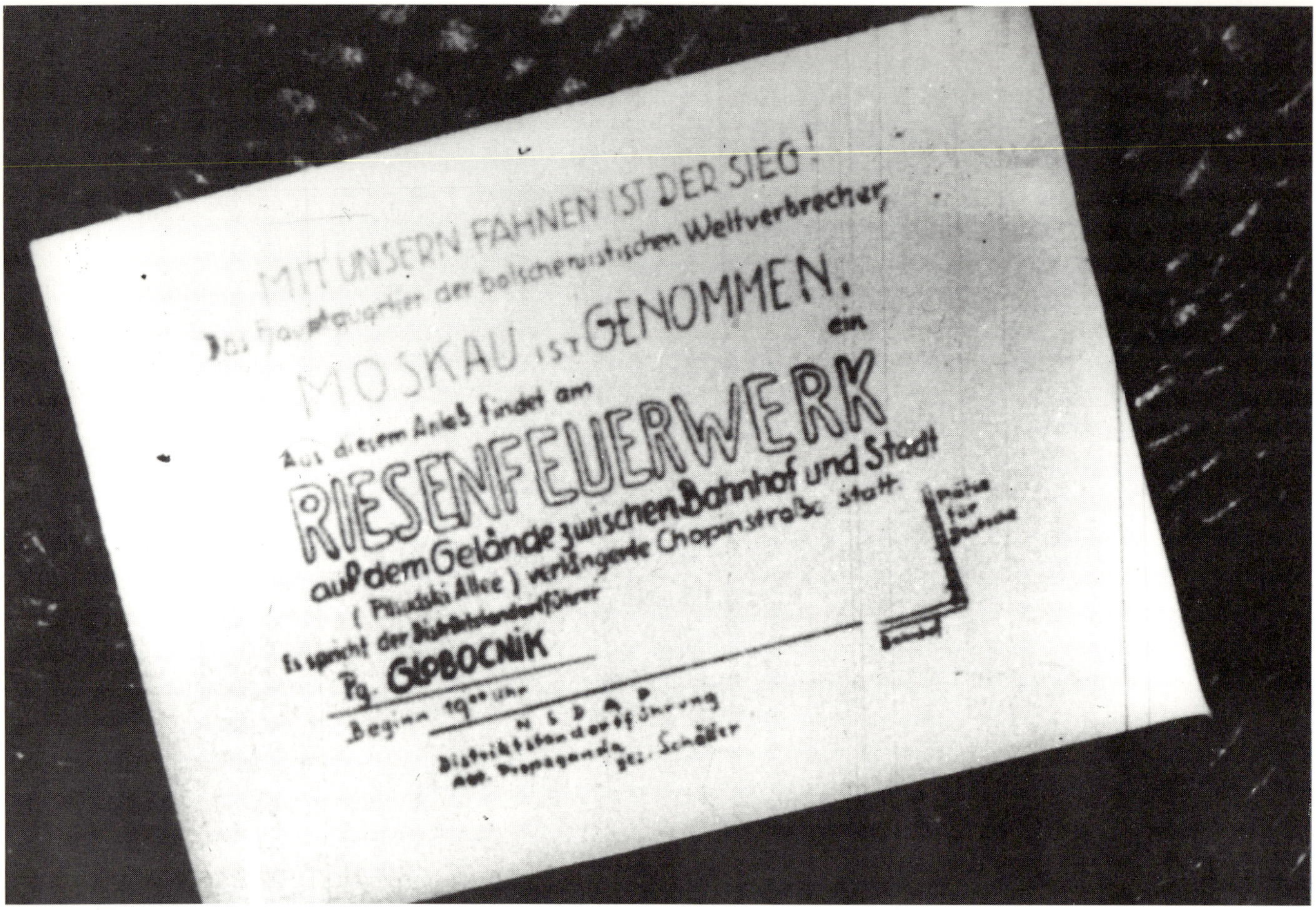

Maria Mironowa, Schauspielerin.

Wir gaben auch viele Konzerte in Krankenhäusern. Ich erinnere mich noch genau, wie ein Oberarzt einmal zu mir sagte: »Kommen Sie bitte zu diesem Patienten, er will nichts mehr essen und auch nicht mehr leben.« Ich ging in das Zimmer hinein und sah einen hübschen jungen Mann, der sein Gesicht zur Wand gedreht hatte. Später erfuhr ich, daß er beide Arme und beide Beine verloren hatte. Ich fragte ihn, ob ich ihm etwas erzählen solle. Er antwortete: »Sie brauchen mir nichts zu erzählen, gehen Sie!« Aber als ich zur Tür ging, fragte er mich: »Können Sie singen? Singen Sie mir die Zigeunerromanze ›Das letzte Lager‹ vor.« Ich sang es ihm vor, und er lag da und weinte. Die Tränen liefen ihm über das Gesicht. Es war schrecklich!

»Was sollen wir tun?«

Nach dem Fall von Wjasma und Brjansk gab es an der Moskwa keinen Zweifel mehr, daß sich die Deutschen nun der Hauptstadt näherten. Hatte der deutsche Schwenk auf Kiew im Kreml noch Hoffnungen geweckt, Hitlers Truppen könnten gestoppt werden, bevor sie nach Moskau marschierten, so machte sich nach den Meldungen über die jüngsten Siege der Wehrmacht in der Bevölkerung Panik breit. Ein Schreckensruf machte die Runde: »Die Germanski kommen.«

Gerüchte kamen auf und fanden schnell Verbreitung: Die Deutschen seien schon im Begriff, in die Stadt einzudringen; von Fallschirmjägern war die Rede, die über dem Roten Platz abgesprungen waren, von deutschen Panzern, die da und dort schon aufgetaucht seien. Jedes Panzergeräusch schreckte die Moskauer auf – auch wenn der Lärm von sowjetischen Kampfwagen stammte.

Vorsichtsmaßnahmen der Regierung verstärkten die Verwirrung. Fabriken und Industriebetriebe, Ministerien und Behörden wurden evakuiert. Die Regierung zog nach Kuybischew um. Funktionäre brächten sich weit hinter der

Linke Seite: Verfrühte Siegesgewißheit bei den Deutschen: Plakat für die »Feier zur Einnahme Moskaus« in Warschau.

Front in Sicherheit, hieß es bald in der Stadt. Doch Stalin selbst blieb vorerst mit einem kleinen Stab im Kreml. »Im Kreml brennt noch Licht«, wurde seit diesem Oktober zu einem geflügelten Wort – auch wenn Stalin selbst nicht da war.

In den Partei- und Regierungsgebäuden rauchten die Schornsteine. Akten, die nicht transportiert werden konnten, wurden verbrannt, Kunstwerke aus dem Kreml hinter den Ural transportiert. Als schließlich Soldaten auch noch den Leichnam Lenins aus dem Mausoleum an der Kremlmauer holten, um ihn in Sicherheit zu bringen, gab es für viele kein Halten mehr. Panik brach aus, Zehntausende verließen ihre Arbeitsplätze und versuchten, aus der bedrohten Stadt zu fliehen. Die öffentlichen Verkehrsverbindungen waren dem Ansturm nicht gewachsen, sie mußten ihren Dienst einstellen. Hamsterkäufe führten dazu, daß die Versorgungslage sich verschlechterte, Banken und Lebensmittelgeschäfte mußten schließen. Plünderungen waren keine Seltenheit. Soldaten desertierten.

Die Gerüchteküche brodelte weiter: Ein Staatsstreich habe stattgefunden, Molotow habe Selbstmord begangen, Stalin sei verhaftet worden, das Militär habe die Macht übernommen. Ganz Moskau war in Aufruhr.

Stalin versuchte die Lage in der Hauptstadt wieder unter Kontrolle zu bekommen. Auf einer Sitzung am 19. Oktober faßte das Staatsverteidigungskomitee den Beschluß, die Stadt zu verteidigen und nicht zu räumen. Am nächsten Tag verkündeten Plakate, daß Stalin den Belagerungszustand verhängt hatte. In der »Prawda« erschien ein Leitartikel mit der Überschrift: »Den Geist der Sorglosigkeit überwinden«.

Von nun an galt das Kriegsrecht. Die Ordnung wurde unter Androhung drakonischer Strafen wiederhergestellt. Meuterer, Plünderer oder Deserteure konnten sofort standrechtlich erschossen werden. Die Stadt wurde zur Festung erklärt, Moskau war endgültig zur Frontstadt geworden.

Am 6. Oktober, als sich die Katastrophe bei Brjansk und Wjasma abzuzeichnen begann, war eine wichtige Entscheidung gefallen. Stalin hatte Marschall Golowanow in sein Büro im Kreml gerufen und mit ihm die kritische Lage besprochen: »Wir sind in großen Schwierigkeiten. Die Deutschen haben unsere Verteidigungsstellungen durchbrochen. Was sollen wir tun, was sollen wir tun?«

Der sowjetische Diktator suchte nach einem fähigen Militärstrategen. Er fand ihn in General Georgi K. Schukow, einem »Helden der Sowjetunion«, der 1939 die Japaner in der Mongolei geschlagen hatte. Es war der General, den Stalin im August als Generalstabschef entlassen hatte, weil ihm der Realist Schukow zur Aufgabe Kiews geraten hatte. Auf seinem neuen Posten konnte Schukow die gefährdete Westfront stabilisieren und Leningrad vor einer frühen Eroberung bewahren. Seitdem galt er als Retter in der Not, und genau den brauchte Stalin in diesem Augenblick.

Von einer Grippe geschwächt, empfing der sowjetische Diktator Schukow in seiner Datscha nahe Moskau. Die Ausführungen Stalins an diesem Tag, dem 7. Oktober, waren der Lage entsprechend knapp: »Eine sehr gefährliche Situation ist entstanden. Ich erhalte keine genauen Berichte über die wirkliche Lage der Dinge. Begeben Sie sich sofort zur Westfront. Ich warte auf Ihren Anruf.«

Schukows Frontinspektion ergab ein beängstigendes Bild: Im Süden und Norden standen die deutschen Truppen

Hans Johann Stolle, Pionier, gefallen am 8. November 1941.

Sehr geehrter Herr Stolle!
Es ist mir eine traurige Pflicht, Ihnen mitteilen zu müssen, daß Ihr Sohn gefallen ist. Die Kompanie war eingesetzt worden, um in einem Sumpf einen Übergang durch gesperrtes Gelände zu schaffen. Auf der Rückfahrt fuhr das Gespann, auf dem Ihr Sohn saß, über eine russische Mine, die bereits mehrmals durch andere Wagen vorbelastet war und detonierte! Ihr lieber Sohn war sofort tot. Wir haben ihn dann nach Chorodischbasche, 50 Kilometer südwestlich Tscherkassy am Dnjepr gebracht, wo er mit militärischen Ehren begraben wurde. Er ruht auf dem dortigen großen Heldenfriedhof vor der Schule des Ortes. Ihr Sohn ist am 8. 11. 41 nachmittags gegen 13 Uhr 30 gefallen. So schwer es Ihnen fallen wird, sich an das harte Schicksal zu gewöhnen, so seien Sie stolz auf Ihren Sohn, der getreu seinem Erbe für Führer und Volk sich bis zum letzten einsetzte! Tieferschüttert sahen wir ihn von uns gehen, er, der immer fröhlich und singend durch den Alltag ging und bei seinen Kameraden beliebt und geachtet war. Die Kompanie wird ihn stets in ehrendem Angedenken bewahren. Wir alle achten den tiefen elterlichen Schmerz, der Sie ergriffen hat! In aufrichtigem Mitgefühl grüßt Sie Ihr Hellberog, Hptm. Kp.-Chef.

КОРПУС

kurz vor dem Durchbruch. Am mittleren Abschnitt der Westfront, in Juchnow, konnte ihm Befehlshaber Budjonny, der kurz zuvor der Gefangennahme durch die Deutschen knapp entkommen war, nur mitteilen: »Hier stehen die Dinge nicht besser. Wir haben keine Verteidigungsfront mehr.«

Als Schukow am 10. Oktober im Hauptquartier der Westfront bei Krasnowidow, neunzig Kilometer westlich von Moskau, eintraf, erhielt er eine persönliche Nachricht Stalins: »Sie werden zum Befehlshaber der Westfront ernannt«, hieß es lapidar in einem Funkspruch, den Generalstabschef Schaposchnikow im Auftrag des »vozd« durchgegeben hatte. Am 11. Oktober um 18 Uhr trat Schukow seine neue Aufgabe an: Er sollte Moskau retten.

Der General stand vor scheinbar unlösbaren Problemen. Die Nachrichten von der Front waren widersprüchlich. Selbst Stalin als Oberbefehlshaber hatte keine genauen Informationen über die Lage.

Die sowjetischen Verteidigungslinien konnten von den Deutschen immer wieder durchbrochen werden, weil der Verteidigungsring um Moskau nicht dicht genug gestaffelt war. Selbst wenn die Sowjets einmal überlegene Waffen wie den gefürchteten T 34 zur Verfügung hatten, versagte die Verteidigung, da sie nicht koordiniert und viel zu zersplittert war. Nach den jüngsten Niederlagen mußten neue Truppen herangeführt werden, außerdem benötigten die kämpfenden Einheiten zusätzliche Waffen. Stalin sicherte zwar Hilfe zu, doch es war vorerst unmöglich, von anderen Frontabschnitten Einheiten zur Entsatzung Moskaus abzuziehen. Überall standen die sowjetischen Armeen in verzweifelten Abwehrgefechten. Bis aus dem Osten des riesigen Sowjetreichs weitere Truppen in Moskau eintreffen würden, würde zu viel Zeit verlorengehen. Hilfe, vor allem die dringend benötigte Waffenhilfe, kam in dieser verzweifelten Situation von anderer Seite:

Am 2. Oktober unterzeichnete eine britisch-amerikanische Verhandlungsdelegation unter Führung von Lord Beaverbrook und Averell Harriman ein Abkommen über westliche Militärhilfe. Insgesamt dreitausend Flugzeuge, viertausend Panzer und dreißigtausend Lastwagen wollte der

F. W. Christians

Und dann gab's eine Läuseplage, das war sehr gefährlich, weil Typhus übertragen werden konnte. Wir alle hatten Läuse, die uns oben aus dem Kragen herauskrochen. Dagegen war nicht anzukommen, auch 30 Grad Kälte schreckten die Läuse nicht. Aber »Mamutschka«, bei der wir einquartiert waren, nahm das dicke Bügeleisen und hat uns diese Wäsche, die sie vorher gewaschen und gestopft hatte, mit dem schweren Bügeleisen ausgebügelt, um die heftigste Läuseplage auszutilgen. Mich hat diese so natürliche und völlig selbstverständliche Freundlichkeit gegenüber dem Feind, der wir ja waren, tief beeindruckt. Wir haben natürlich unsere letzten Portionen mit diesen Menschen geteilt.

Wassili Prosorow, Student.

Wie konnten wir unseren Beitrag für die Front leisten? Die Antwort hatten wir schnell gefunden. Aus den Lehrwerkstätten und Labors der Universität bauten wir zwei Spezialwerkstätten für die Rüstungsproduktion auf. Eine Werkstatt reparierte Zugmaschinen und Traktoren für die Armee, die andere stellte 200 Bauteile pro Woche zur Fertigung von Granaten her. Eines Tages im Juni 1941 kam ein etwa 14jähriges Bürschchen in die Werkhalle und bat um Arbeit. Er hieß Tolja Melnikow. Es stellte sich heraus, daß er das Dreherhandwerk an der väterlichen Werkbank erlernt hatte. »Du wirst halbtags arbeiten«, sagte ich zu ihm. »Nein, ganztags, wie die Erwachsenen auch«, antwortete Tolja. Er war ein hervorragender Dreher. Wir hatten ihn sehr gern und überhäuften ihn mit Prämien und Ehrenurkunden. Von einer der Auszeichnungen erfuhr er auf sehr tragische Weise. Während eines Fliegeralarms hielt sich die technische Sekretärin unseres Parteikomitees in einem Graben verborgen. Bei dem Luftangriff kam sie jedoch ums Leben. Neben ihr fanden wir die Urkunde für Tolja Melnikow, ausgestellt von der Hochschulleitung.

Linke Seite: Der »Retter von Moskau«: Marschall Schukow.

Westen Stalin für den Abwehrkampf gegen den gemeinsamen Gegner zur Verfügung stellen – als Ausgleich dafür, daß die von Stalin geforderte zweite Front noch immer nicht errichtet war.

Doch Waffen allein konnten den Angreifer nicht aufhalten. Schukow befahl, eine neue, stabile Verteidigungslinie aufzubauen. Die verfügbaren Kräfte zogen sich auf die Linie von Kalinin – Wolokolamsk – Moshaisk – Tula zurück. Dabei war Schukow darauf bedacht, die geographischen Gegebenheiten auszunutzen. Die Linie um Moshaisk schützten kleinere Flüsse wie die Lama, die Moskwa, die Koltscha und die Luscha. An die strategisch wichtigsten Punkte berief Schukow erfahrene Frontoffiziere, die aus den bisherigen Fehlern gelernt hatten. Gleichzeitig wurde die Befehlshierarchie überschaubarer gemacht. Außerdem drängte Schukow Stalin immer wieder, neue, unverbrauchte Kräfte aus dem Osten heranzuführen. Denn die Deutschen stießen immer weiter vor: Am 13. Oktober fiel Kaluga, am nächsten Tag eroberte die Wehrmacht Kalinin. Moskau lag von der Front nur noch hundertdreißig Kilometer entfernt. Vereinzelt gelang es deutschen Panzerspähwagen, die Verteidigungslinien zu durchbrechen und in die Vororte der Hauptstadt einzudringen. Ein ausgebrannter deutscher Panzer an der Chimki-Station nahe der Moskwa erinnerte bis Kriegsende daran, wie weit die Heeresgruppe Mitte vorgedrungen war. Allerdings waren die deutschen Kräfte, die zu diesem Zeitpunkt mit der Masse ihrer Verbände noch in den Kesseln um Brjansk und Wjasma kämpften, vor Moskau nicht stark genug, um den endgültigen Durchbruch zu erzwingen.

Die Verteidiger nutzten die dadurch verbliebene Zeit, um ihre Stellungen um Moskau zu verstärken. Zunächst wurden Arbeitermilizen aufgestellt und im Schnellverfahren ausgebildet. In nur vier Tagen rekrutierte das Verteidigungskomitee insgesamt hunderttausend Mann. Damit die Rüstung weiter auf Hochtouren laufen konnte – Moskaus Fabriken produzierten allein in den letzten beiden Monaten des Jahres 1941 mehr Maschinengewehre als alle anderen sowjetischen Fabriken während des gesamten Jahres 1940 zusammen –, standen die Milizionäre neben ihrem Militärdienst weiterhin am Fließband.

Links: Wie sich die Bilder gleichen. Deutsche und russische Frauen in der Rüstungsindustrie: Fertigung von Raketen für die Stalin-Orgeln (oben) – Herstellung von deutschen Artilleriegranaten (unten).

Rechte Seite: Sowjetische Propaganda: Parolen auf überlebensgroßen Tafeln sollen den Widerstandswillen stärken (oben links); auch historische Vergleiche gehören zum Arsenal der Propaganda (oben rechts); Flugblatt zur Demoralisierung der deutschen Soldaten (unten links); so sehen die Alliierten Hitler-Deutschland (unten rechts).

Deutsche Soldaten!

Die Geburtsanzahl in Deutschland ist wäh-
end des Krieges schroff zurückgegangen.
llein an der Ostfront hat Deutschland während
es Krieges mehr als 1,5 Millionen an Toden
erloren. Um die Bestehung der Bevälkerung
sichern, hat Hitler spezielle Beschwänge-
ingsstellen, die von den Burschen der SS
nd SA bedient werden, geschaffen. Alle
rauen, verheiratete und ledige, werden zwangs
-mäßig an diese Stellen angegliedert.

Laut Befehl Hitlers muß die Angliederung
er Frauen an bestimmte Punkte bis zum 1
ugust vollzogen werden.

Welch unerhörtes moralisches Sinken eures
ührers!

Welche Schändung der deutschen Frau!

SOLDATEN!

Euch zwingt man zu kriegen, während dem
an eure Frauen, Schwestern und geliebte
ädchen auf die „Ehestellen" treibt, wo sie
on den Hitlerburschen vergewaltigt werden.

Wie lange wollt ihr noch für die Sache der
itlerbande Kämpfen?

Macht dem Krieg ein Ende und rechnet
it der Hitlerbande ab.

Da alle verfügbaren Soldaten an der Front gebraucht wurden, mußten vor allem die Frauen zu Spitzhacke und Schaufel greifen, um Moskau zur Festung auszubauen: dreihundertsechzig Kilometer Panzergräben, über hundert Kilometer Höckerhindernisse, dreißig Kilometer Betonbarrieren, neunzehntausend spanische Reiter und sechshundert Kilometer Drahtverhau sollten Hitlers Panzer und Soldaten stoppen.

Alldem zollten auch die Deutschen Anerkennung. Oberleutnant Heysing, der in der Panzergruppe IV vor Moskau kämpfte, schrieb: »Es ist ein Abwehrsystem, das mit allen Mitteln neuzeitlicher Verteidigungskunst in monatelanger Mühe ausgebaut worden ist. (...) mit eingebauten Reihen von Flammenwerfern mit elektrischer Zündung, die Panzerhindernisse aller Art, versumpfte Bäche, Minenfelder, Drahtverhaue, Bunkersysteme, Steilhänge und übersichtliche Waldstellungen mit feindlichem Abwehrfeuer aus Artillerie, Flak, Pak, Granat- und Raketenwerfern.« Wie wirksam diese Abwehrriegel waren, sollten die deutschen Soldaten schon bald erfahren.

Zu Beginn der »Operation Taifun« waren die Angreifer auf relativ schwachen Widerstand gestoßen. Nach den überwältigenden Siegen bei Brjansk und Wjasma hofften sie, auf dem Weg nach Moskau leichtes Spiel zu haben. Doch statt dessen trafen sie auf ungleich heftigere Gegenwehr als angenommen. Sie stießen auf frische sibirische Einheiten, auf die gefürchteten Panzer vom Typ T 34, die bei Borodino erstmals massiert eingesetzt wurden, und sie trafen auf die Milizen, die in dem neuen, engeren Verteidigungsring um die Stadt konzentriert waren. Schukow jedenfalls versicherte dem skeptischen Stalin: »Es steht außer Frage, daß wir imstande sein werden, Moskau zu halten.«

»Hände weg von Moskau«

Nur noch wenige Kilometer lagen zwischen den Angreifern und dem Stadtzentrum. Doch die militärische Vorbereitung war nur eine Seite der Medaille. Die andere war ein »Krieg der Worte«: Es galt, den Gegner zu entmutigen. Wenn die Verteidiger Entschlossenheit demonstrierten, so dokumentierten die Angreifer Überlegenheit. In der psychologischen Kriegsführung standen sich die beiden Kontrahenten in nichts nach.

Die Deutschen warfen Flugblätter über ihren Angriffszielen ab. Die »lieben Moskauer« wurden darin aufgefordert, sich beim Bau von Panzergräben keine Mühe zu geben: »... denn die großen Panzer werden die kleinen Gräben schon wieder zufahren.«

An der deutschen Heimatfront wurde Zuversicht verbreitet. Renner waren Taschenromane, in denen die Siege im Osten glorifiziert wurden. Lothar Olias sang indessen optimistisch: »Einmal geht der große Krieg zu Ende.« Daß er mit einem großen Sieg zu Ende gehen würde, daran ließ die deutsche Propaganda keinen Zweifel.

Auch die Sowjets beherrschten die Klaviatur der psychologischen Kriegsführung. Auf Flugblättern, die von der Roten Luftwaffe abgeworfen wurden, lasen die Landser eindeutige Warnungen. »Hände weg von Moskau«, hieß es da. Und weiter: »Moskau wird niemals und von niemand eingenommen werden. Es gibt keine Tanks und keine Geschütze, die die Kraft und den Willen des Sowjetvolkes brechen könnten, das sich zum Schutz seines geliebten Moskau erhoben hat.«

Die Flugblätter versprachen einen entschlossenen Abwehrkampf. Die Veteranen dieses Feldzugs, die den hartnäckigen, fast verzweifelten Widerstand der Roten Armee schon erlebt hatten, ahnten, daß dies keine leere

Linke Seite: Ein Propaganda-Coup: Vor den Augen der Weltöffentlichkeit nimmt Stalin die Truppenparade zum Jahrestag der Oktoberrevolution ab.

Oben: Vom Lenin-Mausoleum aus appelliert Stalin am 7. November 1941 an den Widerstandswillen des gesamten Sowjetvolkes.

Unten: Von der Parade in Moskau direkt an die Front: sowjetische T-34-Panzer.

Drohung war: »Moskau ist nicht Paris, diese Stadt wird bis zum letzten Zentimeter verteidigt.«

Eine besondere Demonstration der Entschlossenheit erlebten die Moskauer Bürger zum 24. Jahrestag der Oktoberrevolution. Stalin war trotz der verlorenen Schlachten nicht bereit, am 7. November die traditionelle Parade auf dem Roten Platz ausfallen zu lassen. »Die Truppen der Moskauer Luftabwehr müssen verstärkt werden. Die wichtigeren Militärführer an die Front, die Parade eröffnen wird Budjonny. Wenn es während der Parade zu Bombenangriffen kommen sollte, müssen die Getöteten und Verwundeten zur Seite geschafft und die Parade zu Ende gebracht werden.«

Stalin rechnete mit dem Schlimmsten. Die deutschen Truppen standen zu diesem Zeitpunkt nur noch wenige Kilometer vor Moskau. Der Rote Platz wäre ein leichtes Ziel für Görings Luftwaffe gewesen. Doch Stalin wollte sich das Propagandaschauspiel der Parade dennoch nicht entgehen lassen. Wochenschauberichte sollten angefertigt und im ganzen Land verbreitet werden. Er selbst wollte eine Rede an seine Landsleute halten. Dies alles sollte zeigen: Die Sowjetmacht hält durch!

Da Widerspruch gegen Stalins Willen zwecklos war, organisierte die Parteiführung überdies noch eine Feierstunde, die aus Sicherheitsgründen gleich in der U-Bahn-Station Majakowskaja abgehalten wurde. Vor hundert ausgesuchten Gästen gab der sowjetische Diktator am 6. November 1941 erstmals öffentlich zu, daß die Rote Armee große Verluste erlitten hatte. Doch die volle Wahrheit erfuhren die Gäste nicht, denn Stalin sprach nur von 350 000 Gefallenen und 378 000 Vermißten. Die tatsächlichen Verluste aber lagen damals schon bei rund drei Millionen Soldaten: Gefallenen, Vermißten und Verwundeten. Diese Zahl war vorerst jedoch noch tabu.

Die Parade am nächsten Tag verlief programmgemäß. Ungeachtet der einundvierzig deutschen Divisionen, die sich der sowjetischen Hauptstadt näherten, ließ Stalin den 24. Jahrestag der glorreichen Oktoberrevolution feiern, den Sieg des Kommunismus über den Zaren. Die Truppen, die auf dem Roten Platz mit aufgepflanzten Bajonetten paradierten, marschierten sofort danach an die Front. Stalins Botschaft erreichte die ganze Welt: »Seht her: Wir kämpfen weiter.« Vor aller Welt hatte Stalin die Entschlossenheit zur Verteidigung demonstriert. Hitlers Luftwaffe störte die Parade nicht.

Panzerfahrer Iwan Kolosow am 25. Oktober 1941 an seine Verlobte:

Meine liebe Warja!
Nein, wir sehen uns nicht mehr.
Gestern mittag kämpften wir gegen eine faschistische Kolonne. Ein Geschoß schlug durch den Panzer und explodierte im Inneren. Wassili ist gestorben. Ich bin schwer verwundet.
Wassili Orlow habe ich im Birkenwald beigesetzt. Es war sehr hell im Wald. Wassili ist gestorben, ohne ein einziges Wort zu mir zu sagen, ohne etwas an seine schöne Soja und die blonde Maschenka, die so zart wie eine Pusteblume ist, auszurichten. Von drei Panzerfahrern bin ich als einziger übriggeblieben. In der Dunkelheit fuhr ich in den Wald hinein. Die ganze Nacht habe ich mich gequält und viel Blut verloren. Jetzt hat der die ganze Brust durchstechende Schmerz nachgelassen, und mir ist sehr ruhig zumute.
Es ist schade, daß wir nicht alles geschafft haben. Aber wir haben alles getan, was in unseren Kräften stand. Unsere Kameraden werden den Feind vertreiben. Er darf unsere Felder und Wälder nicht betreten! Nie würde ich so leben, wenn es Dich, Warja, nicht gegeben hätte. Du hast mir immer geholfen: bei Halchin-Gol und hier. Es muß stimmen: Wer liebt, ist den Menschen gegenüber immer gutmütiger. Vielen Dank Dir, meine Liebe! Der Mensch wird älter, und der Himmel ist ewig jung, wie Deine Augen, die ich nie genug bewundern konnte. Sie werden nie älter, sie werden nie erbleichen. Die Zeit wird vergehen, die Menschen werden die Wunden heilen, neue Städte bauen, neue Gärten schaffen. Es kommt ein anderes Leben, neue Lieder werden gesungen. Aber vergeßt nie das Lied über uns – drei Panzerfahrer.
Du bekommst schöne Kinder, Du wirst noch lieben. Und ich bin glücklich, daß ich mit der Liebe zu Dir aus dem Leben gehe.
Dein Iwan Kolosow

Rechte Seite, oben: An der gesamten Front bleiben die deutschen Truppen nach dem Einsetzen der Regenperiode im Schlamm stecken.

Rechte Seite, unten: Selbst Knüppeldämme helfen nicht über den Schlamm hinweg.

WH-1111920

Ob Soldat, Gespann oder Panzerkampfwagen – sie unterliegen in der »Schlammschlacht«.

Rechte Seite: Mit vereinten Kräften aus dem »Schlamassel«.

»Wenn nur der Frost käme ...«

Einen ersten Vorgeschmack auf das russische Herbstwetter hatten die Deutschen schon Anfang September erhalten. Beim Vormarsch auf Kiew begann es zu regnen. Es war kein leichter Spätsommerregen, der eine willkommene Abkühlung gebracht hätte, sondern es goß in Strömen. Rasch waren die Soldaten naß bis auf die Haut, und was noch schlimmer war: Aus den ausgetretenen Feldwegen wurde im Dauerregen zäher Morast, der jede Bewegung erschwerte. Bis zu den Knöcheln versanken die Landser im Schlamm, die schweren Panzer und Geschütze wühlten den aufgeweichten Untergrund weiter auf und schufen tiefe Gruben voller Matsch, die alles verschlangen. Das waren aber vorerst noch Vorboten. Die Sonne war noch stark genug, den aufgeweichten Boden wieder auszutrocknen und befahrbar zu machen. Der Angriff auf Kiew konnte erfolgreich abgeschlossen werden, die Aktion »Taifun« begann ohne witterungsbedingte Verzögerungen.

Am 8. Oktober schlug das Wetter um. Der Herbstregen verwandelte die russischen Felder in eine Schlammwüste. Und in den Regen mischte sich bald der erste Schnee: Zwar blieb er noch nicht liegen, doch auch er trug seinen Teil dazu bei, daß die Wege aufweichten. »Rapustiza«, die Schlammperiode, hatte begonnen.

Knietiefer Morast erschwerte jedes Vorwärtskommen. Die Rollbahn nach Moskau, auf den deutschen Militärkarten ein ausgebauter und befestigter Verkehrsweg, hielt den Belastungen nicht stand. Zuerst brach die Straßendecke unter der Last von Panzern und Transportfahrzeugen ein, dann verwandelte sich die Piste in eine mit Schlammlöchern und Wassertrichtern übersäte Hindernisbahn. Vom breiten Transportweg blieb noch ein sechzig Zentimeter schmaler Pfad, der nur dank ständiger Reparaturarbeiten passierbar war. Ein großes Kontingent deutscher Pioniere war dadurch gebunden.

Der Schlamm erstickte den deutschen Angriffsschwung. Die 6. Panzerdivision benötigte für eine Strecke von zehn Kilometern fast zehn Stunden. Nicht die Gefechte mit der Roten Armee bremsten den Vormarsch, vielmehr blieb die Masse der deutschen Verbände im Morast stecken. Oberleutnant Heysing notierte: »Beim Gegner stellt sich ein Bundesgenosse ein, dem das gelingt, was der Feind nicht erreicht hat: Tag und Nacht strömt es vom Himmel. Es regnet und schneit in ununterbrochener Folge. Der Boden saugt die Feuchtigkeit auf wie ein Schwamm, und im knietiefen Schlamm bleibt der deutsche Angriff stekken.«

Für die schweren Lastkraftwagen waren die unbefestigten Wege nicht geeignet. Wollte die Wehrmacht nicht im Schlamm versinken, mußten andere Transportmittel her. Die Deutschen lernten von den Sowjets: Sie benutzten nun die kleinen, aber zähen Panjepferde, die mit ihren Wägelchen zwar nur einen Bruchteil der Lasten eines Lkw transportieren konnten, aber dafür einen unschätzbaren Vorteil hatten: Sie kamen wenigstens voran.

Das war natürlich nur eine Notlösung, die Pferde konnten den Nachschub nicht alleine befördern, für die Fortsetzung des Angriffs waren sie nicht geeignet. Es ging beim besten Willen nicht mehr weiter. Aus diesen Tagen stammt der Satz: »General Schlamm hilft Väterchen Stalin.«

Der erzwungene Halt hatte katastrophale Folgen: Die deutschen Divisionen mußten sich dort verschanzen, wo sie das Wetter festgehalten hatte, und sich nun selber gegen Angriffe der Sowjets verteidigen. Ein mörderischer Stellungskampf nahm seinen Anfang. Die Rote Armee setzte den modernen T 34 ein, der sich mit seinen breiten Ketten auch auf morastigem Untergrund fortbewegen konnte, während die deutschen Panzer und Kettenfahrzeuge bewegungsunfähig im Schlamm steckenblieben. In vielen Einheiten waren die Verluste ähnlich hoch wie bei der 10. Panzerdivision, die zwischen den Dörfern Prokowskoje und Skirminowo feststeckte. Der Kommandierende General reagierte bestürzt, als ihm Generalmajor Fischer die Kampfstärke meldete: »Mein Gott, das ist ja nur noch ein verstärkter Spähtrupp.«

Die 3. Panzerdivision, die bei Tula kämpfte, konnte Ende Oktober nur noch vierzig Panzer einsetzen, das war kaum ein Viertel der ursprünglichen Kampfstärke. Die Deutschen waren zu einer verlustreichen Untätigkeit verurteilt. Viele Soldaten wünschten sich nur eines: »Wenn nur der Frost käme!« Wenn der Frost käme, würden die Straßen wieder fest und damit passierbar werden, dann würde der entscheidende Vorstoß möglich sein, und Moskau würde endgültig fallen.

Bis dahin jedoch blieb den Deutschen nur übrig zu warten. Drei Wochen dauerte die unvorhergesehene Unterbrechung. Drei Wochen, die der Kontrahent weit besser nutzen konnte. Die Rote Armee baute in dieser Zeit ihre Verteidigungsstellungen um Moskau weiter aus. Und sie hatte vor allem Zeit gewonnen, um starke und frische Divisionen aus Mittelasien und Sibirien an die Westfront vor Moskau zu werfen, denn die Eisenbahnverbindungen hinter Moskau funktionierten trotz der Schlammzeit reibungslos. Bis zum Februar 1942 schickten die Sowjets hundertsiebzehn neue Verbände in den Kampf. Die Deutschen konnten in der gleichen Zeit nur neun neue Divisionen aufstellen.

Ludwig Freiherr von Heyl, Spähtruppführer.

Feldpostbrief (12. 11. 41)
Meine Kameraden und ich, wir sprachen natürlich vom Krieg und kamen zu dem Schluß, daß wir Deutsche den Mund viel zu voll nehmen, daß die Russen ein absolut gleichwertiger Gegner sind, von dem wir manches lernen können, und daß trotz der Siege der Widerstand in keiner Weise gebrochen ist. Durch das Festliegen fast der ganzen deutschen Armee, wahrscheinlich für den ganzen Winter, hat der Krieg eigentlich ein kritisches Stadium erreicht. Zu weiterem Vormarsch sind wir nicht in der Lage, da der Nachschub versagt. Ab Ende Dezember, so glaube ich persönlich, werden keine größeren Operationen mehr stattfinden können. So ist unser Verbleib hier unabsehbar. Aufregend war die ganze Sache dennoch, wenn es auch hier kein Gentlemankrieg ist, sondern mehr eine Strafexpedition. Man verroht unglaublich, Menschenleben scheinen billiger als Spatzen. Man tötet auch keine Menschen, sondern den »Feind«, also etwas ganz Unpersönliches. Erschütternd ist auch, wie wenig dem Russen sein Leben wert ist. 20 Jahre Seelenmühle des Bolschewismus, auf den russischen Volkscharakter gesetzt, haben das erreicht. Das ist die einzige Erklärung für die verbissene Kampfesweise der Genossen …

»Die Zeit des Wartens ist vorbei«

Orscha, 13. November, Lagebesprechung im Hauptquartier der Heeresgruppe Mitte: Die Oberbefehlshaber der drei Heeresgruppen hatten ihre Stellvertreter geschickt. Generalstabschef Halder erläuterte ihnen die Lage an der zweitausend Kilometer langen Front. Die Angriffe der Heeresgruppen Süd und Nord sollten vorerst eingestellt werden. Für die Heeresgruppe Mitte galt anderes. Die Regenperiode war vorüber. Anfang des Monats hatte der Frost eingesetzt, im Kriegstagebuch des OKH hieß es unter dem Datum vom 11. November: »Straßenzustand infolge Frost verbessert.« Aber sollte der deutsche Angriff auf Moskau wirklich fortgesetzt werden? Oder war es besser, die Zeit bis zum

Links oben: Noch lautet die Devise »Vormarsch«.

Links mitte: Auch der Humor ist den deutschen Soldaten noch nicht vergangen.

Links unten: »Ferntrauung«. Über Tausende von Kilometern hinweg werden Ehen geschlossen.

Oben: Nur noch selten bleibt Zeit für eine Rasur.

Unten: Ruhepause in einem deutschen Unterstand während des Wartens auf den Angriffsbefehl.

endgültigen Wintereinbruch zu nutzen, um winterfeste Stellungen zu beziehen?

»Die Einschließung Moskaus von allen Seiten wird als kaum mehr durchführbar bezeichnet«, notierte der Stabschef der 2. Panzerarmee, Oberstleutnant von Liebenstein. Probleme mit dem Nachschub, hohe Verluste und die fehlende Winterausrüstung waren offenkundig. Dennoch plädierten die Militärs für eine Fortsetzung des Angriffs. Sie wollten die Soldaten nicht auf freiem Feld überwintern lassen, wo sie fast ungeschützt dem russischen Winter mit Temperaturen um vierzig Grad minus ausgeliefert sein würden. Hitler war sich in diesem Punkt mit seinen Generalen einig. Halder zog die Einsatzbefehle aus der Tasche: Der Angriff auf Moskau sollte fortgesetzt werden.

Guderians Panzer hatten die Aufgabe, den wichtigen Verkehrsknotenpunkt Tula einzunehmen und an Moskau vorbei die sowjetische Hauptstadt vom Rücken her einzuschließen. Die 3. Panzerarmee sollte den linken Zangenflügel bilden und Moskau von Osten her angreifen. Den Angriff in der Mitte würde dann die 4. Armee gemeinsam mit der Panzergruppe IV führen. Hitler nannte das die »Herbstoffensive«. Der Herbst war freilich schon lange vorbei. Nun war es wirklich Winter geworden, mit Temperaturen von fünfzehn bis zwanzig Grad unter Null – und das war erst der Anfang. Dennoch erging am 19. November folgender Tagesbefehl: »An die Kommandeure der Panzergruppe IV. Die Zeit des Wartens ist vorüber. Wir können wieder angreifen. Die letzte russische Verteidigung ist zu zerschlagen. Wir müssen das Herz des bolschewistischen Widerstandes in Europa zum Stillstand bringen, um den Feldzug für dieses Jahr zu beenden.«

Die deutsche Angriffsmaschine lief wieder an, die zweite Phase der Aktion »Taifun« hatte begonnen. Die ersten Schutzstellungen der Sowjets wurden überrannt. Guderians Panzergruppe stieß nach Osten vor. Im Norden fiel Kalinin in deutsche Hand. Das nächste Angriffsziel, die Stadt Klin, war nur noch achtzig Kilometer vom Roten Platz entfernt. Wie geplant, stießen die Deutschen im Mittelteil der Front mit zwei Keilen durch die gut gestaffelten Verteidigungssysteme. Die Festungen und Panzergräben der zweiten sowjetischen Schutzstellung wurden durchbrochen.

Linke Seite, oben: Deutsche Infanterie im Angriff.

Linke Seite, unten: Der plötzliche Wintereinbruch macht den deutschen Truppen schwer zu schaffen.

Links oben: Generaloberst Guderian in seinem motorisierten Befehlsstand.

Links unten: Gefallene deutsche Soldaten vor Moskau.

General Schukow, der sein Hauptquartier in die weitverzweigten Gewölbe der Moskauer U-Bahn verlegt hatte, besprach am 27. November mit seinem Stellvertreter Konjew vor einer großen Karte die Lage an den einzelnen Fronten. Sie hatten gerade eine Hiobsbotschaft vom nördlichen Abschnitt erhalten: »Feindliche Kräfte der 3. Panzerarmee haben bei Jachroma den Moskwa-Wolga-Kanal überschritten und einen Brückenkopf gebildet. Es droht der Durchbruch.«

Schukow wußte, daß der Kanal das letzte größere Hindernis vor Moskau darstellte. Noch nie war die sowjetische Hauptstadt so tödlich bedroht gewesen. Würden die Angreifer den Brückenkopf ausbauen können, bedeutete dies das Todesurteil für Moskau. Zwei sowjetische Brigaden wurden nun den angreifenden Truppen Mansteins entgegengeworfen. Ihr Auftrag, den Brückenkopf zu zerschlagen – um jeden Preis.

Die Deutschen mußten zwei verhängnisvolle Erfahrungen machen: Die Verteidiger leisteten vor Moskau mehr als je zuvor hartnäckigen Widerstand. Noch zu Beginn der Aktion »Taifun« trafen sie auf relativ schwache Gegenwehr, nach den Siegen bei Brjansk und Wjasma rechneten viele damit, daß nun der letzte Widerstand gebrochen sei und nur noch ungeschulte Arbeitermilizen zur Verteidigung von Moskau zur Verfügung stünden. Das war aber ein fataler Irrtum: Reguläre Truppen aus Sibirien, bestens

Erich Mende

Mein Bataillonskommandeur und auch der Regimentskommandeur hatten uns gesagt, daß wir die Feldküche im Winter seltener sehen würden. Daher hatten wir eine gewisse Vorsorge getroffen. Jeder Soldat mußte ein kleines Päckchen mit Salz und ein kleines Päckchen Tee bei sich haben; dazu Streichhölzer und Bindfaden. Und das war unsere Rettung. Wir haben uns aus Schneewasser Tee bereiten können und mit dem Salz die Kartoffeln, die wir bei den Russen aus dem Keller holten, gekocht. Oft waren Katoschki und Wogorki, Kartoffeln und Gurken, unsere einzige Nahrung. Und dann haben wir selbstverständlich versucht, uns mit Laken, weißen Tischtüchern und Gardinen, die wir aus den Häusern holten, wenigstens etwas zu tarnen. Es war so klirrend kalt, daß das Brot zerhackt werden mußte, selbst das Kommißbrot war tiefgefroren. Vieles konnten wir nur, nachdem wir es im Ofen eines russischen Hauses aufgetaut hatten, genießen.

Linke Seite, oben: Mühsam ist der Vormarsch unter den Bedingungen des Winterkriegs.

Linke Seite, unten: Deutsche Infanterie räumt ein umkämpftes Dorf – Ende November 1941 in der Nähe von Wolokolamsk.

Ernst Jauernick, Infanterist.

Am 19.11. beginnt der letzte große Vorstoß in Richtung Moskau. Es fehlt jedoch noch an allem. Wir haben keine Winterbekleidung, die Flugzeuge und die motorisierten Einheiten bekommen nur noch wenig Sprit zugeteilt. Auch das Essen läßt zu wünschen übrig. War im Herbst der Schlamm und Morast unser größter Feind, ist es jetzt der Frost, der uns fertig machen will. Auch unsere armen Pferde müssen Unmögliches erdulden. Wasser holen wir von weiß Gott wie weit her; wir müssen das dicke Eis auf Tümpeln und Seen mit der Spitzhacke aufbrechen. Unsere Tiere bekommen dieses eiskalte Wasser zu trinken. Stroh und Heu zum Füttern gibt es nicht. Wir können nur Baumzweige aus dem Wald zum Füttern geben. Immer wieder liegen am Morgen die Pferde erfroren mit aufgedunsenem Bauch im Schnee. Diese Kälte und der viele Schnee, dazu die Gewaltmärsche bringen uns bald zum Wahnsinn. In Sommersachen frieren wir Tag und Nacht. Wenn wir Brot bekommen, müssen wir es mit dem Beil in Stücke hacken oder die Brocken in der Hosentasche auftauen. Zum Entlausen holen wir aus dem Wald Reisig und Holz. Beim qualmenden Feuer ziehen wir für kurze Zeit das Hemd aus und halten es über den Rauch. Was das heißt, bei 40–45 Grad Kälte, ist kaum zu beschreiben. Abgekämpft und elend vor Kälte erreichen wir Istra, die letzte Feuerstellung 16 Kilometer vor Moskau. Die Geschütze schießen sich auf den Stadtrand von Moskau ein.

Linke Seite, oben: Sowjetische T-34-Panzer rollen in voller Fahrt an die Front.

Linke Seite, unten: Gebündelte Vierlingsflak in einer Flugabwehrstellung vor Moskau.

Oben: Rotarmisten erobern eine befestigte Stellung zurück.

ausgerüstet, standen in den Stellungen. Je näher die Deutschen auf Moskau vorrückten, desto verbissener kämpften die Verteidiger. »Halten oder sterben« – dieser Befehl Stalins wurde niemals entschlossener umgesetzt als in den Kämpfen um Moskau.

Doch damit nicht genug. Die Deutschen hatten sich mit einem zweiten erbarmungslosen Gegner auseinanderzusetzen: der Kälte. Mitte November herrschten Temperaturen um fünfundzwanzig Grad unter Null. Als Manteuffels Panzerarmee am 27. November den Brückenkopf am Moskwa-Wolga-Kanal verteidigte, fiel das Thermometer auf vierzig Grad minus. Für solche Temperaturen waren die Deutschen nicht ausgerüstet. Es fehlte an allem: Statt Pelzen trugen sie kurze Stoffmäntel, statt Fellhandschuhen dünne Fäustlinge, einfache Kopfschützer statt Pelzkappen. Am schlimmsten war das Schuhwerk: Genagelte Knobelbecher, die exakt angepaßt waren, mochten im Sommer gute Dienste leisten. Im Winter erwiesen sich jedoch die Stahlnägel als ideale Kälteleiter; für zusätzliche Woll-, Papier- oder Stroheinlagen waren die Stiefel zu eng. Filzstiefel, wie sie die Soldaten der Roten Armee trugen, gab es bei der Wehrmacht nicht. Auf einen Winterkrieg war die deutsche Armee in keiner Weise vorbereitet. Der Nachschub an wetterfester Kleidung setzte viel zu spät ein, nur dreißig Prozent des Solls konnten geliefert werden. Vor die Alternative »Winterkleidung oder Munition« gestellt, hatte Hitler sich für die Munition entschieden. Beides gleichzeitig konnte mit den geringen Transportkapazitäten nicht geliefert werden. So standen, ein Beispiel von vielen, beim XXIV. Panzerkorps für jede Kompanie oder Batterie nur sechs Pelze zur Verfügung. Das bedeutete: Fünf Artilleristen mußten sich einen Fellmantel teilen.

Die Zahl der Erfrorenen stieg. Fast jeder zweite meldete sich mit Erfrierungen an Händen oder Füßen bei den Sanitätsstationen, die kaum helfen konnten. Medikamente gegen Frostwunden gab es ebensowenig wie wintertaugliches Schuhwerk. Nun rächte sich die Überheblichkeit der Nazi-Führung. Hitler hatte es nicht für nötig befunden, das Ostheer rechtzeitig mit Winterkleidung auszustatten, und seine Paladine überboten ihren »Führer« noch an Ignoranz. Goebbels hatte den Bitten der Generale um Winterhilfe entgegnet, daß sie sich völlig unnötigerweise Sorgen mach-

ten, denn den Winter würden die Truppen in warmen Quartieren verbringen.

Jetzt aber saßen die Soldaten im freien Feld, den Schneestürmen und der Kälte schutzlos preisgegeben. Als einzige Hoffnung blieb den Frierenden, sich aus den eroberten Ortschaften mit dem Allernotwendigsten zu versorgen. Doch Stalin hatte schon am 17. November einen folgenschweren Befehl erteilt: »Alle Siedlungspunkte, an denen sich deutsche Truppen befinden, sind auf vierzig bis sechzig Kilometer ab der Hauptkampflinie in die Tiefe zu zerstören und in Brand zu setzen. Zur Vernichtung der Siedlungspunkte im aufgegebenen Radius ist die Luftwaffe hinzuzuziehen, sind Artillerie und Granatwerfer großflächig zu nutzen, ebenso die Kommandos der Aufklärung, Skiläufer und Partisanen.«

Das war die Fortsetzung seiner »Politik der verbrannten Erde«. Die Invasoren sollten nichts für ihre Versorgung aus sowjetischem Besitz nutzen können. Die Zerstörungen hatten nahezu strategische Bedeutung. Die Deutschen blieben bei ihrer Versorgung auf sich allein gestellt, die völlig unzureichend war.

Auch von den Partisanen ging eine große Bedrohung für die deutschen Soldaten aus. Sie verstärkten ihre Aktivitäten im Rücken der Front. Umso härter fiel die Bestrafung aus, wenn Partisanen gefangengenommen wurden. Ein Beispiel dafür ist die Hinrichtung von Soja Kosmodemjanskaja. Die junge Lehrerin, heute eine als Nationalheldin verehrte »Kämpferin gegen den Faschismus«, leitete eine kleine Partisanengruppe, die im September 1941 deutsche Nachschubeinheiten in Brand gesteckt hatte. Von den Deutschen wurde sie in ihrem Heimatort Petrischtschewo nahe Moskau gefangengenommen und als »bolschewistische Saboteurin« zur Abschreckung öffentlich gehängt.

Die Kälte machte nicht nur den Soldaten zu schaffen. Bei Temperaturen bis zu fünfzig Minusgraden streikten Panzermotoren und Maschinengewehre, der Treibstoff gefror. Wer den Fehler beging, seine Waffe mit bloßen Händen anzufassen, dessen Finger froren daran fest. Die Pistolen versagten, weil das Fett in den Lagern eingefroren war. Die Soldaten behalfen sich mit Ziegelsteinen, die in den wenigen Öfen aufgewärmt wurden, in ein Tuch gewickelt und auf das MG-Schloß gelegt wurden. Noch wichtiger, als warme Füße zu haben, war es, Ladehemmungen zu vermeiden, wenn man überleben wollte. Denn die Sowjets griffen jetzt oft blitzartig an.

Linke Seite, oben: Sowjetischer Vorposten in »Lauerstellung«.

Linke Seite, unten: Das Blatt wendet sich. Deutsche Soldaten verlassen ihre Stellung und ergeben sich.

Während der Schlammperiode hatte mancher gehofft, daß der Frost die Straßen wieder befahrbar machen würde. An die verheerenden Auswirkungen der Kälte hatte niemand gedacht. Trotz dieser Strapazen rückten die Deutschen jedoch vorerst immer weiter an Moskau heran: zwar schrittweise, aber beständig. Der Halbkreis um die Stadt wurde immer enger gezogen. Am 2. Dezember schrieb Leutnant Weber, Ordonnanzoffizier beim Heeresartilleriekommandeur 128, nach Hause: »Noch zwölf Kilometer fehlen, um die Hauptstadt unter Artilleriefeuer nehmen zu können.«

Am weitesten näherten sich die Truppen Hitlers der sowjetischen Hauptstadt bei Chimki. Nur noch acht Kilometer standen die deutschen Vorauskommandos von den Vororten Moskaus entfernt. Und nur noch sechzehn Kilometer fehlten bis zum Kreml.

General Iwan Panfilow
am 13. November 1941
an seine Frau:

Liebe Murotschka!
Ich möchte meine Freude mit Dir teilen.
Mura, Du hast es wahrscheinlich mehrfach im Rundfunk gehört, die Zeitungen schreiben über Heldentaten meiner Soldaten und Kommandeure. Die Ehre, die ich habe – unsere Hauptstadt zu verteidigen –, wir werden ihr gerecht. Murotschka, Du kannst Dir kaum vorstellen, welche Soldaten und Kommandeure ich habe – sie sind wahre Patrioten, kämpfen wie Löwen, geleitet von einem Gedanken – den Feind nicht in unsere Hauptstadt zu lassen, diese Kreaturen erbarmungslos zu vernichten. Tod dem Faschismus!
Liebe Mura, Du bist sehr geizig und schreibst kaum. In dieser Zeit habe ich von Dir einen einzigen Brief erhalten. Schreibe öfter, Du weißt, wie gut es ist, ein Briefchen von zu Hause zu bekommen. Schreib, ich küsse Dich und die Kinder: Shenja, Wiwa, Galotschka und meine liebe Makotschka. Grüße alle ...
Küsse, Dein I. Panfilow

Der Krieg der Partisanen tobt unerbittlich: Zerstörter Güterzug nach einem Partisanenangriff (linke Seite, oben); von Partisanen verstümmelte deutsche Soldaten (nach Aussage des Fotografen) (linke Seite, unten).
Die achtzehnjährige Moskauer Schülerin Soja Kosmodemjanskaja (rechts) wird im Oktober 1941 vom »Komsomol« zu den Partisanen geschickt. Als sie versucht, einen Pferdestall in Brand zu setzen, wird sie von deutschen Soldaten ergriffen und gefoltert; sie gibt aber keine Informationen preis. Am 29. November 1941 wird sie erhängt (oben). Im Januar 1942 macht ein Bericht in der »Prawda« Soja zu einem Symbol des großen Vaterländischen Krieges. Sie geht später als »Heldin der Sowjetunion« in die Geschichte ein.

Während die Heeresgruppe Mitte zum entscheidenden Angriff auf Moskau ansetzte, hatte die Heeresgruppe Süd im Oktober die Aufgabe erhalten, nach der Eroberung Kiews weiter Richtung Osten vorzustoßen. Der Sieg sollte genutzt werden, um die Krim und das Industriegebiet des Donez-Beckens zu besetzen. Sewastopol und Rostow hießen die beiden nächsten Ziele.

In den frühen Morgenstunden des 18. Oktober 1941 begann der Angriff auf die Krim. Es war keine leichte Aufgabe, die der neue Oberbefehlshaber der 11. Armee General von Manstein zu lösen hatte. Die Krim war nur über eine schmale Landenge zu erreichen: ideales Gelände für den Verteidiger, der hier ein tiefgestaffeltes System mit Drahthindernissen, fernbedienten Flammenwerfern und Minenfeldern aufgebaut hatte. Vor allem die Holzkastenminen waren ein nahezu unüberwindliches Hindernis, sie konnten von den Suchgeräten der deutschen Pioniereinheiten nicht geortet werden. Hinzu kam, daß an diesem Frontabschnitt Stalins Luftwaffe den Himmel beherrschte und die sowjetische Artillerie aus gut getarnten und ausgebauten Stellungen feuern konnte.

Dennoch gelang es den deutschen Sturmgeschützen, die sowjetischen Stellungen außer Gefecht zu setzen. Acht Tage dauerte das tödliche Bombardement, dann zogen sich die Sowjets zurück. Der Weg nach Sewastopol war frei. Auch Odessa fiel in deutsche Hand. Eine erneute Katastrophe für die Rote Armee wurde im letzten Moment verhindert: Die Schwarzmeerflotte konnte eine sowjetische Armee rechtzeitig aus dem eingeschlossenen Odessa ausschiffen. Die deutschen Truppen erlebten ein zweites Dünkirchen. Damals konnten britische Truppen über den Kanal in Sicherheit gebracht werden, nun setzten sich sowjetische Verbände ab.

Am Südzipfel der Krim sollte es zur entscheidenden Schlacht um die Herrschaft auf der Halbinsel kommen. Die Kämpfe um Sewastopol dauerten bis in das nächste Jahr hinein. Deutsche und Sowjets wußten um die strategische Bedeutung dieses Brückenkopfes, den die Sowjetmacht zur stärksten Seefestung der Welt ausgebaut hatte.

Die deutsche Kampfkraft reichte allerdings nicht aus, um die Stadt, die nun im Rücken der deutschen Front lag, zu erobern. Bis zur nördlichen Stadtbefestigung kämpften sich die deutschen Truppen heran. Dort, am Fort Stalin, mußten sie halten. Der entscheidende Erfolg blieb ihnen versagt.

Der zweite Teil der Heeresgruppe Süd stieß nach Südosten vor. Sein Ziel war Rostow am Don. Die Panzergruppe I sollte die Industrieregion am Donez-Becken besetzen, um die Produktionskapazitäten für die deutsche Wirtschaft nutzen zu können. Sollten der Sieg bei Kiew und die dadurch entstandene Zeitverzögerung für die Heeresgruppe Mitte überhaupt einen Sinn gehabt haben, dann mußte dieser Vorstoß sofort erfolgen. Hitler war überzeugt, daß erst nach der Eroberung des industriellen Herzstücks der Sowjetunion der endgültige Sieg über die Rote Armee errungen war. Hohe Verluste mußten nach seiner Ansicht für dieses Ziel in Kauf genommen werden. Als der große Schlamm den Angriffsschwung hemmte, standen die deutschen Verbände an den wichtigsten Verkehrsadern im Süden: die 1. Panzerarmee am Mius, die 17. Armee am Donez. Simferopol und Jalta waren erobert, das 42. Armeekorps hatte die Meerenge bei Kertsch besetzt, Charkow war in deutscher Hand.

Die Erfolge hatten allerdings einen hohen Preis. Die Verluste waren deutlich angestiegen, viele Kompanien bestanden nur noch aus etwa zwanzig Mann und erreichten damit gerade noch ein Viertel ihrer Sollstärke.

In der Heimat wuchs der Widerstand gegen Hitlers rücksichtslose Kriegsführung: Ernst Udet, Fliegeridol des Ersten Weltkriegs, bezog Stellung: »Wir brauchen Jäger, Tausende von Jägern, oder wir sind verloren.«

Anatolij Tschernjajew, Berater Michail Gorbatschows, damals Zugführer in einer Infanterieeinheit.

Das Bild von der deutschen Armee hat sich im Laufe des Krieges stark gewandelt. Die Sommer- und Herbstoffensive hatte noch den Eindruck von der mächtigen, unüberwindlichen, kolossalen Kraft und Selbstsicherheit der Deutschen hinterlassen. Aber als wir sie dann vor Moskau halbnackt sahen, erbärmlich und hungernd, da wurde uns bewußt, daß diese Armee besiegbar war. Das war ein enormer Umschwung, dieses Gefühl, daß eine Offensive, ein Sieg und schließlich auch die Wende des Krieges wieder möglich sind. Und so erklärt sich auch das Trauma, der große Schock, als die Deutschen bereits ein halbes Jahr später wieder weiter, auf Stalingrad zu, vorrückten.

Rechte Seite: Gesichter des Krieges.
Anspannung, Erholung, Erschöpfung – deutsche Soldaten in einer Kampfpause.

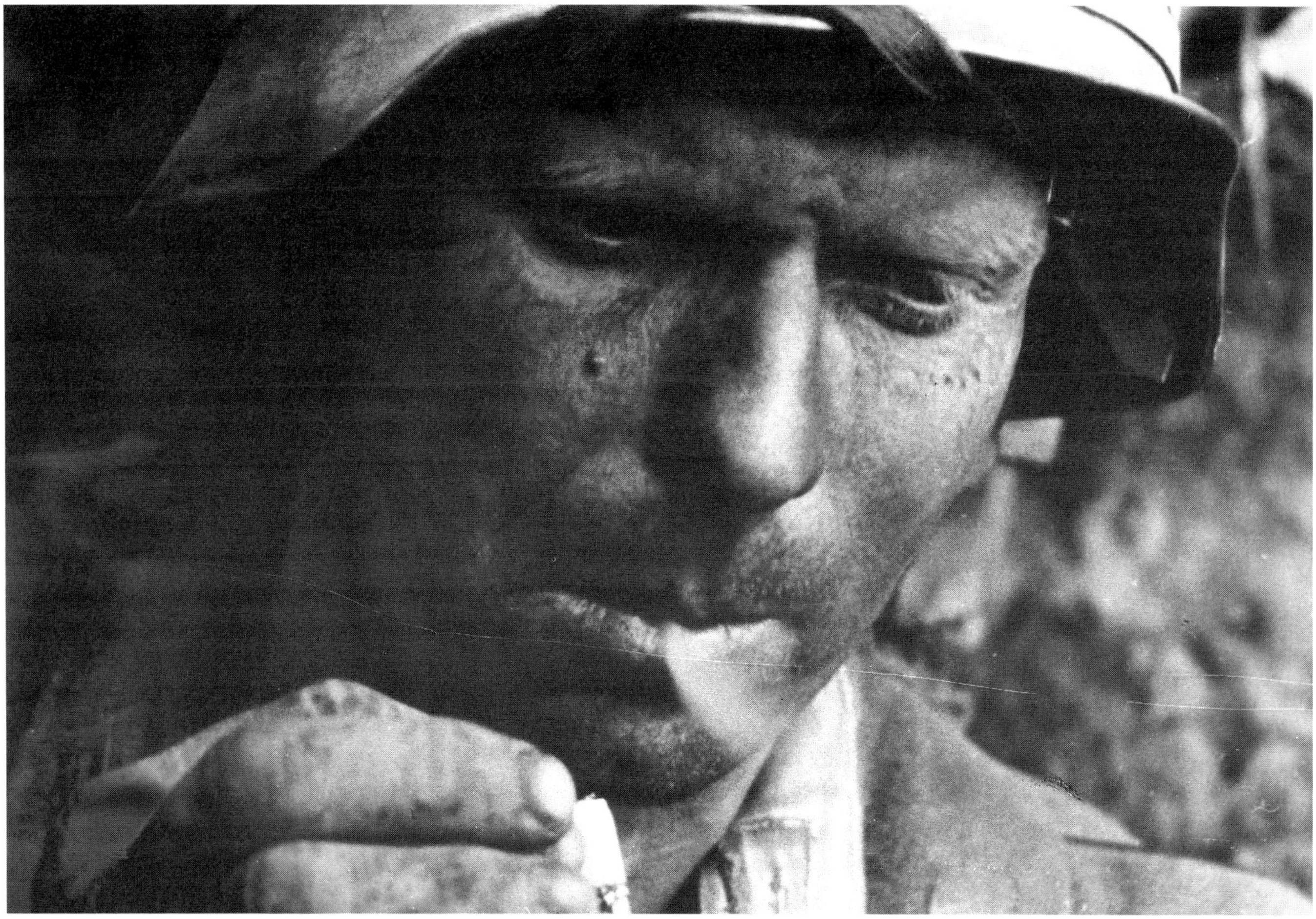

Kinder im Krieg.
Linke Seite: Ein junger Partisan.
Rechte Seite: Ausgebombt, obdachlos, verwaist – das Schicksal vieler russischer Kinder.

Er fand keine Unterstützung. Seinen Gewissenskonflikt zeichnete später Carl Zuckmayer in seinem Drama »Des Teufels General« nach. Udet geriet in die Fänge der Gestapo, ihm blieb nur ein Ausweg: Am 17. November 1941 beging er Selbstmord. Offiziell meldete die Nazi-Führung, Udet sei bei der Erprobung einer neuen Waffe ums Leben gekommen. Das Fliegeridol des Ersten Weltkriegs konnte sich nicht mehr dagegen wehren, ein letztes Mal von der NS-Propaganda mißbraucht zu werden. Am 21. November wurde ihm ein Staatsbegräbnis zuteil, das der »Führer« persönlich angeordnet hatte – Schauspiel heuchlerischer Heldenverehrung.

Udets Tod war ein Indiz für die wachsende Unruhe unter manchen Generalen, die ihren militärischen Sachverstand noch nicht völlig einem blinden Gehorsam geopfert hatten. Zunehmend mehr Heeresführer erkannten die Schwäche der Strategie, die Hitler ihnen diktierte und die sie lange widerspruchslos hingenommen hatten. Aber gab es überhaupt noch ein Zurück? Die Aktionen im Süden sollten eine erste Antwort geben.

Die Zwangspause, die »General Schlamm« verordnet hatte, wurde von den Sowjets weidlich genutzt. Zwar konnten Kleists Panzer Rostow, ihr Ziel am Don, am 21. November 1941 erobern. Doch das Tor zum Kaukasus, durch das auch der britische Nachschub für Stalins Armeen rollte, blieb nicht lange für die Deutschen offen. Die Brücken über den Don wurden gesprengt. Zudem war die von den sowjetischen Verteidigern völlig verminte Stadt Rostow ein gefährliches Pflaster für die SS-Division »Leibstandarte Adolf Hitler«. Sie war in die Stadt eingedrungen, um den letzten Widerstand im Häuserkampf zu brechen. Der sowjetische Befehlshaber dieses Frontabschnitts, Marschall Timoschenko, war sich der strategischen Bedeutung Rostows bewußt. Deshalb versuchte er sofort, die Deutschen mit allen Kräften zurückzuwerfen. Drei sowjetische Armeen traten zu einer Gegenoffensive an der Südwestfront an. Die deutschen Truppen liefen Gefahr, eingeschlossen zu werden, es drohte der Verlust der gesamten ersten Panzerarmee. Da die eigenen Kräfte zu schwach waren, um die hundertfünfzehn Kilometer lange Front gegen die massierten sowjetischen Angriffe zu halten, gab Feldmarschall von Rundstedt den in dieser Situation einzig richtigen Befehl zum Rückzug. Hitler telegrafierte wütend am selben Tag: »Bleiben Sie, wo Sie sind. Kein Rückzug mehr.«

Für den nächsten Tag bestellte der »Führer« den Oberbefehlshaber des Heeres zu sich. Es sollte für von Brauchitsch eine unerquickliche Aussprache werden, in der Hitler mit

Flüchtlingselend: Millionen ziehen in Richtung Osten.

Erich Mende

Zur Beruhigung der Nerven gab es nur ein Mittel, das einen mehr oder minder aufrechterhalten hat, die Kameradschaft. Du wußtest, du hast rechts einen, du hast links einen: Wirst du getroffen, wird der dir helfen. Wird er getroffen, wirst du ihm helfen. Und da der andere schießt, schießt man zurück. Man dachte gar nicht daran, daß man tötete oder getötet werden konnte. Das Motto war: Du oder ich. Entweder man tötet oder man wird getötet. Eine schreckliche Automatik des Krieges.

Vorwürfen um sich warf und an Generalen, die Rückzugsbefehle gaben, kein gutes Haar ließ. Über das Ergebnis dieser Unterredung notierte Generalstabschef Halder in sein Tagebuch: »Den Befehl, nicht zurückzugehen, hat der Oberbefehlshaber des Heeres leider, dem Wunsche des Führers folgend, gegeben.«

Doch von Rundstedt wußte um die Folgen, die seinen Soldaten drohten, wenn er Hitlers Befehl befolgte. Er könne die Verantwortung nicht übernehmen, ließ er Hitler mitteilen und bat erneut um die Erlaubnis zum Rückzug. Dabei setzte er das stärkste Druckmittel ein, das ihm als Befehlshaber der Heeresgruppe Süd zu Gebote stand: Er bot seinen Rücktritt an.

Hitler beeindruckte das wenig. Kurz und lapidar ließ er von Rundstedt mitteilen: »Ich gebe Ihrem Ersuchen statt. Legen Sie das Kommando nieder.« Zum Nachfolger von Rundstedts berief er Generalfeldmarschall von Reichenau, einen der parteikonformen Generale. Doch selbst dieser ansonsten blinde Gefolgsmann Hitlers meldete kurz nach seinem Amtsantritt telefonisch ins Führerhauptquartier: »Der Russe bricht in die überbeanspruchte dünne deutsche Front ein. Wenn eine Katastrophe vermieden werden soll, muß die Front zurückverlegt werden – bis hinter den Mius. Es geht nicht anders, mein Führer.«

Rostow war damit verloren. Die sieggewohnte Wehrmacht mußte zum ersten Mal einen größeren Rückzug antreten. Noch hatte sie keine ernsthafte Niederlage erlitten, doch die Zeichen waren deutlich. Eine Katastrophe bahnte sich an. General Guderian, der seinen Gefechtsstand auf dem Gut des großen russischen Nationaldichters Leo Tolstoi eingerichtet hatte, kommentierte die Nachricht vom Rückzug im Süden mit den Worten: »Dies ist das erste Läuten der Alarmglocken.«

Der Anfang vom Ende

»Die Kraft der Truppe ist erschöpft«

Bis auf vierzig Kilometer hatten sich die deutschen Truppen an den Kreml herangekämpft – trotz Schneestürmen und eisigem Wind, trotz hartnäckigem Widerstand der sowjetischen Verteidiger. Anfang Dezember eroberten deutsche Verbände Swenigorod, eine Vorstadt nordöstlich von Moskau. Am weitesten drang ein Stoßtrupp des Pionierbataillons 62 vor. Einheiten der 4. Armee war es gelungen, bei Chimki im Abschnitt Kalinin-Wolokolamsk einen Keil in die sowjetische Frontlinie zu treiben. Von Chimki, einem Moskauer Vorort, waren es lediglich acht Kilometer bis zum Stadtrand – ein Katzensprung, verglichen mit den bisher zurückgelegten Entfernungen. Der Kreml lag nun nur noch sechzehn Kilometer entfernt: Spähtrupps hatten schon die Türme der Basilius-Kathedrale im Visier. Noch nie waren deutsche Soldaten dem Zentrum der Sowjetmacht so nahe gekommen. Vorposten standen an den Haltestellen der Moskauer Stadtbahn. Doch die Vorstöße täuschten eine Stärke vor, die es längst nicht mehr gab.

Je weiter die Deutschen vordrangen, desto heftiger wurde der Widerstand. In Chimki lagen die Angreifer zudem in der Reichweite der mächtigen äußerst wirkungsvollen 21-cm-Festungsbatterien, die die sowjetische Hauptstadt verteidigen sollten. Die sporadischen Vorstöße täuschten über eine militärische Schwäche hinweg: Es gab keinen Vormarsch auf der gesamten Frontlänge, nur einzelne Punkte konnten von kleinen Kampfgruppen erobert und gehalten werden. Der Ring, den die deutschen Militärplaner um Moskau ziehen wollten, konnte nicht geschlossen werden. Die deutschen Angriffsspitzen waren zwar durch die Verteidigungslinie gestoßen, die die sowjetischen Truppen bei Moshaisk aufgebaut hatten. Doch am ersten von insgesamt drei gut ausgebauten Verteidigungsringen, die Moskau schützten, geriet der deutsche Vormarsch an allen Frontabschnitten ins Stocken.

Am 3. Dezember befahl General Hoepner, den Angriff im Bereich der Panzergruppe IV einzustellen. Auch die 2. und die 3. Panzerarmee stellten ihren Vormarsch ein – »vorläufig«, wie es hieß. Der Befehl war Folge militärischer Notwendigkeiten, die Guderian kurz und prägnant formulierte: »Die Kraft der Truppe und der Betriebsstoff ist am Ende.« Die Landser gruben sich ein, um ihre Positionen zu halten. Sie trafen Vorsorge für einen Stellungskrieg; mehr war nun nicht mehr möglich.

Dimitir Wolkogonow

Am 15. November begann die deutsche Armee ihre entscheidende Offensive Richtung Moskau. Aber die sowjetische Seite hatte Vorbereitungen getroffen. Divisionen aus Sibirien und dem Fernen Osten näherten sich Moskau. Die deutsche Armee wurde erfolgreich aufgehalten. Sie schien außer Atem. Anfang Dezember verließen die Deutschen vor Moskau dann endgültig die Kräfte. Sie waren physisch erschöpft. Der mangelhafte Nachschub, unzureichende Munition und die Kälte arbeiteten gegen sie. Man muß aber auch bedenken, daß die sowjetische Armee tapfer gekämpft hat und ein weiteres Vordringen der deutschen Armee nicht zugelassen hätte. Die Gegenoffensive der Sowjetarmee kam für die deutsche Armee völlig unerwartet. Im Dezember und Januar konnte die sowjetische Armee dann 150 bis 200 Kilometer vordringen. Das war eine moralische Wende im Krieg. Als alle dachten, daß Moskau nicht gehalten werden könne, da brachte man plötzlich die Kraft für einen starken Gegenschlag auf. Selbstverständlich haben die sibirischen Divisionen eine bedeutende Rolle gespielt, und das ganze Volk erlebte nach den ersten erfolgreichen Tagen einen Aufschwung. Für viele wurde klar, daß Rußland standhalten wird, und Deutschland keine Chance mehr für einen Sieg im Osten hatte.

Linke Seite: Deutsche Panzer und Infanterie rücken vor: Letzte Anstrengungen, um Moskau doch noch einzunehmen.

Linke Seite, oben: Maschinengewehrtrupp in Deckung; aus Angreifern werden Verteidiger.

Linke Seite, unten: Eine deutsche Kompanie auf dem Rückzug, vorbei an gefallenen Rotarmisten.

Oben: Krasnaja Poljana am 3. Dezember 1941. Durch das Scherenfernrohr eines vorgeschobenen Postens sind die Datschas der Moskauer Vorstadt zu erkennen.

»Ich will Moskau haben«

Hitler sah das wieder einmal anders. Hoepner hatte seinen Befehl ohne Wissen und Billigung seiner Vorgesetzten gegeben. Als der »Führer« davon erfuhr, bekam er einen seiner mittlerweile schon notorischen Tobsuchtsanfälle. Er beschimpfte seine Frontgenerale als »archaische und dumme Kaste von Berufssoldaten«. Er hatte sich in den Kopf gesetzt: »Ich will Moskau, ich werde Moskau haben. Sie werden mich nicht daran hindern, Moskau zu bekommen.«

Am 4. Dezember befahl er, den Angriff wiederaufzunehmen. Doch der Versuch, dem Vormarsch mit der zusätzlich aufgebotenen 4. Armee neuen Schwung zu verleihen, scheiterte schon im Ansatz. Generalfeldmarschall Bock erklärte in einem Fernschreiben an das Oberkommando des Heeres: »Der Angriff erscheint somit ohne Sinn und Ziel, zumal der Zeitpunkt sehr nahe rückt, in dem die Kraft der Truppe erschöpft ist.«

Vom 16. November bis zum 4. Dezember fielen auf deutscher Seite fünfundfünfzigtausend Mann. Kompanien waren auf die Gefechtsstärke von Zügen geschrumpft, Bataillone hatten nur noch die Größe von Kompanien. Seit Wochen kämpften die deutschen Einheiten ohne Ruhepausen, Reservekräfte standen nicht mehr zu Verfügung. Die Zahl der einsatzfähigen Soldaten sank nicht nur durch direkte Kampfhandlungen. Noch größer waren die Verluste durch Erfrierungen: Hundertzehntausend Soldaten fielen der Kälte zum Opfer.

»In meiner Batterie ist keiner, der Zehen und Hacken nicht erfroren hätte,« berichtete ein Gefreiter in einem Brief nach Hause. Doch viele kamen nicht mit erfrorenen Füßen davon. Ungezählte Soldaten starben den Kältetod, weil sie bei Temperaturen um fünfzig Grad unter Null dem russischen Winter im freien Feld schutzlos ausgeliefert waren. Wärmende Kleidung fehlte überall. Tarnkleidung gab es nicht; Bettlaken wurden zu Tarnmänteln umfunktioniert, wärmen konnten sie aber nicht. Der Boden war gefroren. Das Eingraben war kaum möglich, nur Schneewälle boten Schutz gegen den eisigen Wind.

»Man kann ja kaum begreifen, warum wir keine Winter-

Aus dem Kriegstagebuch des Generalfeldmarschalls Fedor von Bock

Anfang Dezember war der Vormarsch der deutschen Truppen vor Moskau ins Stocken geraten, die Heeresgruppe Mitte geriet in eine schwere Krise, der Befehlshaber der Heeresgruppe, Generalfeldmarschall Fedor von Bock, nennt dafür in seinem Kriegstagebuch mehrere Gründe. Unter dem Datum vom 7. 11. 1941 notierte er:

Drei Dinge haben zu der gegenwärtigen schweren Krise geführt:

1.) Die einsetzende Herbstschlammzeit.
2.) Das Versagen der Bahnen. Mängel in Betrieben, Mangel an Wagen, Lokomotiven und geschultem Personal – mangelnde Widerstandsfähigkeit der Lokomotiven und Betriebseinrichtungen gegen den russischen Winter.
3.) Die Unterschätzung der Widerstandskraft des Feindes und seiner personellen und materiellen Reserven.

Der Russe hat es verstanden, unsere Transportschwierigkeiten durch Zerstörung nahezu aller Kunstbauten an den Hauptbahnen und Straßen so zu steigern, daß es der Front am Allernötigsten zum Leben und Kämpfen fehlt. Munition, Betriebsstoff, Verpflegung und Winterbekleidung kommen nicht heran. Die Leistungen des infolge Versagens der Bahnen und nach 1500 km langem Vormarsch überbeanspruchten Kraftfahrgeräte sinken zusehends ab. So kommt es, daß wir heute jeder Möglichkeit zu nennenswerten Truppenverschiebungen beraubt und mit versagendem Nachschub einem Feinde gegenüberstehen, der unter rücksichtslosem Einsatz seiner unerschöpflichen Menschenmassen zum Gegenangriff antritt. In überraschend kurzer Zeit hat der Russe zerschlagene Divisionen wieder auf die Beine gestellt, neue aus Sibirien, aus Iran und dem Kaukasus an die bedrohte Front geworfen und seine verlorene Artillerie durch zahlreiche Raketengeschütze zu ersetzen gesucht. Heute stehen 24 – größtenteils aufgefüllte – Divisionen mehr vor der Heeresgruppenfront, als am 15. November. Demgegenüber ist die Kraft der deutschen Divisionen durch die ununterbrochenen Kämpfe und durch den mit großer Gewalt hereinbrechenden Winter auf weniger als die Hälfte herabgesetzt; der Kampfwert der Panzertruppen ist weit geringer. Die Verluste an Führern und Unterführern sind erschreckend hoch und können zur Zeit noch weniger wie die Mannschaftsverluste ausgeglichen werden. –

sachen bekommen. Wenn das so weitergeht, geht es napoleonisch, daß soundsoviel erfrieren. Aber ich glaube, daß die 1812 besser gegen den Winter gerüstet waren als wir. Fast jeder hat kaputte Socken, keiner hat Ohrenschützer. Das ist auch bei anderen Einheiten so. So wenig sorgt man für uns. Im Jahre 1941 – nicht 1812«, schrieb ein Gefreiter eines Nachschubbataillons in einem Brief nach Hause.

Zur Kälte kam der Hunger. Der russische Winter ließ die Lebensmittel zu Eisblöcken gefrieren. Das Brot mußte mit der Axt zerteilt und die Scheiben einzeln über dem Feuer aufgetaut werden, tiefgefrorene Butterstückchen wurden gelutscht. Durchfall plagte die Soldaten. Die Arroganz der militärischen Führung im warmen Hauptquartier in Ostpreußen rächte sich bitter. Die in der Heimat gesammelte Winterkleidung konnte nicht rechtzeitig an die Front gebracht werden.

Der Nachschub wurde immer wieder von Partisaneneinheiten unterbrochen, den kämpfenden Einheiten an der vordersten Front fehlte das Notwendigste.

»Guderian meldet, daß unerträgliche Kälte jede Bewegung und den Kampf der müden, gelichteten Verbände aufs äußerste erschwert«, notierte von Bock unter dem Datum vom 5. Dezember in sein Tagebuch. Es war der Tag, der für die Wehrmacht zum »schwarzen Freitag« werden sollte.

»... die Stoßkraft hat nachgelassen«

»Der Russe ist zu einer großangelegten Offensive ohne Zuführung wesentlicher Verstärkung zur Zeit nicht fähig«, hatte die Abteilung »Fremde Heere Ost« des OKH in einer Lagebeurteilung am 4. Dezember 1941 behauptet. Sie schätzte die verbleibende Gefechtskraft der Roten Armee gering ein – ein fatales Fehlurteil, denn gerade zu diesem Zeitpunkt bereiteten sich die Sowjets auf den Gegenschlag vor.

Gemeinsam mit den Generalen Sokolowski, Bulganin, Rokossowski, Wlassow, Goworow und Jefremow hatte der von Stalin als Retter ausersehene Georgi Schukow einen detaillierten Plan vorbereitet, um die sowjetische Hauptstadt zu retten und den deutschen Angriff entscheidend zurückzuschlagen. Es war das erste Mal, daß die Truppen der Roten Armee nicht nur reagieren, sondern die Initiative übernehmen sollten. Das »Sowinformbüro« konnte am 4. Dezember melden: »Am 17. Tag der sechsten Hitler-Offensive gegen Moskau hat die Stoßkraft der gegnerischen Armeen erheblich nachgelassen.«

Diese Situation galt es nun auszunutzen. Erstes strategisches Ziel der sowjetischen Offensive waren die Großverbände der Heeresgruppe Mitte. Schukow wollte die 2. und 3. Panzerarmee sowie die Panzergruppe IV gleichzeitig zurückschlagen, anschließend ihre Teile einkreisen und vernichten. Generalstabschef Schaposchnikow hatte die endgültige Ausarbeitung vorgenommen, die am Abend des 4. Dezember Stalin und dem Verteidigungskomitee »STAWKA« zur Genehmigung vorgelegt wurde. Nach Schukows Plan sollten Verbände der Roten Armee die Frontlinie durchbrechen, den Gegner im Rücken angreifen

Eine unangenehme Überraschung: Die Rote Armee setzt Minenhunde ein.

Fahrzeugmotoren müssen mit offenem Benzinfeuer fahrbereit gemacht werden.

Adventsfeier in einem deutschen Unterstand.

und ihn einkesseln. Es war im Prinzip die gleiche Strategie, mit der die deutsche Wehrmacht die Kesselschlachten von Minsk über Kiew bis Wjasma und Brjansk gewonnen hatte: die Kräfte des Gegners in der Mitte zu binden und an den Flügeln zu einer großen Zangenbewegung anzusetzen.

Die sowjetische Heeresführung hatte aus den Fehlern der Vergangenheit gelernt. Am Kliner Bogen, dort, wo die Deutschen die sowjetische Hauptstadt am stärksten bedrohten, war auch die Gefahr für die Wehrmacht am größten, abgeschnitten zu werden. Hier sollte der Gegenangriff der Roten Armee beginnen. Die notwendigen Kräfte wurden seit Wochen herangeführt: frische Einheiten aus Sibirien, Eliteverbände zumeist, die für einen Winterkrieg bestens vorbereitet und ausgerüstet waren. Allein vierunddreißig Divisionen aus Sibirien konnte das sowjetische Oberkommando in die entscheidende »Schlacht um Moskau« schicken. Über eine Million Soldaten traten an, die sowjetische Hauptstadt aus der deutschen Umklammerung zu befreien und den Angreifer zurückzuschlagen.

Noch andere Vorteile lagen auf der sowjetischen Seite: Während die Produktion in Moskau auf vollen Touren lief und auf den kurzen Nachschubwegen immer weiter Material für die Truppen an die Front geliefert werden konnte, warteten die Deutschen meist vergeblich auf Nachschub. Verstärkte und wirksame Partisanenüberfälle sowie Sabotageakte sowjetischer Fallschirmjäger unterbrachen die deutschen Nachschubverbindungen und ließen die Etappen-Truppen im Rücken der Front nicht zur Ruhe kommen. Auch die sowjetische Luftwaffe griff nun verstärkt in die Kämpfe ein, vor allem die Bordgeschütze und Sprengbomben der tieffliegenden Stormovik-Maschinen forderten auf deutscher Seite viele Opfer. Schließlich gab es auf der anderen Seite der Erdkugel ein Ereignis, das auch für den Krieg in Europa und nicht zuletzt für den Kampf um Moskau von Bedeutung werden sollte.

Pawel Ossipow, Soldat.

Wir mußten Gräben ausheben. Bei 30 Grad Kälte war der Boden 60 bis 70 Zentimeter tief gefroren. Als Hilfsmittel hatten wir nur Brechstangen, Hacken und Spaten. Wir arbeiteten meistens nachts, denn tagsüber hätte man uns bemerken können. Es dauerte etwa zwei Tage, bis wir uns eingegraben hatten. Am 1. Dezember bezogen wir die Feuerstellungen. Ein paar Tage später brachte man uns warme Kleidung: Pelzjacken, Mützen, Fäustlinge, wattierte Hosen und Filzstiefel. Da ging es uns schon besser, denn wir mußten im Schnee schlafen, direkt bei den Geschützen, auf Munitionskisten. Es war zwar unbequem, aber wir erfroren nicht und blieben kampffähig. Am Morgen des 6. Dezember kam der Befehl zur Gegenoffensive. Die Artillerie bereitete den Angriff vor, dann rückten die Truppen nach. Besonders die jungen Leute sahen zum ersten Mal viel Blut und erkannten die Schrecken des Krieges, wenn Verwundete bei 30 Grad Kälte im tiefen Schnee umkamen. Es gab viele Verwundete, besonders unter den MG-Schützen. Weil alle weiter vorrücken mußten, konnte ihnen aber niemand helfen. Wir teilten einen von unseren Kameraden ein, der den Verwundeten Erste Hilfe leisten und sie an die Etappe melden sollte, damit die motorisierten Verbände, die uns folgten, sie aufnehmen konnten. Wir sahen auch viele tote Zivilisten, alte Frauen und Kinder. Viele von ihnen waren beim Angriff nackt ins Freie gelaufen. Es war schlimm.

F. W. Christians

Es hatte tagelang Temperaturen von mehr als 30 Grad unter Null gegeben, und das bei den scharfen Ostwinden. Jeder von uns, der diesen Winter überlebte, bekam von Hitler den sogenannten Gefrierfleischorden. Es war eine Bewährung, ein Abenteuer, das nicht zum Lachen war. Ich habe sehr viele Erfrierungen gesehen, habe einige an mir selbst erlebt, Gott sei Dank nicht so schwer, daß mir die Glieder und das Fleisch vom Körper fielen. Aber es war letzten Endes so, daß der russische Winter der deutschen Armee den Garaus machte. Das Schmerzhafteste waren vor allem die Erfrierungen an den Füßen und Fingern. Es war eigentlich selbstverständlich, auch für die Russen, toten Rotarmisten die Filzstiefel auszuziehen. Das war schon eine große Hilfe, wenn man Filzstiefel trug.

Rechte Seite, oben: Die schnellen T-34-Panzer bilden den Stoßkeil der sowjetischen Gegenoffensive.

Rechte Seite, unten: Sowjetische Maschinengewehrgruppe beim Sturm auf eine Anhöhe.

Linke Seite, oben: Durch den Schnee robbend nähern sich Rotarmisten einer deutschen Stellung.

Linke Seite, unten: Unter starkem Beschuß springen gut getarnte sowjetische Soldaten aus der Dekkung.

Oben: Im Schutz der Panzer greifen russische Infanteristen eine deutsche Waldstellung an.

Rechts: Gegenoffensive: Sowjetische Einheiten erobern ein Dorf zurück.

Links: Kilometerlange Panzerabwehrriegel schützen die sowjetische Hauptstadt.

Unten: Immerfort rücken frische sibirische Einheiten an die Front vor Moskau.

Rechte Seite: In den Schächten der Moskauer U-Bahn sucht die Bevölkerung Schutz vor Luftangriffen.

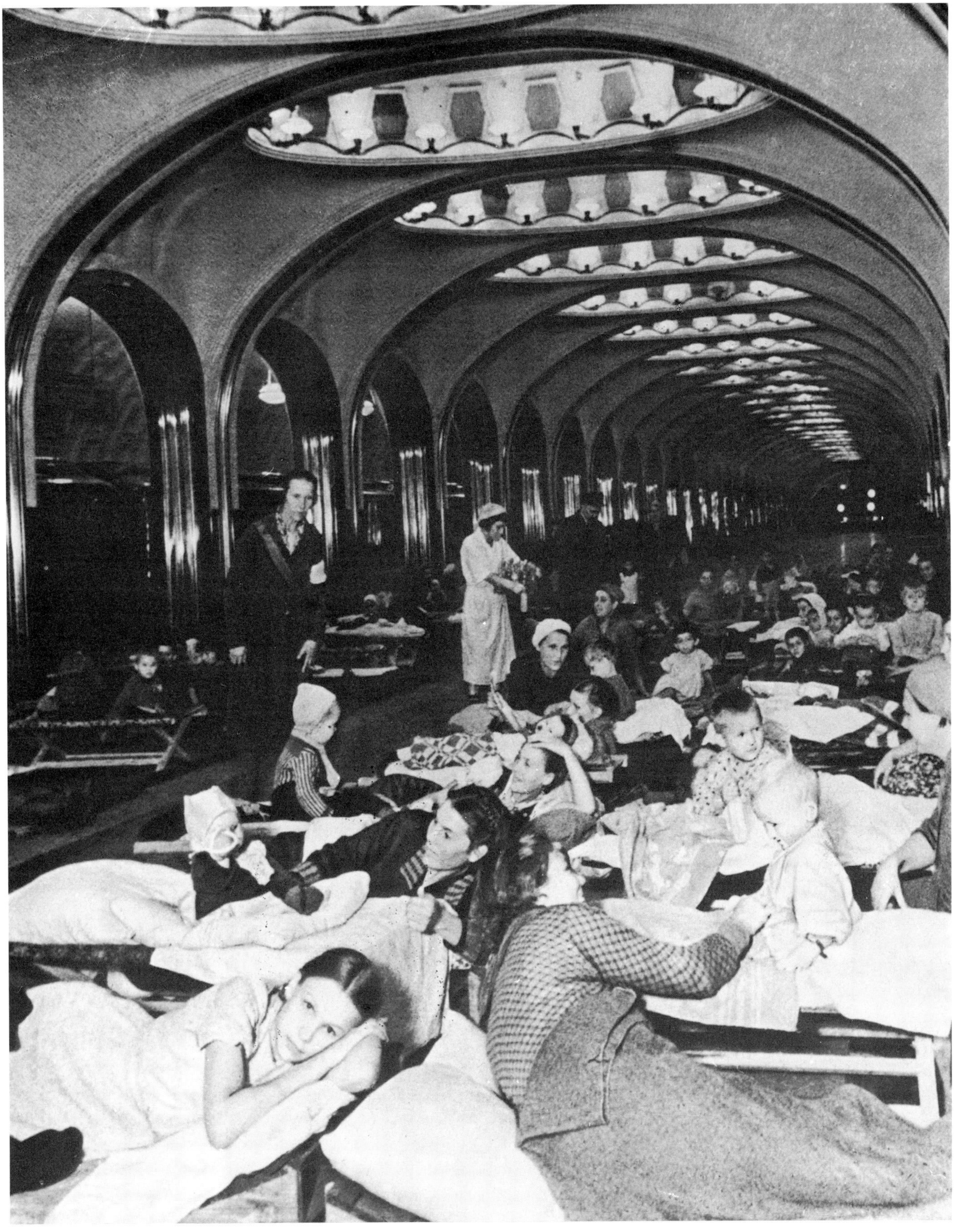

»Ersteigt den Berg Niitaka«

Oben: Auf Schlitten wird der Nachschub an die Front gebracht – hier über den Roten Platz.

Rechte Seite: Die deutsche Presse über die Kriegserklärung an die USA.

Seit mehreren Tagen durchpflügte ein japanischer Flottenverband die Wellen des Pazifik. Sechs Flugzeugträger, eskortiert von Zerstörern und schweren Kreuzern, waren seit dem 26. November 1941 auf hoher See. Ihr Ziel war den Matrosen unbekannt. Erst am 2. Dezember enthüllte der kommandierende Admiral Nagumo den Zweck der Reise. Ein Funkspruch aus Tokio hatte den entscheidenden Befehl gegeben: »Niitaka Yama Nobore« (»Ersteigt den Berg Niitaka«).

Es war die Bestätigung für den Angriffsbefehl. Die Regierung in Tokio hatte sich zum Krieg gegen die USA entschlossen. Der Flottenverband hatte den Auftrag, der amerikanischen Pazifikflotte den Todesstoß zu versetzen. Hundertvier Horizontal- und hundertzweiunddreißig Sturzkampfbomber sowie dreiundachtzig Torpedobomber und neunundsiebzig Jäger begannen in den frühen Morgenstunden des 7. Dezember 1941 die Bombardierung des amerikanischen Flottenstützpunktes Pearl Harbour. Die völlig unvorbereitete US-Pazifikflotte verlor fünf Schlachtschiffe und zahlreiche kleinere Einheiten, Kreuzer, Zerstörer und Versorgungsschiffe. Gleichzeitig begannen japanische Truppen mit ihren Angriffen in Guam, Hongkong, Siam, Malaya, Borneo und auf den Philippinen.

Ein Sturm der Entrüstung erhob sich nach diesem Überfall in Amerika. Die Kriegserklärung Japans zog die USA in den Krieg. Stalin wußte von seinem deutschen Spion Richard Sorge von den japanischen Angriffsabsichten. Diesmal schenkte der »vozd« den Informationen Sorges mehr Glauben als ein halbes Jahr zuvor, als er dessen Warnungen vor einem bevorstehenden deutschen Angriff noch ignoriert hatte. Diesmal zog er rechtzeitig die Konsequenzen.

In der Mandschurei standen japanische Truppen der Kwantung-Armee und bedrohten die Ostgrenze der Sowjetunion. Der Angriff auf Pearl Harbour offenbarte aber, daß die Regierung in Tokio andere Interessen verfolgte. Sowjetische Divisionen, die Stalins Ostgrenze schützen sollten, konnten nun anderweitig eingesetzt werden: zum Entsatz der Westfront, vor allem zur Verteidigung der Hauptstadt. Stalin konnte die Ostgrenze gefahrlos entblößen.

Während die deutschen Truppen vor Moskau vergeblich auf Verstärkung warteten, konnten die Sowjets ständig neue Kräfte in den Kampf um die Hauptstadt schicken. Neben den sibirischen Einheiten setzten sich nun auch Stalins Armeen aus Fernost in Bewegung.

Im Führerhauptquartier in Ostpreußen ignorierten Hitler und seine Paladine die Gefahr, die für die deutschen Truppen vor Moskau aufzog. Zwar meldeten Luftaufklärer »Ansammlungen starker Kräfte beiderseits und ostwärts Moskaus«.

Doch diese Meldungen schienen der deutschen Führung unglaubwürdig. »Alles nur Gespenster«, hieß es in der Wolfsschanze. Hitler war nach wie vor überzeugt, daß der Zusammenbruch der Roten Armee unmittelbar bevorstand. Er konnte sich nicht vorstellen, daß so rasch neue Kräfte aus dem Osten des riesigen Reiches herangeführt werden konnten. Wie die Wehrmacht im Juni 1941 die Rote Armee überrascht hatte, so waren es nun die sowjetischen Verbände, die unvermittelt vorstießen. General Schukow meinte später: »Eine große Rolle für den Erfolg des Gegenangriffs vor Moskau hat die von uns erreichte strategische Überraschung gespielt.«

Anatolij Tschernjajew

Gegen die Deutschen als Volk gab es in der sowjetischen Bevölkerung nach Kriegsbeginn keinen Haß. Es herrschte zwar Empörung: »Die haben uns heimtückisch betrogen, sie haben den Vertrag verletzt«, hieß es. Der Zorn war entbrannt. Aber das war kein Haß. Außerdem waren wir in einer sehr internationalistischen Atmosphäre aufgewachsen. Und dieses internationale Denken war nicht nur Propaganda, es war den Menschen wirklich ins Bewußtsein gedrungen. Als wir zur Schule gingen, gab es für uns schlicht keine Nationalitätenunterschiede, alle galten als gleich. So war auch das Verhältnis zu Deutschland zunächst ganz natürlich und normal. Haß kam erst dann auf, als die Angst erwachte, als man die blutigen Folgen des Krieges mit eigenen Augen sah.

Deutsche Allgemeine Zeitung

Berlin, 12. Dezember 1941 (Freitag-Morgen)

BERLINER AUSGABE

80. Jahrgang 12.12.41 Nr. 593 10 Pfennig

Die Abrechnung des Führers mit Roosevelt

Seite an Seite mit Japan

Kriegszustand mit USA auch für Deutschland und Italien durch Roosevelt geschaffen

Zwei Welten

Die Leistung der Ostfront im Kampf für Europa

Der Text der Führerrede

Die Note an USA

»Die Wende bricht herein«

Im Stabszelt des Infanterieregiments 67 saßen die Einheitenführer zusammen, um anhand einer neuen Karte das weitere Vorgehen für die Eroberung von Moskau zu besprechen. Oberst W. Heinemann beschrieb die Szene folgendermaßen: »Gegenüber dem wärmenden Riesenofen sitzt der Kommandeur, auf seinen Knien den am Vortag gelieferten Stadtplan von Moskau haltend. Als er ihn seinen Kompaniechefs gerade zeigt, bricht die Wende herein. Rasendes MG-Feuer von drei Seiten her und erste Einschläge von Pak-Geschossen direkt im Ort zeigen, daß der Gegner zum Gegenangriff ansetzt.«

Die sowjetische Gegenoffensive hatte begonnen. Zuerst an der Kalinin-Front im Norden, am nächsten Tag, dem 6. Dezember 1941, auch an der Westfront unter Schukow und an der Südwestfront, wo Timoschenko die sowjetischen Truppen kommandierte.

Im Kriegstagebuch des OKH wurden an diesem 5. Dezember ungewohnte Meldungen festgehalten: »2. Panzerarmee mußte linken Flügel infolge überlegenen Feindangriffs mit Panzern um etwa 3 Kilometer zurücknehmen. Der eigene Angriff mußte nach stärkeren Verlusten in die Ausgangsstellung zurückgenommen werden. Der Feind griff von Tula aus mit starken Kräften an. Bei 9. Armee begann der russische Angriff beiderseits Kalinin in den Morgenstunden und dauerte in unverminderter Heftigkeit den ganzen Tag über an. Es gelang dem Feind, über die Wolga vorzustoßen und die Straße Kalinin-Klin zu überschreiten.«

Statt deutscher Angriffe und Erfolge gab es nun Meldungen über sowjetische Vorstöße. Das Gesetz des Handelns war in die Hände der Roten Armee übergegangen. Die deutschen Stellungen wurden zunächst mit dichtem Artilleriefeuer zugedeckt. Dann stürmten die um das Vierfache verstärkten sowjetischen Verbände vor. Die Panzergruppe IV mußte sich mit den frischen Truppen des Generalmajors Wlassow auseinandersetzen. Zur gleichen Zeit stießen die Truppen des Generalobersten Konjew südostwärts von Kalinin vor. Ihr Ziel war Klin. Die deutsche Heeresführung wußte, daß die 3. Panzerarmee abgeschnitten sein würde, wenn dieser Ort von der Roten Armee zurückerobert werden konnte.

An der gesamten Frontlänge mußten sich die deutschen Soldaten dem massiven Druck der sowjetischen Verbände entgegenstemmen. General Reinhardt schilderte die verzweifelten Bemühungen: »Unter Einsatz von Bautruppen, Nachrichtentruppen und Stabspersonal, dem letzten, was

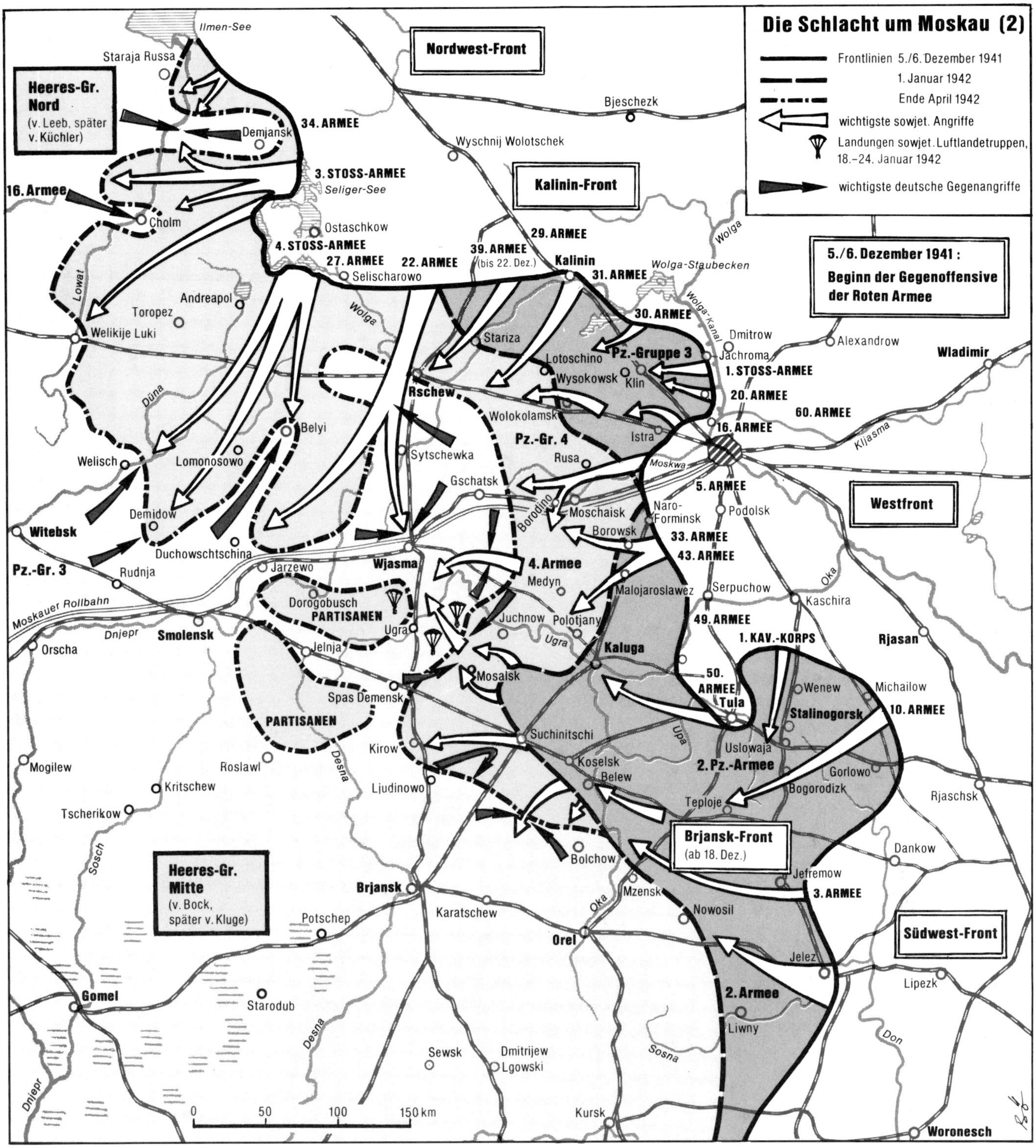

Linke Seite: In die Deckung gedrängt. Immer stärker geraten die deutschen Soldaten in die Defensive.

überhaupt aufgeboten werden konnte, sogar einem Musikkorps, wurde versucht, die Kräfte zum Abriegeln des Durchbruchs zu verstärken.«

Die langgezogene deutsche Front war aber viel zu schwach, um den anstürmenden frischen Kräften lange standhalten zu können. Generalfeldmarschall von Bock

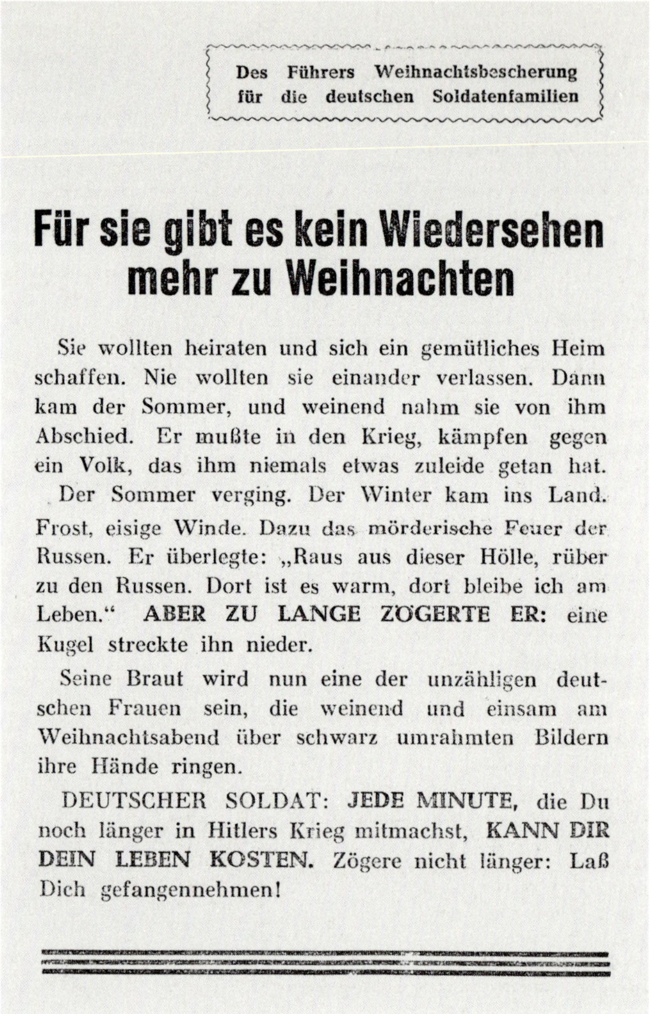
Des Führers Weihnachtsbescherung für die deutschen Soldatenfamilien

Für sie gibt es kein Wiedersehen mehr zu Weihnachten

Sie wollten heiraten und sich ein gemütliches Heim schaffen. Nie wollten sie einander verlassen. Dann kam der Sommer, und weinend nahm sie von ihm Abschied. Er mußte in den Krieg, kämpfen gegen ein Volk, das ihm niemals etwas zuleide getan hat.

Der Sommer verging. Der Winter kam ins Land. Frost, eisige Winde. Dazu das mörderische Feuer der Russen. Er überlegte: „Raus aus dieser Hölle, rüber zu den Russen. Dort ist es warm, dort bleibe ich am Leben.“ **ABER ZU LANGE ZÖGERTE ER:** eine Kugel streckte ihn nieder.

Seine Braut wird nun eine der unzähligen deutschen Frauen sein, die weinend und einsam am Weihnachtsabend über schwarz umrahmten Bildern ihre Hände ringen.

DEUTSCHER SOLDAT: **JEDE MINUTE,** die Du noch länger in Hitlers Krieg mitmachst, **KANN DIR DEIN LEBEN KOSTEN.** Zögere nicht länger: Laß Dich gefangennehmen!

erklärte: »Die Heeresgruppe Mitte ist an keiner Stelle in der Lage, einen geschlossenen Angriff aufzuhalten.« Doch noch immer galt Hitlers Befehl, die »Operation Taifun« erfolgreich abzuschließen und Moskau einzunehmen. Am Abend des 5. Dezember telefonierte Generaloberst Guderian mit dem Kommandierenden General des XXIV. Panzerkorps, General Geyr von Schweppenburg, der mit einer kleinen Operationsabteilung südöstlich von Wenew in einem Waldwärterhaus Quartier bezogen hatte. Guderian ließ sich zunächst eine Lagebeurteilung geben, bevor er nach einer kurzen Pause erklärte: »Ich glaube, ich muß den Befehl zum Einstellen des Kampfes geben.«

Schweppenburg ahnte, welche Folgen dieser Befehl haben würde: »Ich mache Herrn Generaloberst darauf aufmerksam, daß dieser Entschluß Ihnen sehr übelgenommen wird.«

Frontgenerale wie Guderian oder Hoepner wußten, daß das ursprüngliche Ziel nicht mehr erreicht, Moskau nicht mehr erobert werden konnte. Nun ging es nur noch darum, ein Desaster zu verhindern. Und das konnte nur heißen: Rückzug. Guderian meldete: »Der Zustand der Truppe ist so bedenklich, daß ich nicht weiß, wie ich den Feindangriff abwehren soll. Vertrauenskrise ernster Art in der Truppe.«

Die deutsche Führung stand vor einer schwierigen Entscheidung. Die Frontgenerale plädierten für Rückzug. Sie erkannten, daß die geschwächten eigenen Truppen nicht in der Lage waren, die zum Teil weit vorgeschobenen Angriffspositionen zu halten. Nur ein halbwegs geordneter Rückzug in Stellungen, die sich leichter verteidigen ließen, würde eine katastrophale Niederlage für das Ostheer vermeiden können. Am 5. Dezember gab von Bock mit Billigung des Oberkommandos den Befehl, den Angriff einzustellen. Damit wurde offiziell sanktioniert, was ohnehin bereits offensichtlich war: Die deutschen Truppen kamen nicht mehr voran. Doch damit war das Grundproblem noch nicht gelöst: Wie sollten die Deutschen den sowjetischen Angriffen begegnen, durch Rückzug oder durch Halten der eroberten Stellungen?

ЭТО ЯКОВ ДЖУГАШВИЛИ, СТАРШИЙ СЫН СТАЛИНА,
мандир батареи 14-го гаубичного артил. полка, 14-ой броне-
нковой дивизии, который 16-го июля сдался в плен под
тебском вместе с тысячами других командиров и бойцов.

По приказу Сталина учат вас Тимошенко и ваши полит-
мы, что большевики в плен не сдаются. Однако Красно-
мейцы все время переходят к немцам. Чтобы запугать вас
миссары вам лгут, что немцы плохо обращаются с пленными.

Собственный сын Сталина своим примером доказал, что
ложь. Он сдался в плен –

**потому что всякое сопротивление
ерманской Армии отныне бесполезно!**

Следуйте примеру сына Сталина — он жив, здоров и
вствует себя прекрасно. Зачем вам приносить бесполезные
ртвы, итти на верную смерть, когда даже сын вашего
рховного заправилы уже сдался в плен.

Переходите и вы!

Пропуск действителен для неограниченного количества переходящих на сторону германских войск командиров и бойцов РККА

Пропуск

Пред'явитель сего, не желая бессмысленного кровопролития за интересы жидов и комиссаров, оставляет побежденную Красную Армию и переходит на сторону Германских Вооруженых Сил. Немецкие офицеры и солдаты окажут перешедшему хороший прием, накормят его и устроют на работу.

(Перевод на немецкий язык смотри ниже)

Passierschein

Vorzeiger dieses wünscht kein sinnloses Blutbad im Interesse der Juden und Kommissare. Er verläßt die geschlagene Rote Armee und geht auf die Seite der deutschen Wehrmacht über. Die deutschen Offiziere und Soldaten werden den Überläufer gut behandeln, ihn verpflegen und für Beschäftigung sorgen.

Der Passierschein gilt für eine unbeschränkte Anzahl von Offizieren und Soldaten der Roten Armee, die zur deutschen Wehrmacht übergehen.

Linke Seite: Vor- und Rückseite eines sowjetischen Propagandaflugblatts, das die deutschen Soldaten zum Überlaufen bewegen soll.

Links: Auch die deutsche Propaganda ist aktiv: Flugblatt an die sowjetischen Truppen mit Passagierschein.

Im Tagebuch des Generalstabschefs finden sich ernüchternde Aufzeichnungen. Am 7. Dezember notierte Halder: »Die Erfahrungen dieses Tages sind wieder niederschmetternd und beschämend. Oberbefehlshaber des Heeres von Brauchitsch ist kaum mehr Briefträger. Hitler verkehrt über ihn hinweg mit den Oberbefehlshabern der Heeresgruppen. Das Schrecklichste aber ist, daß die Oberste Führung den Zustand unserer Truppen nicht begreift und eine kleinliche Flickschusterei betreibt, wo nur große Entschlüsse helfen können.«

». . . zwingen zum Übergang zur Verteidigung«

Am 8. Dezember mußten sich die deutschen Verbände der Heeresgruppe Nord an der Kalinin-Front zurückziehen und ihre Stellungen bei Tichwin räumen. Auch südlich und östlich von Moskau zwangen die massiven Angriffe der Sowjets die Heeresgruppe Mitte zum Rückzug. Die vorgela-

Charlotte Gräfin von der Schulenburg

Wenn man friedlich zu Hause saß oder zu einem Ballettabend ging, da hatte man ein wahnsinnig schlechtes Gewissen. Während die da draußen im Dreck lagen, ging ich aus. Aber es war eine Ablenkung. Ich habe mir auch gesagt, daß es vielleicht gut wäre, ein Bild malen zu lassen. Eine Malerin, die ich kennengelernt hatte, wollte mich unbedingt malen, mit meinen Kindern. Das Bild wurde nachher übrigens »die vielköpfige Hydra« genannt. Ich dachte, ich bin total verrückt geworden, ich sitze hier im Abendkleid auf dem Sofa und lasse mich malen, während mein Mann irgendwo in Rußland im Dreck liegt. Aber ich dachte, vielleicht macht es ihm Freude. Es war eine herrliche Beschäftigungstherapie. Ich hatte immer das Gefühl, wenn dieses Bild fertig wird, kommt er vielleicht. Und tatsächlich an dem Tag, an dem das Bild fertig wurde, klingelte das Telefon, und er sagte, daß er nach Breslau komme. Unentwegt hatten die Kinder nach ihrem Vater gefragt, und es wurde jeden Abend für ihn gebetet. Die Kinder redeten überhaupt untereinander immerzu von ihm, weil sie ihn auch sehr vermißten. Sie standen vor der Frage: Warum macht denn der Gott das? Man betete zum lieben Gott, daß er den Vater beschütze, aber auf der anderen Seite sahen sie ja, welch großes Unglück um sie herum geschah. Es fielen viele andere Väter, Häuser wurden zerstört, überall war viel Kummer, Sorge und Not.

Peter Biewer, Soldat.

Der geplante Großangriff auf Moskau war abgeblasen. Wir stellten überall Sperren auf und legten Tellerminen. Von Dorf zu Dorf hatten die russischen Einwohner lange Schneisen durch den meterhohen Schnee geschaufelt, und nur hier war eine Fortbewegung möglich, wenn man nicht bis an die Hüften im Schnee versinken wollte.
Am 8. Dezember fiel das Thermometer auf minus 32 Grad Celsius. Ein eisiger Schneesturm jagte über die weiße Ebene, aus der nur noch schemenhaft die Strohdächer der hölzernen Dorfkaten wie kantige Buckel herausragten. Ohren und Nasenflügel wurden weiß, hielt man sie nur ein paar Minuten unbedeckt. Die Füße wurden zu Eisklumpen. Die Luft rauschte wie Wasser, wenn ein Messerschmidtbomber bei klarem Wetter im Tiefflug vorbeijagte.
An diesem Tag hatte meine Braut Geburtstag. Sie wurde 20 Jahre alt. Bei dem Gedanken an daheim, 2000 Kilometer weit entfernt, war es mir in der Seele zum Kotzen. Am Tage griffen russische Tiefflieger an, nachts krochen wir in die russischen Holzhäuser und schliefen mit dem Gewehr im Arm. Läuse quälten den einen, Wanzen den anderen, und wer damit noch nicht genug hatte, der bekam auch noch Flöhe und Kopfläuse.
Hinzu kam die ebenfalls »lausige« Kälte. Wenn man austreten mußte, rannte man vor die Tür und stapfte ein paarmal im Kreis herum, damit man nicht mit dem Hintern im Schnee saß. Auch das war ein grausiges Geschäft, an das man sich ebenso gewöhnte und bei dem so mancher durch feindliche Scharfschützen oder Granateinschlag den »Heldentod« starb. Unsere Horchposten lösten wir alle zehn Minuten ab, weil bei Temperaturen um minus 50 Grad bereits bei kurzem Stehen die Zehen und Füße in den knochenharten Lederstiefeln gefühllos und schwarz wurden. Unsere Toten legten wir übereinander in Sprenglöcher, teilweise mußten wir Arme und Beine, die steifgefroren vom Körper weggestreckt waren, erst abhacken, um sie unter die Erde zu bekommen …

Linke Seite, oben: Mit Decken und Laken versuchen sich die deutschen Soldaten wenigstens behelfsmäßig zu tarnen.

Linke Seite, unten: Die Nachschubwege müssen ständig freigeschaufelt werden.

gerten deutschen Spitzen mußten sich sofort zurückziehen, wenn sie nicht abgeschlossen und eingekesselt werden wollten. Nicht überall gelang die Absetzaktion. Zeitweise wurden deutsche Einheiten von der Roten Armee eingeschlossen und mußten sich unter großen Verlusten freikämpfen.

Sowjetische Ski-Einheiten und ein berittenes Kosakenkorps unter General Dowator durchstießen immer wieder die weit auseinandergezogenen deutschen Linien und griffen nach den zentralen Verkehrspunkten. Mit letzter Kraft versuchte die Wehrmacht, wenigstens die für den Rückzug lebenswichtigen Straßenverbindungen zurückzuerobern. Doch auch wenn die Deutschen die Verkehrswege kontrollierten, war das noch keine Garantie für einen geordneten Rückzug: »Wegen Brennstoffmangels mußten die Deutschen häufig das Material vernichten und die Geschütze sprengen«, räumte General von Schweppenburg ein. Die Deutschen mußten einen Teil ihres Materials opfern, um wenigstens den Rest zu retten. Panzer, Geschütze, Zugmaschinen blieben liegen – wegen Benzinmangels oder weil sie der Frost festhielt. Bei den tiefen Temperaturen des russischen Winters froren die Getriebe der Motoren ein. Zeit, sie mit kleinen Feuern wieder aufzutauen, ließen die sowjetischen Angriffe nicht. Entlang der Hauptstraßen lagen Hunderte zerstörter Motorfahrzeuge, Panzer und Kriegsgerät aller Art, das die Deutschen zurücklassen mußten. »Ein gewaltiger Friedhof von Kriegsmaterial«, berichtete der Militärkorrespondent der TASS.

General Schukow erkannte die Schwäche der Wehrmacht und gab Befehl, sie rigoros auszunutzen und nachzustoßen. An der West- und Südwestfront gelangen den Truppen Schukows und Timoschenkos tiefe Einbrüche in die deutschen Linien. Stellung für Stellung, Dorf für Dorf, Stadt für Stadt wurden zurückerobert. Die Sowjets stießen auf Rschew, Wolokolamsk, Kaluga und Orel vor. Klin wurde befreit, Kalinin zurückerobert. Die Deutschen räumten Istra und mußten hinter den Moskwa-Wolga-Kanal zurückweichen. Überall rissen große Lücken in der deutschen Front auf, durch die sowjetische Einheiten ungehindert durchstoßen konnten, um den deutschen Truppen den Rückzug abzuschneiden. Generaloberst Hoepner berichtete verzweifelt: »An der hundertfünfzig Kilometer breiten Front, in der ich jetzt sieben Korps mit zweiundzwanzig Divisionen gegen etwa dreiundvierzig russische Divisionen führe, gibt es keine Stelle, die nicht irgendwie gefährdet oder gar durchbrochen ist. Ich habe keine Division, die angriffsfähig oder gegen stärkeren Feind abwehrkräftig ist. Die Kraftfahrzeuge haben keinen Betriebsstoff, die Pferde keinen Hafer.«

Erst langsam begriff die Oberste Heeresleitung im weit entfernten Hauptquartier, in welcher katastrophalen Lage

Anton Gründer, Sanitäter.

Es war der 5. Dezember. Bis 6.00 Uhr hatte ich Wache. Während ich mir etwas zu essen machte, brach draußen die Hölle los. Alles kam zurück, Panzer, Geschütze, Fahrzeuge und Soldaten – einzeln und in Gruppen. Alle waren entsetzt. Es gab keine Befehle mehr; jeder ergriff die Flucht und sah, wie er wegkam. Wegen der großen Kälte sprangen aber die meisten Fahrzeuge nicht an; dennoch gelang es uns, das meiste Sanitätsmaterial mitzunehmen. Wir versuchten, mit dem kleinen Rest der Kompanie zusammenzubleiben, so gut es ging; wer versprengt wurde, war verloren.
Trotz des Rückzuges mit allem Durcheinander, versuchten wir, so gut es ging, die Verwundeten zu versorgen. Vor unseren Augen spielten sich schreckliche Szenen ab. Viele Verwundete kamen mit Notverbänden bei uns an, die sie eine Woche lang getragen hatten. Ein Soldat hatte einen Oberarm-Durchschußbruch. Sein ganzer Arm war schwarz und der Eiter lief ihm vom Rücken bis in die Stiefel. Der Arm wurde am Gelenk amputiert. 3 Soldaten mußten Zigarre rauchen, weil der Gestank nicht auszuhalten war.

Links oben: Nur wer sich vollständig vermummt, ist vor Erfrierungen geschützt.

Links unten: »Winterfritz« nennen die Rotarmisten die Deutschen mit ihrer behelfsmäßigen Winterkleidung.

Rechte Seite: Deutsche Soldaten versuchen eine 8,8-cm-Flak in Stellung zu bringen.

sich die deutschen Truppen an der Front befanden. Am 8. Dezember 1941, dem Tag, an dem die Deutschen Tichwin räumten und die Sowjets zum Angriff auf Klin ansetzten, diktierte Hitler in der Wolfsschanze einen Befehl, der mit der wirklichen Lage an der Front nichts mehr zu tun hatte. Deklariert als »Geheime Kommandosache/Chefsache!« legte der »Führer und Oberste Befehlshaber der Wehrmacht« in seiner »Weisung Nr. 39« fest: »Der überraschend früh eingebrochene strenge Winter im Osten und die dadurch eingetretenen Versorgungsschwierigkeiten zwingen zu sofortiger Einstellung aller größeren Angriffsoperationen und zum Übergang zur Verteidigung.«

Der Reichspressechef und das Oberkommando der Wehrmacht stellten in ihren Tagesparolen mit Datum vom 8. Dezember fest, daß »von jetzt ab« der Krieg im Osten im Zeichen des Winters geführt werde. Zu diesem Zeitpunkt waren bereits Tausende deutscher Soldaten erfroren.

Doch wer gehofft hatte, daß Hitler nunmehr den Befehl zum geordneten Rückzug gab, sah sich getäuscht. Statt dessen hieß es in der »Weisung Nr. 39«: »Wie diese Verteidigung zu führen ist, wird bestimmt durch das Ziel, das mit ihr verfolgt wird, nämlich: a) Räume zu behaupten, die für den Gegner von großer Bedeutung sind, (...) und c) dadurch die Voraussetzungen für die Wiederaufnahme größerer Angriffsoperationen im Jahre 1942 zu schaffen.«

Auszug

Der Führer und Oberste Befehlshaber der Wehrmacht OKW/WSFV Abt. L (I Op) Nr. 442 090/41 g.K. Chefs.	P. R. Qu., den 8. 12. 1941 Chefsache! Nur durch Offiziere 14 Ausfertigungen [Ausfertigung]

Weisung Nr. 39

Der überraschend früh eingebrochene strenge Winter im Osten und die dadurch eingetretenen Versorgungsschwierigkeiten zwingen zu sofortiger Einstellung aller größeren Angriffsoperationen und zum Übergang zur Verteidigung.
Wie diese Verteidigung zu führen ist, wird bestimmt durch das Ziel, das mit ihr verfolgt wird, nämlich:

a) Räume zu behaupten, die operativ oder wehrwirtschaftlich für den Gegner von großer Bedeutung sind.
b) den im Osten eingesetzten Kräften der Wehrmacht eine möglichst große Erholung und Auffrischung zu ermöglichen und
c) dadurch die Voraussetzungen für die Wiederaufnahme größerer Angriffsoperationen im Jahre 1942 zu schaffen.

Im einzelnen befehle ich:

1.) Heer:
   1.) Die Masse des Ostheeres geht sobald wie möglich in kräftesparenden, vom Oberbefehlshaber des Heeres festzulegenden Fronten zur Abwehr über und beginnt dann unter Herausziehen vor allem der Panzer- und mot. Divisionen mit der Auffrischung der Verbände.

Oben: Sie haben die eisige Nacht nicht überlebt.

Unten: Viele starben den Kältetod.

Erich Mende

Am 1. Dezember übernahm ich als Oberleutnant und Kompaniechef eine aufgefüllte Einheit von 196 Mann. Wir wurden kurz vor Weihnachten Richtung Kaluga transportiert, wo die große Lücke bei den Guderian-Panzern entstanden war. Inzwischen war es sehr kalt, 30 bis 40 Grad minus zeigte das Thermometer. Wir hatten keine Winterbekleidung, waren also doppelt betroffen. Uns gegenüber standen frische sibirische Divisionen, die mit weißen Schafspelzen und Skiern hervorragend ausgerüstet waren. Die meisten Ausfälle hatten wir durch Kopfschüsse. Das waren hochqualifizierte Schützendivisionen auf der anderen Seite. Für mich war der Rückschlag und die Niederlage vor Moskau das Ende des Ostfeldzuges, nicht erst Stalingrad. Der große Vertrauensverlust, die schrecklichen Verluste, die mangelnde Fürsorge für die Truppe, all das hat der deutschen Wehrmacht das Rückgrat gebrochen. Mit dem Gefühl der Überlegenheit war es zu Ende. Und damit war für die Wissenden und für die etwas kritischen Geister der Rußlandkrieg schon vor Moskau verloren.

Pawel Ossipow

Ungefähr am zweiten oder dritten Tag der Gegenoffensive, am 7. oder 8. Dezember, begriffen wir, daß unser Angriff erfolgreich war. Die Stimmung stieg bei allen Soldaten, Sergeanten und Offizieren. Von da an drängten wir nur noch vorwärts, um den Deutschen zuvorzukommen, bevor sie die Dörfer in Brand setzen konnten. Denn in der Regel zündeten sie beim Rückzug alles an. Wir freuten uns, daß die Bewohner der von uns befreiten Dörfer uns entgegenkamen, willkommen hießen und bewirteten. Als ich in mein Heimatdorf in der Nähe von Wolokolamsk kam, sah ich, daß mein Haus abgebrannt war. Ich traf Landsleute und fragte sie nach meiner Familie. Sie sagten, sie seien alle weggefahren. Sie waren geflohen, weil der Mann meiner Schwester als Offizier und ehemaliger Kolchosvorsitzender des Dorfes fürchten mußte, von den Deutschen erschossen zu werden.

Ein deutscher Pionier errichtet während des Rückzugs eine Minensperre.

Während die Soldaten an der Front nicht wußten, wie sie den nächsten Angriff der Roten Armee abwehren und überleben sollten, träumte Hitler im Hauptquartier von neuen Angriffsaktionen. Von Rückzug redete er nicht.

Auch in einer Rede vor den NS-Abgeordneten des sogenannten »Reichstags« demonstrierte Hitler Optimismus. Er präsentierte die gegnerischen Verluste im Ostfeldzug – beeindruckende Zahlen in unvorstellbaren Größenordnungen: 3,8 Millionen Gefangene, 21 000 Panzer, 35 000 Geschütze und 17 000 Flugzeuge. Demgegenüber nahmen sich die deutschen Verluste gering aus: 612 314 Gefallene, 571 000 Verwundete und 33 334 Vermißte.

Mit diesen Zahlenvergleichen bereitete Hitler eine neue Aktion vor. Am 11. Dezember übergab Außenminister Ribbentrop dem amerikanischen Geschäftsträger Leland Morris eine Erklärung, die zuvor im Reichstag von den Abgeordneten stürmisch gefeiert wurde. In der Erklärung hieß es: »Die Regierung der Vereinigten Staaten von Amerika ist von anfänglichen Neutralitätsbrüchen endlich zu offenen Kriegshandlungen gegen Deutschland übergegangen. Unter diesen durch den Präsidenten Roosevelt veranlaßten Umständen betrachtet sich Deutschland von heute ab als im Kriegszustand mit den Vereinigten Staaten von Amerika befindlich.«

Das »Unternehmen Barbarossa«, der Überfall auf die Sowjetunion, wurde begonnen, bevor die »Operation Seelöwe«, der Angriff auf England, abgeschlossen war. Nun erklärte Hitler der größten Industrienation der Welt den Krieg – zu einem Zeitpunkt, als seine Truppen vor Moskau gestoppt worden waren und sich verzweifelt gegen Angriffe der Roten Armee wehren mußten.

»Ich verlange fanatischen Widerstand!«

Die militärische Lage hatte sich innerhalb weniger Tage geändert, die sowjetische Hauptstadt, die Anfang Dezember so gefährdet schien, konnte aufatmen.

»An der gesamten Front vor Moskau sind die gegnerischen Angriffspositionen und Verteidigungslinien durchbrochen worden«, teilten Timoschenko und Schukow der Moskauer Bevölkerung in einem Sonderkommuniqué vom 13. Dezember mit. Die psychologische Wirkung der militärischen Erfolge blieb nicht aus, die Deutschen waren nicht mehr unüberwindlich. Durch diese ersten Siege stieg das Selbstbewußtsein der Roten Armee. Die Offensive im Norden wurde mit Angriffen auf Wolchow fortgesetzt, im Süden begann sie mit Attacken auf Kertsch und Feodosia. Besonders schwierig war die Lage für die Deutschen im Mittelabschnitt. Die Verbände der Heeresgruppe Mitte hatten Befehl, sich auf eine Linie entlang der Flüsse Oka, Ukra und Wolga zurückzuziehen. Hier sollten Winterstellungen bezogen werden, Ausgangspunkte für die Wiederaufnahme der deutschen Offensive nach dem Winter. Doch schon bald zeigte sich, daß diese Stellungen gegen die massiven sowjetischen Angriffe nicht verteidigt werden konnten. In der Front entstanden große Lücken, durch die sowjetische Verbände zu den gefürchteten Umfassungsangriffen im Rücken der deutschen Linien ansetzten. Nun rächte sich, daß die Absetzbewegungen der einzelnen Frontabschnitte nicht koordiniert waren.

Der Oberbefehlshaber des Heeres erkannte bei einem Frontbesuch, welche Katastrophe sich hier anbahnte, wenn nicht unverzüglich der Befehl zum völligen Rückzug gegeben würde. In einer Besprechung in der Nacht vom 15. auf den 16. Dezember versuchte Brauchitsch, Hitler von der Notwendigkeit zu überzeugen, einen raschen Rückzug auf breiter Front zu befehlen. Nur so könnten unnötige Verluste vermieden und die Handlungsfähigkeit der militärischen Führung aufrechterhalten werden.

Doch die Kluft zwischen Hitler und seinen militärischen Beratern war schon zu groß. Der »Oberste Befehlshaber« lehnte das Ansinnen seines Oberbefehlshabers ab. Statt dessen diktierte er einen neuen Befehl, der am 18. Dezember den Offizieren an der Front zugestellt wurde. Die »Geheime Kommandosache« mit der Nummer 1736/41 löste blankes Entsetzen aus. Der »Führer« befahl: »Unter persönlichem Einsatz der Befehlshaber, Kommandeure und Offiziere ist die Truppe zum fanatischen Widerstand in ihren Stellungen zu zwingen, ohne Rücksicht auf durchgebrochenen Feind in Flanke und Rücken.«

Linke Seite, oben: Gefallene Rotarmisten, wie Baumstämme am Straßenrand aufgeschichtet.

Linke Seite, unten: Massengrab sowjetischer Soldaten. Auf beiden Seiten waren die Verluste erschreckend hoch.

Hans Johann Kröhl, Kraftfahrer.

Es war der 9. Dezember 1941 in Istra, einem kleinen Städtchen vor Moskau. Als Fahrer eines höheren Offiziers war ich mit dem gesamten Stab des Regiments in den Ruinen einiger zerschossener Häuser untergekommen. Ich erhielt den Befehl, zurück nach Moshaisk zu fahren, um einem verwundeten Offizier die für ihn eingegangene Post ins Lazarett zu bringen. Nach wenigen Kilometern meinte der mich begleitende Offizier: »Wir halten bei einem der nächsten Häuser und waschen uns erst einmal ordentlich.« Den Waschbeutel unter dem Arm, fand ich bald ein unversehrtes Haus, einen Brunnen und eine noch funktionierende Pumpe. Aus Angst vor versteckten Partisanen untersuchte ich das Haus und kam durch einen kleinen Vorraum mit Wasch- und Kochgelegenheit über ein Podest in einen großen Raum, in dem viele Bücher lagerten; zu meiner Überraschung alle in Deutsch! Ich vergaß mein Vorhaben und begann zu schmökern. Es war meine erste Begegnung mit Büchern seit dem Abitur – und das mitten im Krieg. Mitten im Lesen hörte ich ein leises Geräusch neben mir. Ein automatischer Griff zu meiner Pistole – aber die hatte ich, weil ich mich waschen wollte, gegen alle Befehle im Koppel im Wagen gelassen! Nach und nach öffnete sich eine Falltür – und ich sah anstelle eines Gewehrlaufes in zwei Augen, die noch verängstigter waren als meine. Aus der Dunkelheit stieg eine ungefähr fünfzigjährige Frau und sagte in fließendem Deutsch: »Guten Tag. Darf ich Ihnen ein paar Bücher schenken, denn die in den nächsten Tagen zurückweichenden deutschen Soldaten werden unser Haus sowieso niederbrennen.«
Ich widersprach ihr, und es begann ein längeres Gespräch zwischen der Frau, die sich als jüdische Professorin entpuppte, und dem deutschen Abiturienten, der ausgerechnet auch noch der Waffen-SS angehörte.
Nach einer Viertelstunde stand plötzlich mein Unteroffizier in der Tür und mahnte zur Eile. In Tränen aufgelöst, gab mir die Russin zwei kleine Gedichtbände, Goethe und Schiller, mit sehr schönem Einband. Ich bat sie, mir auf der Rückseite des Einbandes ihre Adresse zu notieren. »Nein«, war die lakonische Antwort. »Das könnte für mich den Tod und für Sie große Unannehmlichkeiten bringen.« Und mit einem letzten Blick auf den Unteroffizier, der befehlsgemäß eine Pistole am Koppel trug, stieg sie ohne Gruß in ihre Dunkelkammer zurück.

Das war einer der umstrittensten Befehle des gesamten Rußlandfeldzugs. Hatte bislang nur Stalin seine Soldaten mit dem militärisch unsinnigen »Stehen oder Sterben« in den Tod getrieben, so nahm nun der deutsche Diktator die gleiche starrsinnige Haltung ein. Hitler hoffte, auf diese Weise die Zeit zu gewinnen, die er brauchte, um Verstärkungen aus dem Westen heranzuführen. Doch allen Militärexperten war klar, daß das Heranführen frischer Verbände Wochen dauern würde; Wochen, in denen die Soldaten der Ostfront zu einem Kampf in einer aussichtslosen Lage gezwungen waren. Hitlers berüchtigter »Halte-Befehl« sorgte für die bis zu diesem Zeitpunkt schwersten Verluste der Wehrmacht. Tausende starben in ihren vorgezogenen Stellungen, weil Hitler keinen Meter Boden preisgeben wollte.

»Das bißchen Operationsführung kann jeder«

Am Tag, nachdem der Befehl veröffentlicht wurde, reichte Generalfeldmarschall von Brauchitsch seinen Abschied ein. Hitler akzeptierte den Rücktritt und übernahm selbst den Oberbefehl. In seinem letzten Tagesbefehl an die Truppe erklärte Brauchitsch am 19. Dezember: »Der Führer wird uns zum Sieg führen. Stahlhart den Willen, vorwärts den Blick! Alles für Deutschland.«

In der offiziellen Erklärung des Propagandaministeriums war keine Rede von Unstimmigkeiten zwischen Hitler und seinen Generalen. Goebbels verstand es, den Rücktritt Brauchitschs als »verantwortungsbewußten Akt des Führers« darzustellen: »Außerdem sprach aber noch das Bewußtsein einer inneren Berufung und der ihm eigene

Abschiedstagesbefehl

des Generalfeldmarschalls von Brauchitsch.

Generalfeldmarschall von Brauchitsch hat sich mit folgendem **Tagesbefehl** von den Soldaten des Heeres verabschiedet:

Soldaten!

Mit dem heutigen Tage hat der Führer persönlich die Führung des Heeres übernommen. Gleichzeitig hat er meiner vor einiger Zeit ausgesprochenen Bitte stattgegeben, mich wegen eines Herzleidens von der Führung des Heeres zu entbinden.

Soldaten!

Fast vier Jahre habe ich als euer Oberbefehlshaber das beste Heer der Welt geführt. Diese Jahre umfassen für Deutschland eine Fülle grösster geschichtlicher Ereignisse und für das Heer grösste soldatische Erfolge. Stolz und dankbar blicke ich auf diese Zeit zurück. Stolz auf eure Leistungen, dankbar für eure Treue.

Grosse Aufgaben sind erfüllt, grosse und schwere stehen noch bevor. Ich bin überzeugt, dass ihr auch diese lösen werdet.

Der **Führer** wird uns zum **Siege** führen.

Stahlhart den Willen, vorwärts den Blick!

Alles für Deutschland!

Hauptquartier OKH., den 19. Dezember 1941.

von Brauchitsch
Generalfeldmarschall

Wille zur Verantwortung mit, als sich der Staatsmann Adolf Hitler entschloß, sein eigener Feldherr zu sein.«

Intern machte der neue Oberbefehlshaber keinen Hehl aus seiner Geringschätzung des Amtes: »Das bißchen Operationsführung kann jeder machen«, erklärte Hitler. Nach seiner Auffassung sollte der Oberbefehlshaber das Heer im nationalsozialistischen Sinne erziehen, und für diese Aufgabe kannte er keinen Besseren als sich selbst.

Brauchitsch war nicht der erste General, der von seinem Amt abgelöst wurde. Schon am 12. Dezember hatte Generalfeldmarschall Fedor von Bock das Kommando der Heeresgruppe Mitte an Hans Günther von Kluge, den Sieger der Kesselschlacht von Wjasma, abgeben müssen. Die Suche nach Sündenböcken, die Hitler für das Scheitern des Angriffs auf Moskau verantwortlich machen konnte, ging

Linke Seite: Generalfeldmarschall von Brauchitsch nach seiner Entlassung.

Links: Der letzte Befehl von Brauchitschs an die Truppe.

Heinrich Rotard, Soldat.

Mitte Dezember sank über Nacht das Thermometer von minus 15 auf minus 33 Grad und darunter. Das ganze Land war in klirrendem Frost erstarrt. Wir hatten keine Schmiermittel für Waffen und Motoren, die auf diese Kälte abgestimmt waren. Die Panzer froren über Nacht im Schlamm fest und sprangen morgens nicht mehr an. Im Dezember 1941 hörten wir im Soldatensender Belgrad zum ersten Mal das Lied von der Lilli Marleen. Wenn wir abends im Bunker lagen, dann schalteten wir unsere Funkempfänger ein, und hörten um 22 Uhr, wie Lale Andersens dunkle Stimme sang: »Vor der Kaserne, vor dem großen Tor...« Da vergaß man schon mal für kurze Zeit Kälte, Hunger, die harten Kämpfe und den Tod...

LILI-MARLEN

Vor der Panjehütte
Nachts bei Schnee und Eis
Hört der Posten Schritte,
Plötzlich wird's ihm heiß:
Wen sieht er da im Dunkeln gehn?
Dicht vor ihm aber bleibt sie stehn,
Sie ist's, Lili-Marlen!

„Liebster, sieh, da bin ich,
Hielt es nicht mehr aus,
Macht vor Sehnsucht dünn mich,
Bin ausgekratzt zu Haus.
Du wirst mich sicher auch verstehn,
Du mußt es nur bei Licht besehn",
So sprach Lili-Marlen.

Er greift zu der Laterne
Und stellt sie schnell dazu,
Blieb zwar im Dunkeln gerne,
Doch sie läßt keine Ruh',
Denn auch die Panjes soll'n es sehn,
Wie hier sich zwei im Nebel drehn
Wie einst, Lili-Marlen.

„Jetzt, Liebste, mußt du gehen,
Die Streife sieht's nicht gern,
Wenn wir so lang hier stehen
Wie einst vor der Kasern'.
Wenn die Laterne dort wieder brennt,
Dann hat die Trennung auch ein End'
Von dir, Lili-Marlen!"

Wilhelm-Peter Engels, Kanonier.

Kurz vor Weihnachten 1941 kam der Befehl zum Rückzug. Es war Heiligabend. Ich saß in einem zerschossenen Haus an einem offenen Fenster. Zerlumpt und abgerissen, hungrig und durstig saß ich mit einem Kanten trockenen Brotes vor dem Feuer. Es war so schrecklich kalt. Meine Kleidung bestand teilweise nur noch aus Fetzen. An den Füßen trug ich meine viel zu engen Reitstiefel. In den Stiefeln steckten meine Drillichhosen. Zwischen Bein und Hose hatte ich aufgrund der Kälte Papierknäuel gestopft. Über der Uniformjacke trug ich das dünne Uniformmäntelchen. An den Händen schützten mich, so gut wie möglich, zerrissene Wollhandschuhe. Ich dachte an Napoleon und verfluchte unsere sonst so weitsichtige Führung.

weiter. Wer Hitlers Befehlen nicht widerspruchslos Folge leistete, wurde entlassen. Schlimmer noch traf es General von Sponeck, der die deutschen Truppen befehligte, die im Süden an der Landenge zwischen der Krim und der Halbinsel Kertsch kämpften. Sponeck hatte sich Ende Dezember einem Befehl zum Halten widersetzt und seine Division zurückgenommen, durch seinen militärischen Ungehorsam eine vernichtende Niederlage vermieden und in einen Erfolg umwandeln können. Ein Kriegsgericht unter Vorsitz Feldmarschall Görings verurteilte ihn dennoch zum Tode. Erst nach Protesten wandelte Hitler das Todesurteil in Festungshaft um.

Eine weitere Entlassung zeichnete sich am 20. Dezember ab. Diesmal sollte es einen der berühmtesten Helden des Feldzugs treffen: Generaloberst Guderian.

Es war das zweite Mal, daß Guderian Hitler von einem bereits gefaßten Entschluß abbringen wollte. Drei Monate zuvor hatte der General seinen »Führer« noch zu überzeugen versucht, daß nicht Kiew, sondern Moskau das nächste Ziel des deutschen Angriffs sein müsse. Dieses Mal trat Guderian in offenen Widerspruch zu Hitler. Wie damals schilderte der General zunächst die Situation der kämpfenden Truppe, er verwies auf die fehlende Winterkleidung. Hitler widersprach: »Das ist nicht wahr! Der Generalquartiermeister hat mir gemeldet, daß die Winterbekleidung zugewiesen ist.«

Das war sogar richtig. In der Heimat hatte Goebbels eine großangelegte Propagandaaktion gestartet und zur Unterstützung der Front Aufrufe zum Winterhilfswerk verbreitet. Gesucht wurden Überschuhe, nach Möglichkeit gefüttert, warme Wollsachen, Socken, Strümpfe, Unterjacken, Leibbinden, Brust- und Lungenschützer. Gesammelt wurde alles, was notwendig war – und notwendig war alles. Die Sammlungen verdeutlichten, wie wenig die Wehrmacht auf einen Feldzug im Winter vorbereitet war, sie zeigten aber auch, wie spät die Hilfe begann.

Dennoch hatte Hitler mit seinem Hinweis unrecht: Das Material stand in Warschau und konnte nicht weitertransportiert werden. Die Kälte stoppte auch den Eisenbahntransport.

Schließlich kam Guderian auf das eigentliche Thema seines Besuches. Er war in die Wolfsschanze gekommen, um Hitler davon zu überzeugen, daß nur der Rückzug auf eine verkürzte Frontlinie, auf Stellungen, die sich verteidigen

Pawel Ossipow

Wir wußten, daß die Deutschen vom 24. bis zum 25. Dezember Weihnachten feiern würden. Hinweise darauf gaben uns die Christbäume und der Christschmuck, die wir in den befreiten Ortschaften vorfanden. Bei solchen Feierlichkeiten ließ die Wachsamkeit des Gegners natürlich nach, und wir versuchten, in dieser Zeit schneller vorzurücken. Es war jedoch sehr anstrengend für unsere Truppen, 15 Kilometer am Tag voranzukommen: Erst feuerten wir, dann mußten wir uns eingraben und ein bis zwei Stunden warten, bis die Infanterie aufbrach. Wir folgten ihr, feuerten wieder und gingen wieder in Deckung. Und immer so weiter. Das neue Jahr brach an, aber wir hatten keine Zeit zum Feiern. Wir hielten uns im Laufen an der Waffe fest und schliefen auch im Laufen. So kämpften die Soldaten bei der Offensive vor Moskau.

Linke Seite, oben: Ein deutscher Wachtposten auf Außendienst – bei 45 Grad Kälte.

Linke Seite, unten: Zerstörte Fahrzeuge der Roten Armee nach einem Luftangriff.

Rechts: Deutsche Soldaten auf dem Weg in die Gefangenschaft.

Linke Seite: Während einer Kampfpause. Zeit für ein paar Zeilen nach Hause.

Oben: Fern von der Heimat. Soldaten-Weihnacht '41 an der Front.

Rechts: Weihnachtspost von der Familie. Keine Hoffnung, die Jahreswende daheim verbringen zu können.

Maria Mironowa

Die Stimmung beim Neujahrsfest 1941 war sehr schlecht. Es wurde nicht gefeiert. Wir tranken ein wenig auf den kommenden Sieg – wir wußten ja nicht, daß er noch in weiter Ferne lag. Aber das neue Jahr wurde nicht gefeiert. Das Jahr 1941 stand unter dem Zeichen der Trauer. Krieg war für uns eine Naturkatastrophe, er wirkte auf uns wie ein Erdbeben. Da schlossen sich die Menschen eng zusammen. Auch Menschen, die nicht sehr kommunikativ waren, kamen einander näher. Aber so ist das bei jedem Unglück.

Galgenhumor auf beiden Seiten: deutsche »Neujahrsgrüße« per »Rohrpost« zum Jahreswechsel 1941/42 (links), »ein Geschenk an Hitler«, die »Grußbotschaft« auf einer Bombe der sowjetischen Luftwaffe (oben).

Rechte Seite: Generaloberst Erich Hoepner. Weil er – um Verluste zu vermeiden – seinen Truppen den Rückzug befohlen hatte, wurde er von Hitler mit Schimpf und Schande aus der Armee ausgestoßen.

F. W. Christians

Sicherlich ist der harte Winter nicht die einzige Ursache für das Scheitern des Rußlandfeldzuges. Ich muß auch einräumen, wir waren erstaunt, was die Russen nach Kiew noch auf die Beine stellten. Die Großarmee Budjonny – der Name war bei uns gut bekannt, bei den Russen gerühmt – wurde immer wieder durch neue Truppen aufgefrischt. Die ganze Organisation und die Improvisationsgabe der Russen hat uns doch beeindruckt. Wo wir technische Hilfe und komplizierte Verfahren brauchten, haben die mit einfachen Mitteln Widerstand geleistet. Ich habe immer wieder und während der ganzen Zeit des Rußlandfeldzuges festgestellt, daß die Russen, wenn es ihnen ans Leder ging, durch Improvisation, Phantasie und ihre Einstellung einen Ausweg fanden.

ließen, das drohende Debakel verhindern konnte. Wie drei Monate zuvor hörte Hitler seinen erfolgreichsten Panzergeneral zwar an, doch auch dieses Mal lehnte er Guderians Vorschlag kategorisch ab: »Nein: Die Verteidigungslinien müssen gehalten werden. Die Truppe muß sich in den Boden krallen, eingraben und keinen Schritt weichen.«

»In den Boden krallen«: Hitler dachte an den Stellungskrieg in Flandern, den er im Ersten Weltkrieg erlebt hatte. Damals hatten sich die Deutschen in Granattrichtern verschanzt, die sie mit ihren eigenen Mörsern geschossen hatten. Doch der russische Winter ließ den Boden tief gefrieren. Mit Granaten war da nichts auszurichten. Hitler ließ Guderians Argumente trotzdem nicht gelten. Für ihn sprach aus den Warnungen des Generals nur Mitleid mit den Soldaten – falsch verstandenes Mitleid in den Augen des »Führers«: »Sie lassen sich zu sehr von den Leiden der Soldaten beeindrucken. Sie haben zu viel Mitleid mit den Soldaten. Sie sollten sich mehr absetzen.«

Guderian wollte, wie es preußischer Militärtradition entsprach, unnötige Opfer vermeiden. Wenn eine Position nicht mehr gehalten werden konnte, zog man sich zurück, sammelte neue Kräfte und suchte erneut seine Chance. Ein

»Halten um jeden Preis«, auch um den des Verlustes der eigenen Operationsfähigkeit, gab es in dem von Clausewitz geprägten Denken preußischer Generale nicht.

»Diesen Mann habe ich nicht überzeugt«, gestand Hitler gegenüber Generalstabschef Halder. Hierin hatte Hitler recht. Guderian ließ nicht locker. In einer Analyse vom 21. Dezember schrieb er über den Befehl Hitlers: »Der starr ausgelegte Führerbefehl zwingt uns zur Zeit, die feindlichen Angriffe in Stellungen anzunehmen, die für die Verteidigung ausgesprochen ungünstig sind. Die Folge kann die Vernichtung der Armee vor Herankommen der in Aussicht stehenden Reserven sein. So ist das Halten der jetzigen Linie völlig unmöglich. Ich bitte, den Befehl im Sinne meiner vorstehenden Darlegungen auslegen zu dürfen.«

Der Bitte wurde selbstverständlich nicht entsprochen. Feldmarschall von Kluge, der Nachfolger von Bocks, nutzte die Meinungsverschiedenheiten zwischen Hitler und Guderian, um auf die Entlassung des erfolgreichen Panzergenerals zu drängen. Zu Weihnachten 1941 zeigten sich die Folgen des gescheiterten Gesprächs in der Wolfsschanze: Am 25. Dezember mußte Guderian gehen. Zu seinem Nachfolger als Oberbefehlshaber der Panzergruppe II berief Hitler General Schmidt.

F. W. Christians

Bald hatten wir uns daran gewöhnt, daß wir bei Nacht zu den Bauern in die Katen kriechen konnten. Bei mehr als 30 Grad unter Null war es unmöglich, anderswo überhaupt zu überleben. Wir sind also bei diesen Familien, die mit Großvater, Eltern, Kindern, Schweinen, Hühnern und dem ganzen Getier den Winter auf dem gemütlichen Steinofen verbrachten, regelmäßig eingekehrt. Wir wurden von diesen Menschen, also den Müttern der Soldaten, die wir draußen bekämpften, sehr menschlich behandelt. Es war geradezu unglaublich für uns. Und da merkte ich einmal, wie unter solchen extremen Bedingungen der Mensch zum Menschen kriecht und wie sentimental der deutsche Soldat eigentlich war. Ich kann mich da an eine besondere Szene erinnern. Wir hatten in einer Hütte mit ein paar Zweigen eine Art Weihnachtsbaum aufgestellt, und aus dem Sanitätspäckchen nahmen wir ein paar Wattebäusche und damit wurde dann der sogenannte Weihnachtsbaum geschmückt. Weihnachten war für uns deutsche Soldaten unter solchen Verhältnissen ein sehr emotionales Erlebnis. Wir haben versucht, uns mit unserer Extrauniform und weißer Wäsche für den Heiligabend bereit zu machen. Wir haben unsere kleinen Päckchen ausgepackt und die Spekulatius mit dem Löffel gegessen, weil sie durch die Kälte längst zerbröselt waren. Das Brot war auch nur mit dem Löffel zu essen. Es dauerte nicht lange, es war am zweiten Weihnachtstag, da gab es Alarm. Sibirische Scharfschützen griffen uns an.

Ein ähnliches Los traf nur wenig später den zweiten erfolgreichen General der Panzertruppen: Erich Hoepner bewies Zivilcourage, als er seine Truppe befehlswidrig auf Stellungen zurückführte, die sich ohne sinnlose Verluste verteidigen ließen. Hoepner wurde, erneut auf Betreiben Kluges, mit Schimpf und Schande aus der Armee gejagt. In wenigen Tagen hatte Hitler die wichtigsten Heeresführer der Ostfront ausgetauscht: von Rundstedt mußte das Kommando über die Heeresgruppe Süd abgeben, von Bock wurde an der Spitze der Heeresgruppe Mitte abgelöst. Die beiden erfolgreichsten Panzergenerale Hoepner und Guderian, die Befehlshaber der Panzergruppen II und IV, wurden entlassen. Weitere fünfunddreißig Korps- und Divisions-

Oben: *Vor Moskau gefallene Soldaten, in der eisigen Kälte erstarrt.*

Unten: *Russische Bauernfamilie vor ihrem brennenden Gehöft.*

Rechte Seite: *Im Schlaf erfroren, nachdem das Feuer der Feldküche erloschen ist.*

kommandeure wurden abgelöst. Hitler selbst übernahm auch noch den Oberbefehl über das Heer.

Brauchitsch, Rundstedt, Bock, Guderian, Hoepner – sie alle hatten – freilich unterschiedlich heftig – Hitler widersprochen. Ihren Nachfolgern fehlte dazu das Rückgrat. Sie führten die Befehle des »Führers« widerspruchslos aus. Feldmarschall Kluge verlangte die strikte Befolgung des umstrittenen »Halte«-Befehls Hitlers: »Jeder muß halten, wo er steht. Wer das nicht tut, reißt ein Loch in die Front, das nicht gestopft werden kann. Für jedes Absetzen vom Divisionsverband aufwärts ist meine persönliche Genehmigung erforderlich.«

General von Reichenau, der neue Kommandeur der Heeresgruppe Süd, zeichnete sich durch besondere Hitlertreue aus. Er war als »Nazi-General« bekannt und machte seinem Ruf in einer Weihnachtsansprache an die Soldaten traurige Ehre: »Ihr habt den Russen lang genug als willenloses Werkzeug in der Hand seiner Kommissare kennengelernt. Er ist imstande, jede Gemeinheit zu begehen. Ich fühle mich verpflichtet, euch diese Tatsache mitzuteilen, damit ihr genau wißt, was ihr von der roten Bestie zu erwarten

habt. Denkt in jedem Kampf daran, und wenn es hart auf hart geht, so verkauft euer Leben so teuer als möglich. Bis zur letzten Patrone. Lebt dieser Geist in euch weiter, dann wird auch künftig jeder Angriff des roten Gesindels blutig vor unseren Linien enden.«

»...zur gegenwärtigen schweren Krise haben geführt«

In seinen Aufzeichnungen betrieb der Oberbefehlshaber der Heeresgruppe Mitte am 7. Dezember Ursachenforschung: »Drei Dinge haben zur gegenwärtigen schweren Krise geführt:

1. die einsetzende Herbst-Schlammzeit,
2. das Versagen der Bahnen,
3. die Unterschätzung der Widerstandskraft des Feindes und seiner personellen und materiellen Reserven.«

»General Schlamm«, der den Vormarsch bremste, das Stillhalten Japans, das es Stalin ermöglichte, frische sowjeti-

Albrecht Linsen, Infanterist.

Aus dem Dunst kommen sie gelaufen, unsere kommen gelaufen, sie streben zurück. Die weit verstreute, todmatte Herde scheut! Wir sind am Nullpunkt, die Front kippt um! Manche zögern noch auf der Flucht, die meisten stampfen in blinder Hast durch den Schnee. Ein fremder Offizier stellt sich dem Rudel entgegen, gestikuliert, will die Pistole ziehen, wird halb umgerissen. Unser Zugführer macht keinen Versuch, die Leute aufzuhalten. Ich renne noch nicht, ich stapfe keuchend, das Herz trommelt. Da trifft mich ein Schlag gegen den rechten Oberschenkel, nicht sehr schmerzhaft, ein kurzer Stoß von hinten wie mit einem Gewehrlauf. Ich weiß, daß ich getroffen bin, und weiß Sekunden später, daß ich mich weiterbewegen kann, daß das Bein nicht ganz versagt, daß ich vielleicht nicht hier im Schnee vor Moskau sterben muß, 21 Jahre alt. Ich drehe mich um umd schieße das Magazin feindwärts leer, in die Leuchtspurschwärme hinein. Dann humple ich an den Leutnant heran und melde mich verwundet. Die Hose gefriert, wird steif wie Blech. Der Schmerz nimmt zu, aber ich bin unterwegs; auf das Gewehr gestützt, stapfe ich durch den Schnee, bleibe nicht ganz zurück, sehe die anderen noch. Im Durcheinander der nun etwas gebremsten Flucht finde ich einen der flachen Bauernschlitten. Ich lasse mich zwischen die drei oder vier fallen, die schon darauf liegen, kralle mich fest im Zank um den winzigen Platz. Einer schreit vor Schmerzen nach seiner Pistole, an die er nicht herankommt. Vereiste Straßen, Fahrzeuge schief am Rand, Motorengebrumm, Gruppen hastender Männer in der Nacht. Ein Russe fährt uns, lenkt ruhig das kleine Pferd, feuert es mit schnalzenden Lauten an. In meinem Bein wütet der Schmerz, aber ich liege nicht dort hinten im Schnee. Dann ein Dorf, verdunkelte Fenster. In einer Bauernstube dirigieren sie mich zu einem grell beleuchteten Operationstisch, schälen mich aus der Hose. »Durchschuß«, Wundreinigung, Verband, Tetanusspritze. Den Verwundetenzettel, dieses wunderbare Papier, empfange ich wie eine Absolution.

sche Verbände aus dem Osten seines Reiches an die Westfront zu schicken, der Winter schließlich, der zusammen mit der mangelhaften Ausrüstung der Deutschen den Angriff einfrieren ließ – all das waren, zum Teil propagandistisch gefärbte, Rechtfertigungen für das Scheitern des deutschen Angriffs, Gründe, die den Blick auf die eigentlichen Fehler verstellten. Auch Feldmarschall von Bock sprach nicht aus, warum das »Unternehmen Barbarossa« scheiterte, scheitern mußte: Die deutsche Wehrmacht hatte mit zu wenigen Kräften zuviel versucht und zu lange in aussichtlosen Positionen gekämpft.

Wie die Politik ist die Kriegsführung die Kunst des Möglichen. Hitler jedoch verlangte Unmögliches, er überforderte die Kräfte der Wehrmacht. Ideologisch verbohrt, ließ er einen Krieg führen, der für ihn mehr war als die Auseinandersetzung zweier Armeen: der Kampf der nationalsozialistischen Weltanschauung gegen den Kommunismus, ein Kampf, den er um jeden Preis führen wollte.

Vor der Hauptstadt der Sowjetunion war dieser Kampf bereits verloren. Zum zweiten Mal nach der »Grande Armee« wurde die Invasion fremder Truppen vor Moskau zurückgeschlagen. Hundertneunundzwanzig Jahre nach Napoleon mußte auch Hitlers Wehrmacht vor den Toren der sowjetischen Hauptstadt kehrtmachen. Der Kreml war gerettet. Die Deutschen mußten ihre erste Niederlage hinnehmen. Aber nicht nur die »Operation Taifun« war gescheitert. Vor Moskau zerstörte die Rote Armee auch den Nimbus der Unbesiegbarkeit der Wehrmacht und schuf die Voraussetzung für die endgültige deutsche Niederlage.

Doch bis dahin dauerte es noch dreieinhalb Jahre, die unsagbares Leid über das sowjetische und das deutsche Volk brachten. Bis zur Kapitulation am 8. Mai 1945 verloren allein auf deutscher Seite sieben Millionen Menschen ihr Leben. Die Sowjetunion zählte über zwanzig Millionen Opfer. Der Mann, der all dies entfesselte, entzog sich der Verantwortung durch Selbstmord. Sein Vermächtnis an die Deutschen teilte er im Angesicht der sich abzeichnenden Niederlage vor Moskau einem ausländischen Besucher mit: »Wenn das deutsche Volk einmal nicht mehr stark und opferbereit genug sei, sein eigenes Blut für seine Existenz einzusetzen, so soll es vergehen und von einer anderen, stärkeren Macht vernichtet werden. Ich werde dem deutschen Volke keine Träne nachweinen.«

Unten: Der Anfang vom Ende: Deutsche Soldaten ziehen sich in ihre Winterstellungen zurück.

Rechte Seite: Ruhestätte gefallener Soldaten – Mahnmale gegen den Krieg.

Nachwort

Dieses Buch entstand, als im Fernsehen morgens, mittags, abends Bilder vom Golfkrieg gesendet wurden. Es mutete wie ein gespenstischer Gleichklang an. Ich schrieb von Panzerschlachten, von Gefangenenzügen und von Kriegsverbrechen damals, und ich sah genau dasselbe in den Nachrichten von heute. Aber nur die Bilder waren ähnlich, nicht die Kriege selbst. Das »Unternehmen Barbarossa« war ein krimineller Terrorakt, der in ein Schlachten ohnegleichen mündete; die »operation desert storm« hingegen eine Solidaritätsaktion der UNO zur Befreiung eines Landes, ein in Zeit und Raum begrenzter Feldzug.

Ein begrenzter Feldzug hätte Hitlers Hakenkreuzzug eigentlich auch werden sollen. Mitte Juli 1941 rechneten selbst Skeptiker wie Generalstabschef Franz Halder fest damit, daß »Barbarossa« spätestens bis Weihnachten gelaufen sei. Tatsächlich aber wurde es die längste, mörderischste Schlacht der Weltgeschichte. Nie kostete ein Krieg auf Erden so viele Opfer, und jahrzehntelang stand dieses Morden wie ein Meer aus Blut und Tränen zwischen Russen und Deutschen. Erst jetzt, nach 50 Jahren, sind die beiden Völker in der Lage, diesen Krieg zum erstenmal gemeinsam darzustellen.

Geschichte ist die Großmutter der Ironie – denn dieses Buch ist in einer Zeit entstanden, da Deutschland sich vereinigt hat und die Sowjetunion zerfällt, da der Verliererstaat von einst, trotz aller wirtschaftlichen Sorgen, einen Frieden zu gewinnen scheint, den die so starke Siegermacht von damals längst verloren hat.

Doch »Siegen« und »Verlieren« – dieses Denken hilft nicht weiter. Wir verbannen diesen Schrott von gestern gerne auf den Kehrichthaufen der Geschichte.

Denn zum Zueinander, ja, zum Miteinander beider Völker gibt es keinen Gegenweg.

Und wenn noch immer da und dort die gleichen Sachverhalte gegensätzlich überliefert werden, auch in Sachen »Barbarossa«, ist das nur natürlich. Sich mit Worten streiten, nicht mit Waffen, dient dem Frieden – oder?

Dieses Buch erwuchs aus den Recherchen, Vorgesprächen, Interviews und Dokumenten für die sechsteilige Fernsehreihe »Der verdammte Krieg« – eine echte deutsch-sowjetische Premiere. In ihr haben das sowjetische und das Zweite Deutsche Fernsehen für Millionen Zuschauer zwischen Aachen und Görlitz, Brest und Wladiwostok zum erstenmal gemeinsam und gemeinschaftlich gezeigt, wie sich dieser Krieg anbahnte, was Hitler wollte, wie sein Gegenspieler Stalin mehrfach vor dem Überfall gewarnt wurde und diese Warnungen nicht wahrhaben wollte, wie die deutsche Wehrmacht anfangs einen Blitzkrieg führte und an dessen Ende, im Dezember 1941, vor den Toren Moskaus und den Kreml im Visier, eine Niederlage erlitt, von der sie sich nie mehr erholte. Damit war nicht nur der Rußlandkrieg entschieden, sondern letztlich der gesamte Zweite Weltkrieg. Hitler war nun zur strategischen Offensive nicht mehr fähig.

Das halbe Jahr von Juli bis Dezember 1941 aber war der eigentliche »Krieg im Krieg«: Erst mit dem Überfall auf die Sowjetunion begann der Zweite Weltkrieg für den Usurpator Hitler richtig – denn das war jetzt sein Krieg, frei von jeder Rücksichtnahme auf die Bindungen der Zivilisation. Das Ziel hieß »Lebensraum im Osten«, die Methode Landraub für den Wahn vom »Großgermanischen Reich« bis zum Ural, die Absicht war das Sterbenlassen von Millionen Russen, Weißrussen, Ukrainern. Aber dazu kam es jedenfalls in großem Umfang nicht, im Gegensatz zum Holocaust der Juden.

Im Mittelpunkt von Film und Buch stehen Dutzende von russischen und deutschen Zeit- und Augenzeugen, die sich oft zum erstenmal in ihrem Leben öffentlich erinnern: unbekannte Veteranen ebenso wie prominente Schriftsteller, Unternehmer, Politiker und Schauspieler. Ein bundesweiter Aufruf hat Tausende von bislang unveröffentlichten Briefen, Fotos, Tagebüchern in meine Hand gegeben. Ich danke allen überlebenden Soldaten, Frauen, Kindern, die mir ihre bislang oft verborgenen Schriften und persönlichen Erinnerungen offenbarten. Mitunter waren sie jahrzehntelang versteckt in Kellern und auf Speichern; insbesondere in der früheren DDR war es nicht opportun, solche Dokumente zu besitzen oder gar vorzuzeigen. »Vierzig Jahre habe ich meine Tagebücher auf dem Dachboden verstecken müssen«, schreibt mir Werner Z. aus Chemnitz, »nun endlich muß ich meine schrecklichen Erlebnisse nicht mehr für mich behalten«.

Hunderte private, ja, intime Zeugnisse belegen, wie der Krieg in Menschenleben eingegriffen, sie verändert hat. Ein »ritterlicher Krieg« – gibt es ihn überhaupt? – war dieses Schlachten nicht, auch wenn sich Hunderttausende in all dem Schmutz bemühten, »sauber« zu bleiben.

Wir haben Fotos und Berichte von Erschießungen, Erhängungen und Folterungen erhalten, die erschüttern. Doch wir haben auch Berichte über deutsch-sowjetische Begegnungen, in denen Menschen trotz des Krieges Menschen blieben.

Mein Dank gilt Rudolf Gültner für die exzellenten Textvorlagen; Stefan Brauburger, Angelica von Hase und Gabriella Toth für die engagierte Dokumentation; Lew Besymenski für die kundige Kritik und Hilfe und vor allem Valentin Falin für das kluge Vorwort aus persönlicher Betroffenheit.

Zu guter Letzt vier Feststellungen:

War es ein Präventivkrieg?

Nein. Nach allem, was wir wissen, rechnete Stalin mit einem Krieg nicht vor dem Frühjahr 1942. Ob der sowjetische Diktator mittel- oder langfristig einen Angriff auf das Deutsche Reich plante, muß spekulativ bleiben. Unabhängig davon, Hitlers Krieg gegen die Sowjetunion war das Hauptziel nationalsozialistischer Blut- und Bodenpolitik.

War das »Unternehmen Barbarossa« ein Vabanquespiel? Ja. Es war ein Wettlauf mit der Zeit, der ab November 1941 nicht mehr zu gewinnen war.

Hätte Hitler diesen Krieg gewinnen können?

Nein. Auch wenn Moskau noch erobert worden wäre, etwa im September 1941, hätte dies auf Dauer nichts genützt.

War der russische Erfolg vor Moskau schon vorhersehbar?

Ja. Hitler hatte bis zum »point of no return« die Kraft der Wehrmacht sträflich überschätzt.

In einem Wald bei Moskau finden sich noch immer Ruinen dieses Kampfes: Russische und deutsche Panzer rosten dort seit fünf Jahrzehnten vor sich hin. Sie recken ihre Rohre trotzig in den Himmel, als sei die Schlacht gerade erst geschlagen. In diesen Panzern starben im Dezember 1941 Menschen, die im Kampf um Moskau aufeinander schießen mußten – anonyme Opfer eines Krieges, der das schmerzlichste Kapitel der Geschichte unserer beiden Völker bleibt. Diese Menschen haben nie ein Grab erhalten, nie ein Denkmal. Ihnen ist das Buch gewidmet.

Ich mußte in den sechs Kapiteln dieses Buches zeigen, was sich Menschen antun können, wenn sie von Wahnideen besessen sind. Doch ich glaube, daß die Enkel dieser toten Panzermänner nicht mehr aufeinander schießen müssen. Zwar werden auch die Bilder dieses Buches manche kaum vernarbten Wunden wieder öffnen. Doch darf wahrhaftige Geschichtsdarstellung vor der Wirklichkeit die Augen nicht verschließen.

Dieses Buch wird bald in der Sowjetunion erscheinen, als ein Zeichen der Versöhnung. Das macht Mut.

Die Botschaften: Nie mehr dürfen Deutsche und Sowjets aufeinander schießen. Nie wieder dürfen Städte und Länder verwüstet, Millionen Menschen vertrieben, gequält, gemordet werden. Nie mehr verbrannte Erde, nie wieder Krieg.

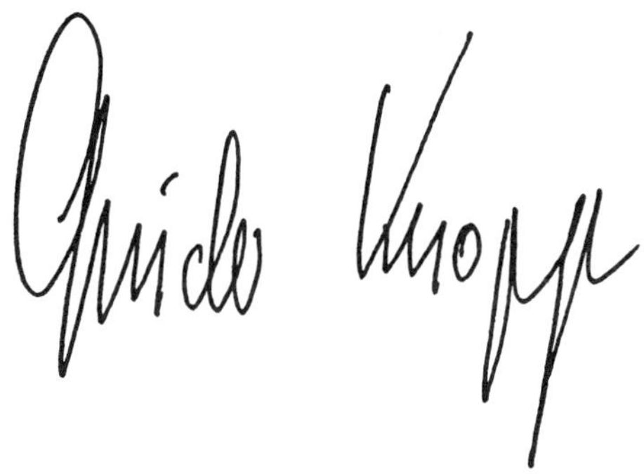

Zeittafel

1939

17.4. Beginn deutsch-sowjetischer Kontakte auf diplomatischer Ebene

23.8. Nach monatelangen Geheimverhandlungen Abschluß des deutsch-sowjetischen Nichtangriffsvertrags (Hitler-Stalin-Pakt) mit geheimem Zusatzprotokoll

1.9. Deutscher Angriff auf Polen (»Fall Weiß«)

17.9. Einmarsch der Roten Armee in Polen

28.9. Deutsch-sowjetischer Grenz- und Freundschaftsvertrag, »Neuordnung« Polens

1940

11.2. Deutsch-sowjetisches Wirtschaftsabkommen

2.4. Befehl Hitlers zum Unternehmen »Weserübung«, Besetzung Dänemarks und Norwegens

9.5. Befehl Hitlers zum Angriff im Westen (»Fall Gelb«); Einmarsch in den Niederlanden, Belgien und Frankreich

14.6. Deutsche Truppen besetzen Paris

22.6. Deutsch-französischer Waffenstillstandsvertrag in Compiègne

16.7. Weisung Nr. 16 (»Unternehmen Seelöwe), Vorbereitung zur Landung in Großbritannien

21.7. Befehl Hitlers, den Angriff auf die Sowjetunion vorzubereiten

27.9. Dreimächtepackt zwischen dem Deutschen Reich, Italien und Japan

12.10. Hitler nimmt von Plänen zum »Unternehmen Seelöwe« Abstand, Luftschlacht um England zuungunsten der Luftwaffe entschieden

29.11. Planspiel für den Ostfeldzug im Oberkommando des Heeres (OKH), Leiter: General Paulus

18.12. Hitler unterzeichnet die Weisung Nr. 21 (»Unternehmen Barbarossa«)

1941

11.3. Mit der Unterzeichnung durch Präsident Roosevelt trittt das amerikanische Leih- und Pachtgesetz in Kraft

30.3. Hitler kündigt vor zweihundert Befehlshabern der Wehrmacht einen rasseideologisch begründeten Vernichtungsfeldzug im Osten an

6.4. Ohne Kriegserklärung beginnt der deutsche Angriff auf Jugoslawien und Griechenland

5.6. Hitler genehmigt eine »Zeittafel Barbarossa«, letzte Vorbereitungen für den Angriff

6.6. Das deutsche Oberkommando der Wehrmacht (OKW) erläßt den »Kommissarbefehl«

22.6. Beginn des deutschen Überfalls auf die Sowjetunion ohne formelle Kriegserklärung, auf sechzehnhundert Kilometer breiter Front greift die Wehrmacht mit drei Heeresgruppen an

22./23.6. Rumänien, Italien und die Slowakei treten in den Krieg gegen die UdSSR ein.

23.6. Einnahme von Grodno

24.6. Einnahme von Wilna

25./26.6. Kriegserklärung Finnlands und Ungarns an die UdSSR

26.6. Einnahme von Dünaburg

29.6. Das Zentralkomitee der KPdSU erklärt den Abwehrkampf zum »Vaterländischen Krieg«

30.6. Einnahme von Lemberg

1.7. Ende der Kämpfe im Kessel von Bialystok

6.7. Einnahme von Riga

8.7. Hitler verkündet den Entschluß, Moskau und Leningrad dem Erdboden gleichzumachen

9.7. Ende der Kämpfe im Kessel von Minsk (zusammen mit der Schlacht von Bialystok 324 000 russische Kriegsgefangene)

12.7. Britisch-sowjetischer Vertrag über gemeinsames Vorgehen gegen Deutschland

16.7. Einnahme von Smolensk
Hitler verkündet vor NS-Parteiführung Aufteilung und Ausbeutung der besetzten Gebiete der UdSSR

17.7. Errichtung des »Reichsministeriums für die besetzten Ostgebiete« unter Alfred Rosenberg

18.7. Stalin bittet Großbritannien um die Errichtung einer zweiten Front

21./22.7. Erster Luftangriff auf Moskau

30.7. Weisung Nr. 34, Heeresgruppe Mitte soll zur Verteidigung übergehen

2.8. Beginn amerikanischer Materialhilfen an die Sowjetunion

5.8. Ende der Kämpfe im Kessel von Smolensk

7.8. Stalin Oberster Befehlshaber der sowjetischen Streitkräfte

8.8. Ende der Kämpfe im Kessel von Uman

17.8. Einnahme von Nowgorod und Narwa

21.8. Auseinandersetzungen im OKH über weitere Strategie, Oberbefehlshaber des Heeres plädieren für Weitermarsch in Richtung Moskau, Hitler lehnt ab

25.8. Einnahme von Dnjepropetrowsk

28.8. Eroberung von Reval

15.9. Leningrad von jeglicher Landverbindung mit der Sowjetunion abgeschnitten

16.9. Geheimbefehl Keitels über die schonungslose Unterdrückung der Befreiungsbewegung in den besetzten Ländern und Geiselerschießungen

19.9. Einnahme von Kiew – 650 000 Gefangene, das Gros der sowjetischen Südwestfront vernichtet oder gefangengenommen

21.9. Einnahme von Stalino

29./30.9. Massaker von Babi-Yar bei Kiew, Liquidierung von etwa 35 000 Juden durch SS-Sonderkommandos

2.10. Erneute deutsche Offensive an der gesamten Ostfront, Beginn der Schlacht um Moskau (Operation »Taifun«) 1. Phase

7.10. Hitler verbietet Annahme einer Kapitulation Moskaus

10.10. Schlacht am Assowschen Meer beendet
Befehl des Oberbefehlshabers der 10. Armee Generalfeldmarschall von Reichenau über das Verhalten der Truppe im Ostraum

13.10. Ende der Kämpfe im Kessel von Wjasma

16.10. Sowjetregierung verlagert ihren Sitz nach Kujbyschew
Fall von Odessa

17.10. Ende der Kämpfe im Nordkessel von Brjansk

25.10. Einnahme von Charkow

7.10. Eroberung der Krim abgeschlossen, Einschließung von Sewastopol

15./17.11. Erneute Offensive gegen Moskau, 2. Phase des Kampfes um die sowjetische Hauptstadt

16.11. Deutsche Truppen erobern Kertsch

17.11. Generalluftzeugmeister Generaloberst Ernst Udet wird wegen Uneinigkeit über die deutsche Luftkriegsführung in den Selbstmord getrieben

25.11. Das Deutsche Reich tritt dem Antikominternpakt (Bulgarien, Kroatien, Dänemark, Finnland, China [Nanking], Rumänien und Slowakei) bei

29.11. Gegenangriffe der Roten Armee an der Südfront, Rückeroberung von Rostow

30.11. Operationsentwurf des Chefs des sowjetischen Generalstabs Marschall Schaposchnikow für Gegenoffensive vor Moskau, Stalin stimmt zu

6.12. Scheitern des deutschen Angriffs auf Moskau
Beginn der russischen Gegenoffensive im mittleren Frontabschnitt

8.12. Kriegserklärung Japans an die Vereinigten Staaten und Großbritannien
Überfall auf Pearl Harbour

11.12. Das Deutsche Reich erklärt den USA den Krieg

19.12. Feldmarschall von Brauchitsch tritt wegen Meinungsverschiedenheiten mit Hitler als Oberbefehlshaber zurück. Hitler übernimmt selbst die Führung des deutschen Heeres.

Bibliographie

Accoce, P./Quet, P.: Moskau wußte alles. Die entscheidende Nachrichtenverbindung im Zweiten Weltkrieg von OKW über LUCY zu den Alliierten; Zürich 1966.

Archiv für Kunst und Geschichte (Hrsg.): Der Überfall. 152 erstmals veröffentlichte Farbaufnahmen vom Beginn des Rußlandfeldzuges bis Stalingrad; Berlin, Hamburg 1984.

Bartov, O.: The Eastern Front 1941–1945. German Troops and the Barbarization of Warfare; London 1985.

Beer, A.: Der Fall Barbarossa. Untersuchungen zur Geschichte der Vorbereitungen des deutschen Feldzuges gegen die Union der sozialistischen Sowjetrepubliken, Diss.; Münster 1978.

Bereschkow, V.: Ich war Stalins Dolmetscher; München 1990.

Berghahn, V. R.: Der Streit um die weltanschauliche Führung in der Wehrmacht 1939–1943. In: Vierteljahreshefte für Zeitgeschichte, Hft. 1, Jg. 17, 1969, S. 17–71.

Besymenski, L.: Sonderakte »Barbarossa«. Dokumente, Darstellung, Deutung; Stuttgart 1968.

Blank, A. S.: Die deutschen Kriegsgefangenen in der UdSSR; Köln 1979.

Boelke, W. A. (Hrsg.): »Wollt ihr den totalen Krieg?« Die geheimen Goebbels-Konferenzen 1939–1943; Stuttgart 1967.

Boog, H. u. a.: Der Angriff auf die Sowjetunion; Stuttgart 1983.

Bracher, K.-D.: Die deutsche Diktatur. Entstehung, Struktur, Folgen des Nationalsozialismus; Köln 1980.

Buchbender, O.: Das tönende Erz. Deutsche Propaganda gegen die Rote Armee im Zweiten Weltkrieg; Stuttgart 1978.

Burda, F. (Hrsg.): Der Zweite Weltkrieg im Bild, Bd. 1. Von Nürnberg bis Stalingrad; Offenburg 1961.

Carell, P.: Unternehmen Barbarossa. Der Marsch nach Rußland; Frankfurt/Main 1973.

Cartier, R.: Der Zweite Weltkrieg, 2 Bde.; München 1967.

Cecil, R.: Hitlers Griff nach Rußland; Graz, Wien, Köln 1977.

Charles de Beaulieu, W.: Der Vorstoß der Panzergruppe 4 auf Leningrad bis 1941; Neckargemünd 1961.

Cooper, M.: The Nazi War Against Soviet Partisans 1941–1944; New York 1979.

Czollek, R.: Faschismus und Okkupation. Wirtschaftspolitische Zielsetzung und Praxis des faschistischen deutschen Besatzungsregimes in den baltischen Sowjetrepubliken während des Zweiten Weltkriegs; Berlin (Ost) 1974.

Dallin, A.: Deutsche Herrschaft in Rußland 1941–1945. Eine Studie über Besatzungspolitik; Düsseldorf 1958.

Deist, W./Messerschmidt, M./Volkmann, H.-E./Wette, W.: Ursachen und Voraussetzungen der deutschen Kriegspolitik; Stuttgart 1979.

Dlugoborski, W. (Hrsg.): Zweiter Weltkrieg und sozialer Wandel. Achsenmächte und besetzte Länder; Göttingen 1981.

Erickson, J.: The Soviet High Command. A Military-Political History 1918–1941; London, New York 1962.

Ders.: The Road to Stalingrad; London 1975.

Fleischhauer, I.: Die Chance des Sonderfriedens. Deutsch-sowjetische Geheimgespräche 1941–1945; Berlin 1986.

Förster, J.: The Wehrmacht and the War of Extermination Against the Soviet Union. In: Yad Vashem Studies, Bd. 14, 1981, S. 7–34.

Gosztony, P.: Hitlers fremde Heere. Das Schicksal der nichtdeutschen Armeen im Ostfeldzug; Düsseldorf, Wien 1976.

Ders.: Deutschlands Waffengefährten an der Ostfront 1941–1945; Stuttgart 1981.

Guderian, H.: Erinnerungen eines Soldaten; Neckargemünd 1960.

Halder, F.: Kriegstagebuch. Tägliche Aufzeichnungen des Chefs des Generalstabs des Heeres 1939–1942, 3 Bde.; Stuttgart 1962–1964.

Haupt, W.: Der Kampf im Nordabschnitt der Ostfront, Heeresgruppe Nord 1941–1945; Bad Nauheim 1967.

Ders.: Krim, Stalingrad, Kaukasus. Bildbericht der Heeresgruppe Süd 1941–1945; Friedberg 1977.

Heiber, H. (Hrsg.): Goebbels-Reden, Bd. 2, 1939–1945; Düsseldorf 1972.

Herwarth, Hans v.: Zwischen Hitler und Stalin. Erlebte Zeitgeschichte 1931–1945; Frankfurt, Berlin, Wien 1982.

Hesse, E.: Der sowjetrussische Partisanenkrieg im Spiegel deutscher Kampfanweisungen und Befehle 1941–1944; Göttingen 1969.

Hildebrand, K.: Deutsche Außenpolitik 1933–1945. Kalkül oder Dogma?; Stuttgart 1980.

Hillgruber, A.: Hitlers Strategie. Politik und Kriegsführung 1940–1941; Frankfurt/Main 1970.

Ders.: Die Zerstörung Europas. Beiträge zur Weltkriegsepoche 1914 bis 1945; Berlin 1988.

Ders.: Deutsche Großmacht – und Weltpolitik im 19. und 20. Jahrhundert; Düsseldorf 1977.

Ders.: Sowjetische Außenpolitik im Zweiten Weltkrieg; Königstein/Ts.; Düsseldorf 1979.

Hofer, W. (Hrsg.): Der Nationalsozialismus. Dokumente 1933–1945; Frankfurt/Main 1982.

Hubatsch, W. (Hrsg.): Hitlers Weisungen für die Kriegsführung 1939–1945. Dokumente des Oberkommandos der Wehrmacht; Frankfurt/Main 1962.

Jacobsen, H.-A. (Hrsg.): Kriegstagebuch des Oberkommandos der Wehrmacht, Bd. 1; Frankfurt/Main 1965.

Jäckel, E.: Hitlers Weltanschauung. Entwurf einer Herrschaft; Stuttgart 1986.

Jochmann, W. (Hrsg.): Adolf Hitler. Monologe im Führerhauptquartier 1941–1944. Die Aufzeichnungen Heinrich Heims; Hamburg 1980.

Karpow, W.: Rußland im Krieg 1941–1945; Zürich 1988.